10대와 통하는 새롭게 살려낸 우리말

10대와 통하는
새롭게 살려낸 우리말

제1판 제1쇄 발행일 2015년 10월 9일
제1판 제4쇄 발행일 2020년 1월 1일

글 _ 최종규
그림 _ 강우근
기획 _ 숲노래, 책도둑(박정훈, 박정식, 김민호)
디자인 _ 토가 김선태
펴낸이 _ 김은지
펴낸곳 _ 철수와영희
등록번호 _ 제319-2005-42호
주소 _ 서울시 마포구 월드컵로 65, 302호(망원동, 양경회관)
전화 _ (02)332-0815
팩스 _ (02)6091-0815
전자우편 _ chulsu815@hanmail.net

ISBN 978-89-93463-82-8 43710

철수와영희 출판사는 '어린이' 철수와 영희, '어른' 철수와 영희에게
도움 되는 책을 펴내기 위해 노력하고 있습니다.

10대와 통하는

새롭게 살려낸 우리말

글 최종규 | 그림 강우근

철수와영희

서양 말투, 번역 말투, 일본 말투에 물들지 않은 한국말 이야기

사람은 누구나 '말'로 '마음'을 나타냅니다. 사람은 '말'을 쓰면서 서로 이야기를 나눕니다. 말로 나타낼 수 없는 느낌이나 생각이나 마음을 노래라든지 춤이라든지 웃음으로 보여 주기도 하고, 때로는 그림이나 사진으로 이러한 느낌이나 생각이나 마음을 보여 주기도 합니다.

돌을 바라보면서 '돌'이라 말하고, 하늘을 바라보면서 '하늘'이라 말합니다. 우리를 둘러싼 모든 것에는 이름이 있습니다. 맨 처음에 본 사람이 붙인 이름일 수 있고, 늘 곁에 있으나 제대로 느끼지 못하다가 어느 날 문득 기쁘게 깨닫고 나서 붙인 이름일 수 있습니다. 사람이 쓰는 말은 '붙인 이름'이라고 할 수도 있습니다. 우리는 저마다 이름이 있어요. 우리 어버이가 우리한테 붙여 준 이름입니다. 그리고, 돌이나 하늘도 사람이 붙여 준 이름입니다. 꽃한테도 나무한테도 벌레한테도 사람들이 저마다 이름을 붙여 주었어요. 생각에도 이름을 붙여서, 어느 때에는 '슬프다'고 하고, 어느 때에는 '기쁘다'고 합니다. 내 마음이 넉넉하다고 할 적에는 '넉넉하다'가 마음에 붙이는 이름입니다.

'이름'이란 '이르다'에서 온 낱말입니다. '이르다'는 '말하다'하고 뜻이 같습니다. 사람이 입으로 터뜨리면서 꺼낸 '말'이 바로 '이름'이 됩니다. 이리하여, 한국에서 나고 자라는 어린이와 푸름이라면 한국에서 먼 옛날부터 두루 썼고, 오늘 이곳에서 쓰며, 앞으로 이 땅에서 쓸 한국말을 슬기롭게 배울 때에 생각을 가꾸고 느낌을 살찌우며 마음을 북돋울 수 있습니다. 요즈음은 세계화 시대라고 하지만, 먼저 한국말을 제대로 익히지 못하거나 슬기롭게 배우지 못하면, 영어를 아무리 배운들 부질없기 마련입니다. 왜 그러할까요? 영어를 아무리 잘해도 한국말을 모르면 번역이나 통역을 못해요. 말을 모르면 생각을 못 가꿉니다.

한국말을 한국말답게 제대로 할 때에 번역과 통역을 제대로 합니다. 한국 사람이 한국말을 슬기롭게 할 때에 학문과 철학과 교육과 문화와 경제와 정치 모두 아름답게 빛내거나 가꿉니다.

이 책에서 들려주려는 이야기는 오늘날 학교나 집이나 마을에서 듣거나 배우기 어려운 이야기일 수 있습니다. 아마 교과서에서 안 다루는 이야기라 할 수 있고, 한국말 사전을 뒤져도 알기 어려운 이야기일 수 있습니다. 그런데, 이런 이야기를 서른 해나 쉰 해 앞서까지 한국 사람이면 누구나 다 알았습니다. 학교 교육이 없던 때에는, 이른바 옛날 옛적에는 '글이나 책을 배우거나 읽은 적 없던' 여느 시골 마을에서 수수한 어머니와 아버지가 모두 알던 이야기입니다.

잘 헤아려 보셔요. 옛날에는 임금님이나 지식인이나 양반만 있지 않았어요. 옛날에 임금님이나 지식인이나 양반은 한국 사람 가운데 1퍼센트도 안 되었습니다. 99퍼센트를 웃도는 여느 사람들은 '글'을 한 줄도 모르지만 '말'은 모두 다 알면서 살았어요. 그래서, 여느 시골 마을 수수한 어버이는 이녁 아이들한테 사랑스럽고 즐겁게 '말'을 '이야기'로 지어서 '노래'처럼 물려주었습니다. 이를 가리켜 '옛이야기'라고도 하고 '전래 동화'라고도 합니다. 그리고, 이를 두고 '민요'나 '민화'라고도 합니다. 그런데, 이는 모두 '말'이고 '이야기'입니다.

이 책에서 어린이와 푸름이 여러분한테 들려주려고 하는 이야기는 바로 '한국말'입니다. '새롭게 쓰는' 한국말 이야기입니다. 서양 말투나 번역 말투나 일본 말투에 물들지 않은 고요한 한국말이란 무엇인가를 알려 주려고 합니다. 중국 한자말이나 일본 한자말이 아닌, 여기에다가 옛날 궁중에서 쓰거나 지식인이 쓰던 한국 한자말도 아닌, 그저 수수한 '한국말(한겨레 말)'이란 무엇인가 하는 이야기를 처음부터 새롭게 생각하자고 하는 이야기를 들려주려고 합니다.

그렇다고 한자말이나 영어를 쓰지 말자는 이야기는 아닙니다. 한자말이나 영어를 쓰든 안 쓰든, 먼저 한국말이 어떠한 말인지를 알거나 느끼는 마음이어야 한다고 생각합니다. 이 책에서는 '한자말이나 영어를 말끔히 털어낸 한국말'은 어떤 모습인가 하는 실마리도 함께 보여 주려고 합니다. '맨 얼굴인 한국말'을 알아야 새롭게 가꿀 말과 넋과 꿈을 찾을 수 있을 테니까요.

하나씩 배우고 차근차근 익힐 수 있기를 바랍니다. 언제나 처음으로 배우는다는 마음이 되면서 천천히 돌아볼 수 있기를 바라요. 오늘 하루부터 새롭게 듣고 읽으면서 기쁘게 말꽃을 피우고 이야기꽃으로 말잔치를 이룬다고 여길 수 있기를 빌어요. 한국말을 처음부터 다시 생각하면서 새롭게 배우려고 이 책을 손에 쥔 모든 이웃님한테 고맙다는 말씀을 올립니다.

전남 고흥 시골 마을에서 숲말을 생각하면서

최종규

차례

ㅂ

얄궂은 말투

ㅅ

이런 말 저런 말

토씨 '−의'

미리 읽기

이 책은 한국 사람이 한국말을 제대로 살피지 못한 탓에 제대로 쓰지 못하는 한국말을 다룹니다. 이러한 보기는 되도록 책에서 뽑았습니다. 한 가지 글월을 놓고 여러모로 다듬은 보기를 들기도 합니다. 제대로 못 쓰는 보기를 한두 가지 보기글로만 다루거나 밝힐 수는 없기 때문입니다. 한국말을 제대로 못 쓰는 보기를 다루면서, 이러한 보기 말고도 글 한 줄에 깃든 다른 대목도 차근차근 짚습니다. 한자말과 영어는 되도록 거의 모두 손질해서 쓰는 길을 살피기도 합니다. 한자말과 영어를 안 써야 좋기 때문이 아니라, 한국 사람이 아주 먼 옛날부터 이 땅에서 어떤 말을 쓰면서 생각과 마음을 나누었는가 하는 실마리를 풀려는 뜻이기 때문입니다.

이 책에서는 낱말이나 말투를 손질하거나 고쳐 쓰는 보기를 몇 가지로만 듭니다. 그러나, 어느 낱말이나 말투이든 몇 가지 틀로만 손질하거나 고쳐 쓸 수는 없습니다. 사람마다 다 다르게 손질하거나 고쳐 쓸 수 있으며, 뜻과 느낌과 흐름에 맞추어 새롭게 다듬어서 쓸 수 있습니다. 이 책을 읽는 어린이와 푸름이 여러분이 스스로 생각을 가꾸면서 새로운 낱말과 말투를 찾아보실 수 있으면 더 즐겁게 말넋을 북돋을 수 있습니다.

이 책에서 밝히는 낱말 풀이는 국립국어원에서 펴낸 『표준국어대사전』을 살펴서 붙였습니다. 그리고 표준 맞춤법으로는 '일본 말·중국 말·서양 말·외국 말'처럼 띄어서 쓰도록 하지만, 이 책에서는 '일본말·중국말·서양말·외국말'처럼 붙여서 씁니다.

품사를 가리키는 말은 두 가지를 함께 씁니다. '명사(이름씨)', '대명사(대이름씨)', '부사(어찌씨)', '형용사(그림씨)', '동사(움직씨)', '조사(토씨)', '어미(씨끝)', '접속 부사(이음씨)', '관사(얹음씨)', '감탄사(느낌씨)', '의존 명사(매인이름씨)' 같은 품사 이름이 나옵니다.

잘못 쓰는 말마디를 밝히면서 일본말이나 한자나 영어를 묶음표를 쳐서 넣기도 했지만, 굳이 넣지 않기도 했습니다. 어느 대목이 말썽인가는 가볍게 살피면서, 알맞고 곱게 살려서 쓰는 길을 더 생각해 보기를 바라기 때문입니다.

ㄱ

이름씨 · 매인이름씨 · 대이름씨

명사 · 의존 명사 · 대명사

가운데: '-中'을 그대로 옮긴 번역 말투

집으로 돌아가는 가운데
→ 집으로 돌아가는 동안
→ 집으로 돌아가는 사이에
→ 집으로 돌아가면서

"무엇을 ─하는 가운데"처럼 쓰는 말투가 올바르지 않다고 느끼거나 깨닫는 사람이 몹시 드뭅니다. 이러한 말투를 애써 살펴야 하는가를 헤아리지 못하는 사람도 아주 많습니다.

"그러는 중(中)에 이 일이 벌어졌다"처럼 쓰는 말투는 영어 현재 진행형을 일본 사람이 옮겨 적으며 한국 사람한테 잘못 스며든 말투입니다. 이 말투에서 한자 '中'을 무늬만 한글로 '중'으로 적는다든지 '中'이 "가운데 중"이니까 '가운데'로 풀어 적는다든지, 이렇게 쓰는 말투는 모두 똑같이 번역 말투이거나 일본 말투입니다.

'중'을 쓰든 '가운데'를 쓰든 모두 올바르지 않습니다. 영어 'in'을 '인'이라고 적는대서 한국말이 되지 않아요. 'in'이든 '인'이든 영어예요. "in house"를 "인 하우스"로 적는대서 한국말이 될 수 없어요. 또한 "집 속"이라 적을 때에도 한국말이 될 수 없어요. 한국말은 "집 속"이 아니라 "집에"예요. "집에 있다"라 말해야 한국말이 되지, "집 속에 있다"라 말하면 한국말이 되지 않아요.

그런 가운데 → 그러다가 / 그러면서
책을 읽는 가운데 → 책을 읽다가 / 책을 읽으면서

'가운데'라는 낱말은 "이 많은 옷 가운데 한 벌만 고르려니 힘들다"나 "옆에 말고 가운데에 서자"나 "가운데에 있는 밥이 가장 맛있어 보여"처럼 씁니다.

보 기 글 --

● 　큰아이는 이렇게 어린아이를 돌보는 가운데 참을성과 상상력을 기른다.
→ 　큰아이는 이렇게 어린아이를 돌보면서 참을성과 생각 힘을 기른다.

『흙에서 자라는 아이들』(아이카와 아키코 지음, 장희정 옮김, 호미, 2011년) 87쪽

● 　지금까지 다룬 내용에서 여러 주제를 언급하는 가운데 이미 드러나기는 했지만
→ 　이제까지 다룬 이야기에서 이미 드러나기는 했지만

『꿈의 학교, 헬레네 랑에』(에냐 리겔 지음, 송순재 옮김, 착한책가게, 2012년) 244쪽

● 　바쁘신 가운데 와 주셔서 대단히 감사합니다
→ 　바쁘신 데에도 와 주셔서 대단히 고맙습니다

『날아라 로켓파크』(이시다 이라 지음, 김윤수 옮김, 양철북, 2013년) 243쪽

● 　그전에는 초등학교 때부터 숱하게 '삼천리금수강산'이라는 소리를 들었는데 장승
　　사진을 찍어 나가는 가운데 이 말을 몸으로 직접 느꼈다
→ 　예전에는 초등학교 때부터 숱하게 '삼천리금수강산'이라는 소리를 들었는데 장승
　　사진을 찍는 동안 이 말을 몸으로 바로 느꼈다

『이것은 사진이다』(육명심 지음, 글씨미디어, 2012년) 227쪽

※ 　날씨를 알릴 적에 "구름이 많은 가운데"나 "비가 오는 가운데"처럼 말하기도 하지만, 이때에는
　　"구름이 많으면서", "구름이 많고"나 "비가 오면서", "비가 오고"로 바로잡아야 합니다.

개: 수를 셀 때도 알맞은 말이 있어요

두 개 마을
 → 두 마을
 → 마을 두 군데
 → 마을 두 곳

서울이나 부산이나 인천 같은 도시를 셀 적에 "도시 한 개"나 "도시 세 개"라 하지 않습니다. 나라를 셀 적에도 "나라 한 개"처럼 말하지 않아요. 우리말에는 수를 세는 단위가 따로 있습니다.

무는 뿌리요 배추는 포기입니다. 조기 한 손이나 달걀 한 판이나 감 한 접처럼 말합니다. 때로는 꾸러미, 꾸리, 묶음 들을 알맞게 씁니다.

요즈음은 학교에서 이런 말마디를 거의 못 가르치지 싶습니다. 학교에서뿐 아니라, 집이나 마을에서도 이런 낱말을 옳게 가누지 않는다고 느낍니다. 가게에서 이런 말을 쓸까요? 커다란 할인 마트에서 이런 말을 쓰나요? 아직 가게나 저잣거리에서 쓴다고 하더라도, 막상 사람들은 스스로 흙일이나 물일을 하지 않으니, 이런저런 말마디는 차츰 잊히리라 느껴요. 이리하여, 마을이나 손톱이나 열매를 가리킬 적에도 '개'라는 낱말을 쓰는구나 싶습니다.

달걀 하나 (○)
달걀 한 알 (○)
달걀 한 개 (×)

이제 사람들은 저잣거리에 나들이를 가서 감자를 사면서 "한 알 주셔요"나 "석 알 주셔요" 하지는 않습니다. 요사이는 봉지에 담아서 천 원어치나 이천 원어치, 이렇게 팔거든요. 능금을 살 적에도 배를 살 적에도 이와 같습니다. 한 알 두 알 석 알 넉 알, 이렇게 하나씩 세면서 값을 매겨서 사는 일이란 드뭅니다. 달걀을 살 적에도 그래요.

보기글 --

● 스물일곱 개 마을 가운데 두 개 마을만 남고 나머지는 모두 물에 잠겼다고 한다
→ 스물일곱 마을에서 두 마을만 남고 나머지는 모두 물에 잠겼다고 한다

『내 나이가 어때서?』(황안나 지음, 샨티, 2005년) 176쪽

● 커피를 마시고 손톱 발톱 스무 개에 매니큐어를 바르자
→ 커피를 마시고 손톱 발톱 스무 군데에 매니큐어를 바르자

『청소년 백과사전』(김옥 지음, 낮은산, 2006년) 21쪽

● 감자 두 개를 까서 강판에 갈아 감자전을 준비하고
→ 감자 두 알을 까서 강판에 갈아 감자 지짐이를 마련하고

『똥꽃』(전희식 지음, 그물코, 2008년) 63쪽

● 왼쪽에 한 개 / 오른쪽에 한 개 // 주머니에 귤 넣고
→ 왼쪽에 한 알 / 오른쪽에 한 알 // 주머니에 귤 넣고

『참, 엄마도 참』(유희윤 지음, 문학과지성사, 2007년) 44쪽

● 주인 할머니는 자신의 약한 턱으로 분홍 히아신스를 가리키셨어요. 두 개를 샀어요
→ 주인 할머니는 턱으로 가만히 분홍 히아신스를 가리키셨어요. 두 송이를 샀어요

『아무것도 하기 싫은 날』(신현림 지음, 현자의숲, 2012년) 60쪽

※ 할머니가 '약한 턱으로 꽃을 가리킨다'고 하는 말은 아리송합니다. 할머니는 턱으로 '힘없이' 가리키거나 '가만히' 가리킨다고 해야 알맞습니다.

 **것**: 얄궂은 말투를 만드는 '−것'

> 소리 질러 대는 게 자주 들리거든
> → 소리 질러 대는 모습이 자주 보이거든
> → 질러 대는 소리가 자주 들리거든

'것'이라는 낱말은 '이것 저것 그것'처럼 쓰거나 "이 책은 누구 것이니?" 처럼 말할 적에 씁니다. "네 것이 아니니 건드리지 마"라든지 "네 옷이 더 좋은 것이야"라든지 "먹을 것이 없을까?"처럼 써요.

말끝을 늘어뜨리려고 붙이는 '것(거/게)'은 모두 잘못 쓰는 말투입니다. "나온 거거든"이든 "나온 것이거든"이든 모두 잘못 쓰는 말투예요. "나왔거든"으로 단출하게 끊어서 말해야 올바릅니다.

그런데, 한국말 사전을 보면 "담배는 건강에 해로운 것이다"라든지 "날씨가 좋을 것이다"라든지 "도시락은 각자 준비할 것" 같은 보기글을 싣습니다. 어린이가 보는 한국말 사전에도 "봄이 온다는 것을 알고 있다" 같은 보기글이 나옵니다. 이 같은 보기글은 모두 잘못 쓰는 말투입니다. "담배는 몸에 나쁘다"라든지 "날씨가 좋으리라 본다"라든지 "도시락은 저마다 챙기자"로 고쳐 써야 합니다. 그리고, "봄이 오는 줄 안다"로 고쳐 써야 하고요. '것'을 붙여서 말끝을 엉성하게 늘이지 말아야 하고, '줄'을 넣어야 할 자리에 함부로 '것'을 붙이지 말아야 합니다.

> 이곳에 가는 것은
> → 이곳에 가는 길은
> → 이곳에 가기란

요사이는 "그런 것 같아요"처럼 말하는 사람이 부쩍 늘었습니다. "그러한 듯해요"나 "그런 듯해요"처럼 말해야 올바르지만, '것'을 붙이는 말투가 얄궂게 퍼집니다.

보기글 --

● 인제 알에서 모두 잘 깨어 나온 거거든 (…) 그럴 때마다 입에 침이 가득 고여. 침 삼키는 것도 조심하면서 아버지한테 갖다 드리고
→ 인제 알에서 모두 잘 깨어 나왔거든 (…) 그럴 때마다 입에 침이 가득 고여. 침 삼키기도 꾹 참으면서 아버지한테 갖다 드리고

『달걀 한 개』(박선미 지음, 보리, 2006년) 6, 14, 29쪽

● "이건 내가 먼저 찾은 거야, 저리 가!" "어차피 그건 주인이 없는 건데." (…) 하지만, 개는 곧 쓰레기 봉지를 뒤지는 것만큼이나 흙에 코를 대고 킁킁대는 일이 좋다는 걸 알게 되었어
→ "이 먹이는 내가 먼저 찾았어, 저리 가!" "어차피 그 먹이는 임자가 없는데." (…) 그렇지만, 개는 곧 쓰레기 봉지를 뒤질 때만큼이나 흙에 코를 대고 킁킁대는 일이 좋은 줄 알았어

『미친개』(박기범 지음, 낮은산, 2008년) 8, 18쪽

● 당시에는 '미국인이라서 갖는 특권'이란 게 있다는 걸 의식하지 못했던 것도 들 수 있습니다
→ 그 무렵에는 '미국 사람 특권'이 있는 줄 느끼지 못한 대목도 들 수 있습니다

『에콜로지와 평화의 교차점』(C. 더글러스 러미스·쓰지 신이치 지음, 김경인 옮김, 녹색평론사, 2010년) 47쪽

● 여름철에 큰 바위 밑에서 능구렁이 우는 소리를 들었다고 하는 것은 무당개구리의 울음소리를 능구렁이의 울음소리로 착각한 것일 것이다
→ 여름철에 큰 바위 밑에서 능구렁이 우는 소리를 들었다고 한다면 무당개구리 울음소리를 능구렁이 울음소리로 잘못 알아들은 셈이다

『뱀』(백남극·심재한 지음, 지성사, 1999년) 43쪽

경우: 때와 자리를 살펴 손보아야 할 말 '경우'

　내 경우를 말하자면 이렇다
　→ 나를 말하자면 이렇다
　→ 나로서는 이렇다
　→ 나는 이렇다

　한국말 사전에서 '경우(境遇)'라는 한자말을 찾아보면 "사리나 도리"로 풀이합니다. '사리(事理)'는 "일의 이치"라 하고, '도리(道理)'는 "사람이 어떤 입장에서 마땅히 행하여야 할 바른길"이라 합니다. '이치(理致)'는 "사물의 정당한 조리(條理), 도리에 맞는 취지"라 하고, '조리(條理)'는 "말이나 글 또는 일이나 행동에서 앞뒤가 들어맞고 체계가 서는 갈피"라 합니다. 그러니까, '경우'란 '바른길'이라든지 '앞뒤가 맞는 갈피'라고 할 만합니다. 짧게 간추리면 '셈'이나 '철'이나 '슬기'입니다.

　'경우'가 밝다면, 셈이나 생각이나 밝거나 철이 들거나 슬기롭다는 소리입니다. '경우'에 어긋난다면, 자리에 어긋나거나 어리석거나 올바르지 않거나 철없다는 소리입니다. 그래서, "경우가 없는 말을 한다"라면 "버르장머리 없는 말을 한다"나 "건방진 말을 한다"나 "버릇없는 말을 한다"나 "주제 넘는 말을 한다"로 손질해 줍니다.

　만일의 경우 → 만일 / 어쩌다가 / 때로
　대개의 경우 → 대개 / 흔히 / 으레
　어려운 경우에 처하다 → 어렵다 / 어려워지다

"이런 경우를 당해서"는 "이런 일을 겪어서"로 손보고, "비가 올 경우에
는"은 "비가 올 때에는"으로 손보며, "경우에 따라서는"은 "때에 따라서는"
으로 손봅니다. "되돌아가는 경우가 있다"는 "되돌아가는 수가 있다"로 손
질합니다.

보 기 글 --

● 책을 낸다는 일에는 여러 가지 의미가 있을 터이나, 내 경우에 있어서는 내 글의 모
　양은 이런 것이요 혹은 나는 바로 이런 생각과 꿈을 가지고 있소
→ 책을 낸다는 일에는 여러 가지 뜻이 있을 터이나, 나는 내 글은 이런 모습이요 또는
　나는 바로 이런 생각과 꿈이 있소

『어머님 전상서』(김규동 지음, 한길사, 1987년) 머리말

● 대개의 경우 엄마들은 직장일, 아이의 양육, 가족 문제 그리고 집안일과 관련하여
　이중의 부담을 지는 아주 힘든 경우에 처하게 된다
→ 흔히 어머니들은 바깥일, 아이 키우기, 식구 돌보기에 집안일까지 얽혀 겹겹이 짐
　을 지면서 아주 힘들다

『소비에 중독된 아이들』(안드레아 브라운 지음, 배인섭 옮김, 미래의창, 2002년) 51쪽

● 우리나라의 경우 사정이 여의치 않다
→ 우리나라에서는 여러모로 어렵다

『녹색의 상상력』(박병상 지음, 달팽이, 2006년) 7쪽

※ "우리 학교의 경우에는"은 "우리 학교는"으로 손질합니다. "이러한 경우에는"은 "이러한 때
　에는"으로 손질하고, "과자의 경우에는"은 "과자는"으로 손질하며, "감기가 심한 경우에는"은
　"감기가 심할 적에는"으로 손질합니다.

✿ 고객님: '고객'이 아니라 '손님'이라 불러요

고객님 힘내세요
→ 손님 힘내세요
고객님 감사합니다
→ 손님 고맙습니다

'손'은 "다른 곳에서 찾아온 사람"이나 "장사하는 곳에 찾아온 사람"이나 "지나가며 살짝 들른 사람"을 가리킵니다. '길손' 같은 말을 씁니다. 책방에 찾아온 손이라면 '책손'이라고도 합니다. 꽃집에 찾아온 손이라면 '꽃손'이 될 테고, 찻집에 찾아온 손이라면 '찻손'이 되며, 밥집에 찾아온 손이라면 '밥손'이 됩니다.

'손'을 높여서 '손님'이라고 합니다. 한자말 '고객(顧客)'은 '손'을 높인 '손님'을 뜻합니다. '손님'하고 '고객'은 똑같이 높임말입니다. 한국말 사전은 '고객'이라는 낱말을 "단골로 오는 손님"으로 풀이하면서 '단골손님' 또는 '손님'으로 순화"하라고 밝힙니다. 한국말에 '손·손님'이 있고 '단골손·단골손님'으로 쓸 수 있기에 '고객'이라는 한자말은 굳이 안 써도 된다는 뜻입니다.

그런데 오늘날 한국 사회에서는 '손님·단골손님' 같은 높임말을 쓰는 곳이 자꾸 줄면서 '고객'이라는 낱말에 '-님'을 붙인 '고객님'을 쓰는 곳이 자꾸 늡니다. '고객'이라는 낱말은 '손님'을 뜻하기에, 이 낱말에는 '-님'을 덧붙일 수 없습니다. 그렇지만 "고객님 힘내세요"를 "고객 힘내세요"처럼 쓰면 좀 안 어울립니다. 오랜 옛날부터 한국 사람한테는 '님'을 붙인 말씨가 익숙했고 '손님'이라는 낱말을 썼기 때문입니다.

'고객 만족'이나 '고객 센터'나 '고객 만족도' 같은 이름을 쓰기도 하는데, '손님 만족 · 손님 기쁨'이나 '손님 도우미 · 손님 도움방'이나 '손님 만족도'로 손질해서 쓸 만합니다. 여러 '손'을 가리킬 적에도 '길손님 · 책손님 · 꽃손님 · 찻손님 · 밥손님'처럼 쓸 수 있어요.

 귀하: 서로 살뜰히 높이는 말

아무개 귀하
 → 아무개 님
 → 아무개 앞
 → 아무개한테
 → 아무개 받으셔요
 → 아무개한테 드립니다
 → 아무개한테 올립니다

편지나 소포에 적는 말을 살피면, 지난날에는 '귀하(貴下)'라는 한자말을 널리 썼으나, '님'이라는 한국말도 함께 썼고, 오늘날에는 '귀하'라는 한자말보다는 '님'이라는 한국말을 조금 더 널리 쓴다고 느낍니다. 아마 앞으로는 '님'이라는 낱말로 자리를 잡고 '귀하'라는 한자말은 자취를 감추리라 생각해요. 왜냐하면, 이 땅에서는 맞은편이나 다른 사람을 섬기거나 높이거나 모시려고 할 적에는 '님'을 붙여서 '벗님'이나 '이웃님'이나 '임금님'처럼 쓰거든요.

아무개 님 귀하 (×)

어떤 곳에서는 "님 귀하"를 함께 쓰기도 합니다. 둘을 함께 쓰면 겹말이 되는 줄 모르는 셈입니다. 편지나 소포를 받는 쪽이나 보내는 쪽이 서로 가깝거나 살가운 동무라고 하면 '앞'을 쓰기도 합니다. 어른이 아이한테 편지나 소포를 띄운다면, 이때에도 '앞'을 쓸 수 있을 테지요.

 ## 그 / 그들: '그' 아이가 쓴 말은 한국말일까 영어일까

그들은 스멀스멀 나에게 배어들었지만
　→ 그 글은 스멀스멀 나한테 배어들었지만
　→ 그 이야기는 스멀스멀 나한테 배어들었지만
　→ 그 기행문은 스멀스멀 나한테 배어들었지만

이 보기글에 나오는 '그들'은 '기행문'을 가리킵니다. 이 글을 쓴 분은 다른 사람이 쓴 여러 '기행문'을 읽고 나서 '그 글'이 이녘 마음으로 스멀스멀 배어들었다고 밝히면서 '그들'이라는 대이름씨(대명사)를 넣습니다.

한국말에서 '그 / 그들'은 무엇을 가리키는 자리에 쓸까요? '그 / 그들'은 사람을 가리키는 대이름씨입니다. 짐승이나 풀이나 나무를 사람처럼 꾸며서 쓰는 문학이나 동화라 한다면 '그 / 그들'을 쓸 수 있다고 할 테지만, 문학이 아닌 다른 자리에서는 이 대이름씨를 쓰지 않습니다. "그 사람"이나 "그 아이"나 "그 여자"나 "그 아저씨"처럼 쓰지요. 짐승이나 풀이나 나무를 가리키려 한다면 "그 나무에 까치집이 있더라"처럼 '그'를 씁니다. "그한테 까치집이 있더라"처럼 쓰지 않아요.

서양 사람은 '귀뚜라미'를 가리킬 적에 '그들'이라고 할는지 모르지만, 한국말을 쓰는 사람은 귀뚜라미를 '귀뚜라미'로 가리킵니다. 영어로 된 책을 한국말로 옮길 적에는 'they'를 '그들'이 아니라 '귀뚜라미'로 옮겨야 올바릅니다. "그들이 노래한다"가 아니라 "귀뚜라미들이 노래한다"나 "그 귀뚜라미들이 노래한다"처럼 적어야 해요.

이 보기글처럼 '글'이나 '책'이나 '신문'을 '그/그들'로 가리킬 수 있다면, "그 글을 읽어 주셔요"가 아닌 "그를 읽어 주셔요"라 말할 수 있겠지요. 그러나, 이렇게 '그/그들'을 넣어서 말하면 다들 아리송하다면서 고개를 갸우뚱하리라 봅니다. "책을 읽자"라 하지 않고 "그를 읽자"라 하면 그야말로 말이 뒤죽박죽이 되고 맙니다.

보 기 글 -

● 그들은 스멀스멀 나에게 배어들었지만 그 텁텁하며 구수한 냄새가 싫지 않았으며 부러 피하거나 떨치지 않았다
→ 그 글은 스멀스멀 나한테 배어들었지만 그 텁텁하며 구수한 냄새가 싫지 않았으며 부러 꺼리거나 떨치지 않았다

『잃어버린 풍경 1』(이지누 지음, 호미, 2005년) 6쪽

● 정신을 차려 보니, 지금껏 단 한 번도 와 본 적 없던 갯바람 날리는 부산에 그는 닿아 있었다
→ 넋을 차려 보니, 이제껏 어느 한 번도 와 본 적 없던 갯바람 날리는 부산에 닿았다

『장기려, 우리 곁에 살다 간 성자』(김은식 지음, 봄나무, 2006년) 24쪽

- 대마를 뽑아 치우는 정도로 절종시킨다는 발상은 자연을 너무 얕보는 행위이다. 그는 추위와 더위, 병해충, 다른 종족의 간섭을 이겨 내고
→ 삼을 뽑아 치워서 없앨 수 있다는 생각은 숲을 너무 얕보는 짓이다. 삼은 추위와 더위, 병과 벌레, 다른 풀을 모두 이겨 내고

『DMZ는 국경이 아니다』(함광복 지음, 문학동네, 1995년) 50쪽

- 귀뚜라미가 열심히 울어 대는 소리에 귀를 기울인다. 그들의 맥박이 내 호흡과 하나가 된다
→ 귀뚜라미가 힘차게 울어 대는 소리에 귀를 기울인다. 귀뚜라미 숨결이 내 숨과 하나가 된다

『자연 관찰 일기』(클레어 워커 레슬리·찰스 E. 로스 지음, 박현주 옮김, 검둥소, 2008년) 98쪽

✿ 그것: '그것'을 좀 제대로 들여다볼까

비애에 찬 인생의 무대를 보았고 그것을 그렸다
→ 슬픔에 찬 삶터를 보았고, 이를 그렸다
→ 슬픔을 보았고, 이를 낱낱이 그렸다
대지와 그것이 키워 내는 모든 생명체
→ 땅과 땅이 키워 내는 모든 생명체
→ 이 땅과 이 땅이 키워 내는 모든 목숨붙이
곧 민주화의 문제 그것입니다
→ 곧 민주화라는 문제입니다
→ 곧 민주화 문제입니다

'그것'이라고 하면 앞말 가운데 어느 하나를 가리킵니다. 영어라면 'it'이라는 낱말을 써서 이처럼 글을 쓸 테지요. 그러나 한국말은 'it'을 쓰지 않고, 'it'을 한국말로 옮긴 '그것'으로 앞말을 가리키지 않습니다. 영어 말투를 한국말로 잘못 옮기면서 그만 'it'을 '그것'으로 적습니다.

영어를 처음 배울 적에는 '애벌 옮김(직역)'을 하면서 이 보기글처럼 적을 수도 있습니다. 낱말을 하나씩 따로 떼어서 옮기며 처음 외국말을 배우는 사람한테는 이 보기글 같은 글월로 이야기를 해야 하리라 느껴요. 그러나, 번역이나 통역이 되려면, '애벌 옮김'을 가다듬어서 한국 말투로 고쳐 주어야지요. 한국말에서는 '그것'을 써서 앞말을 받지 않습니다. 한국말에서는 '그것'이 없이 그대로 씁니다.

한국말에서는 '그것'을 "그쪽에 있는 그것 좀 집어 주라"라든지 "거기 그것 안 보이니?"라든지 "그것으로는 너무 모자란걸"처럼 씁니다. 사람을 가리키는 자리에서 '그것'을 "그것들 말이야, 보면 볼수록 귀엽기도 하구나"처럼 쓰기도 합니다.

- 루소 시대의 그것과는 다르다
→ 루소 시대와는 다르다
→ 루소가 살던 때와는 다르다
→ 루소가 살던 그 무렵과는 다르다

『녹색 희망』(알랭 리피에츠 지음, 허남혁·박지현 옮김, 이후, 2002년) 19쪽

- 스푸트니크 2호 인공위성 발사 당시 그것에 개를 탑재한다는
→ 스푸트니크 2호 인공위성을 쏠 무렵 여기에 개를 태운다는

『나의 창에 마지막 겨울 달빛이』(유치환 지음, 문학세계사, 1979년) 215쪽

- 그러면 사랑은 어디서 왔습니까? 그것은 현장에서 왔습니다
→ 그러면 사랑은 어디서 왔습니까? 바로 이곳에서 왔습니다
→ 그러면 사랑은 어디서 왔습니까? 사랑은 이곳에서 왔습니다

『통일은 어떻게 가능한가』(문익환 지음, 학민사, 1984년) 257쪽

- 나는 새로운 것을 많이 쓰고 싶지만, 그것은 모두 인도라는 바탕 위에 씌어져야 할 것이다
→ 나는 새로운 이야기를 많이 쓰고 싶지만, 이 얘기는 모두 인도라는 바탕에서 써야 한다

『마을이 세계를 구한다』(마하트마 간디 지음, 김태언 옮김, 녹색평론사, 2006년) 28쪽

- 나는 빛과 공기가 최대한 나를 흥분시키는 그런 시간대를 고른다. 그게 바로 좋은 '시간'이기 때문이다
→ 나는 빛과 바람이 나를 가장 설레게 하는 그런 때를 고른다. 그때가 바로 좋은 '때'이기 때문이다

『빛, 제스처, 그리고 색』(제이 마이젤 지음, 박윤혜 옮김, 시그마북스, 2015년) 36쪽

그녀: 우리말에 없는 일본 말투 '彼女'

　　그녀들을 다스리는 일에
　　　→ 암탉을 다스리는 일에

　이 보기글만 놓고 보면 '그녀'가 누구(또는 무엇)를 가리키는지 모릅니다. 그런데 이 보기글은 '암탉'을 말하는 자리에서 따왔어요.
　개나 고양이나 범이나 여우나 늑대나 오소리나 멧돼지 모두, 암컷은 암컷입니다. 짐승을 놓고는 암캐나 암코양이나 암범 같은 이름을 따로 쓰기도 합니다. 한국말에서는 이름씨(명사: 풀이나 나무나 물고기나 자연)를 놓고 '그녀'라고 하지 않고, 남성이나 여성으로 나누지 않습니다.

　　그녀는 창 옆에 누워서
　　　→ 시앵은 창 옆에 누워서
　　　→ 사랑스런 시앵은 창 옆에 누워서
　　　→ 아이 어머니는 창 옆에 누워서

　어머니는 어머니입니다. 서양 사람이라면 어머니이든 할머니이든 언니이든 누이이든 'she'로 적을 테지만, 한국 사람이라면 할머니한테는 '할머니'라 하고 언니한테는 '언니'라 하며 누이한테는 '누이'라 해요.
　대이름씨(대명사)를 쓰려 한다면, 한국말에서는 어머니이든 아버지이든 똑같이 '그'나 '그 사람'이나 '그분'입니다.

　　그녀가 이렇게 말했다

→ 아무개 씨가 이렇게 말했다

일본 사람은 일본말로 '피녀'(彼女)라는 말을 흔히 씁니다. 이러한 일본말을 잘못 옮기면 '그녀'가 자꾸 한국말에 퍼집니다.

보 기 글 --

● 난 열다섯 마리의 암탉들을 모아 놓고, 그들에게 날 도와 달라고 애원했지. 밤낮으로 그녀들을 다스리는 일에 진저리가 났다고 설명했지만
→ 난 암탉 열다섯 마리를 모아 놓고 날 도와 달라고 빌었지. 밤낮으로 암탉을 다스리는 일에 진저리가 났다고 말했지만

『노랑 가방』(리지아 누네스 지음, 길우경 옮김, 민음사, 1991년) 45쪽

● 세월의 풍파가 그녀의 이마에 깊은 골이 패인 주름을 가져다주었어도 그녀의 눈에서 총기를 빼앗진 못했다
→ 힘든 나날이 할머니 이마에 깊은 골이 패인 주름을 가져다주었어도 할머니 눈에서 맑은 빛을 빼앗진 못했다

『조선희의 힐링 포토』(조선희 지음, 황금가지, 2005년) 104쪽

● 나는 한 간호사에게 반하고 말았다. 지금도 그녀가 입고 있던 하얀 가운이 기억에 선명하다
→ 나는 간호사 언니한테 반하고 말았다. 아직도 그 언니가 입은 하얀 옷이 환하게 떠오른다

『고마워, 엄마』(유모토 가즈미 지음, 양억관 옮김, 푸른숲, 2009년) 120쪽

● 수전 손택의 지적은 그리하여 적절하다. 그녀는 덧붙였다
→ 그리하여 수전 손택은 올바로 지적했다. 수전 손택은 덧붙였다

『사진의 털』(노순택 지음, 씨네21북스, 2013년) 73쪽

🌸 까닭에 / 때문에: 첫머리에 홀로 서지 못하는 말

까닭에
→ 이런 까닭으로
→ 그래서
→ 이리하여
→ 이 때문에

"까닭도 모를 일"처럼 쓰는 '까닭'에 '-에'를 붙여 글 앞에 넣지 않습니다. 글 첫머리에 이 낱말을 쓰려 한다면 "이런 까닭 때문에"나 "그러한 까닭이 있어"처럼 적어야 올바릅니다. 이 보기글에서 첫머리를 열 적에는 '그래서'나 '이리하여'나 '이 때문에' 같은 말마디를 넣습니다.

때문에
→ 이 때문에
→ 이러하기 때문에
→ 이리하여

'때문'은 매인이름씨(의존 명사)입니다. 매인이름씨는 글월 첫머리에 혼자 쓸 수 없습니다. "이 때문에"라든지 "이렇기 때문에"라든지 "너희 때문에"라든지 "들어오기 때문에"라든지 "빠르기 때문에"처럼 씁니다. 앞말이 있어야 '때문'을 뒤에 받쳐서 쓸 수 있어요.

언제 누가 왜 '때문에'를 외따로 글 첫머리에 썼는지 알 길은 없습니다. 다만, 기자와 작가나 학자가 자꾸 이런 말투를 퍼뜨립니다. 잘못된 말투를 자꾸 쓸 뿐 아니라, 잘못된 말투가 잘못인 줄 알아채지 않습니다. 잘못을 알려 주어도 스스로 바로잡지 못합니다.

보 기 글 --

- 까닭에 교과서 속의 미국의 표상을 아이들에게 어떻게 전염시키느냐가 중요한 관건인데, 그것은 각 교과마다 통일된 것이 아니었다 (⋯) 까닭에 모든 교과서의 앞에 실렸다가
→ 그래서 교과서에 나온 미국 모습을 아이들한테 어떻게 그려 넣느냐가 큰일이었는데, 이는 교과마다 똑같지는 않다 (⋯) 이리하여 교과서마다 앞쪽에 실렸다가

『전쟁과 학교』(이치석 지음, 삼인, 2005년) 141, 164쪽

- 이메일이 없으면 곤란한 지경에 빠질 정도로 이미 정보 기술과 깊은 관계를 맺고 있다. 때문에 종이 미디어를 사용하는 경우에는
→ 누리편지가 없으면 힘들 만큼 이미 정보 기술과 깊게 이어졌다. 이 때문에 종이 매체를 쓸 때에는

『디자인의 디자인』(하라 켄야 지음, 민병걸 옮김, 안그라픽스, 2007년) 110쪽

- 때문에 용맹한 군인들도
→ 이리하여 용맹한 군인들도

『젤리 장수 다로 1』(김민희 지음, 마녀의책장, 2010년) 11쪽

- 때문에 그는 매일 산에 올라
→ 그래서 그는 날마다 산에 올라

『우리는 섬에서 미래를 보았다』(아베 히로시·노부오카 료스케 지음, 정영희 옮김, 남해의봄날, 2015년) 167쪽

✿ 나름: 외따로 쓰지 못하는 말 '나름'

혼자 가게를 보기에는 나름 힘겨웠거든
→ 혼자 가게를 보기에는 그 나름대로 힘겨웠거든
→ 혼자 가게를 보기에는 할머니 나름대로 힘겨웠거든

한국말 사전에서 '나름'이라는 낱말을 찾아보면, 두 가지 쓰임새가 나옵니다. 첫째는 "명사, 어미 '-기', '-을' 뒤에 '이다'와 함께 쓰"인다고 나옵니다. 그렇습니다. '나름'이라는 낱말은 외따로 쓸 수 없습니다. 이 낱말 앞에 다른 낱말이 있어야 합니다. 둘째에서도 '나름'은 외따로 쓰지 못합니다. 앞에 다른 낱말을 넣어서 받쳐야 합니다. 그런데, 한국말 사전에서 실은 보기 글을 보면 두 가지는 올바르지 않습니다.

자기 나름의 세상을 살기 마련이다
→ 자기 나름대로 세상을 살기 마련이다
→ 제 나름대로 세상을 살기 마련이다
나름대로 그만한 또 다른 이유가 있을 터
→ 그 나름대로 그만한 또 다른 까닭이 있을 터
→ 제 나름대로 그만한 또 다른 까닭이 있을 터

"내 나름대로 힘들었거든"처럼 말해야 올바릅니다. "나름대로 힘들었거든"이나 "나름 힘들었거든"처럼 줄여서 쓰는 말투는 알맞지 않습니다. 한국말에서는 임자말(주어)을 곧잘 안 쓰기도 하지만, '나름'이라는 낱말 앞뒤에 붙이는 말마디는 함부로 덜지 않습니다.

더 살펴보면, "나름 힘들었거든"은 "나도 힘들었거든"이나 "제법 힘들었거든"으로 손볼 만합니다. '나도' 힘들었다거나 '제법' 힘들거나 '몹시' 힘들었다는 뜻을 밝혀야 알맞을 텐데 '나름'을 잘못 쓴다고 할 수 있습니다.

보 기 글 --

- 모든 일엔 나름의 이유가 있는 법이라는
→ 모든 일엔 그 나름대로 까닭이 있는 법이라는

『B급 좌파』(김규항 지음, 야간비행, 2001년) 249쪽

- 나름의 시행착오는 있을 수 있으나, 우리는 이 작업을 지속적으로 해 나갈 것입니다
→ 아무래도 시행착오는 있을 수 있으나, 우리는 이 일을 꾸준히 해 나가려 합니다

『크라잉 넛, 그들이 대신 울부짖다』(지승호 지음, 아웃사이더, 2002년) 5쪽

- 여전히 손님은 별로 없지만 '아르바이트'까지 하는 할머니 혼자 가게를 보기에는 나름 힘겨웠거든
→ 예전처럼 손님은 얼마 없지만 '아르바이트(곁벌이)'까지 하는 할머니 혼자 가게를 보기에는 퍽 힘겨웠거든

『낙타굼』(박기범 지음, 낮은산, 2008년) 73쪽

- 젊으면 젊음 자체만으로 행복하고, 나이 들어도 젊은이들의 존중을 받으니까 나름대로 행복할 수 있는 거야
→ 젊으면 젊으니까 즐겁고, 나이 들어도 젊은이들이 좋게 모시니까 서로 즐거울 수 있어

『10대와 통하는 윤리학』(함규진 지음, 철수와영희, 2012년) 41쪽

🌸 **마찬가지**: 첫머리에는 '이와 / 그와' 함께 써요

마찬가지로 (×)
이와 마찬가지로 (○)

'마찬가지'나 '매한가지'나 '비슷하다'나 '같다(똑같다)'를 글 첫머리에 넣을 때에는 앞 글월에 나오는 어떤 이야기를 듭니다. 곧, '이와'를 넣어야 글이 이어집니다. "너는 참 예뻐. 이와 마찬가지로 나도 참 예뻐"처럼 적어야 올발라요.

비슷한 것을 지었다 (?)
노래 비슷한 것을 지었다 (○)

더 깊은 이야기를 아는 사람들끼리라면 "비슷한 것을 지었다"라고만 적어도 무엇을 지었다는 뜻인지 헤아릴 수 있습니다. 낯모르는 사람이 듣는 다면 "노래 비슷한 것을 지었다"라고 적어야 제대로 헤아릴 수 있습니다.

오늘날처럼 '바쁘다 바빠' 하고 외치는 삶터에서는 "마찬가지로 말하자면" 같은 말투가 자꾸 퍼질밖에 없으리라 느낍니다. "이와 마찬가지로 말하자면"처럼 제대로 말하는 사람은 자꾸 사라지리라 느낍니다. 너무 바쁘고 힘든 사회에서는 "이와 마찬가지로 말하자면"처럼 말하는 한국 말투는 이냥저냥 잊어도 될 만하고 여기면서 "마찬가지로 말하자면"처럼 말해 버릇해도 된다고 할는지 모릅니다.

이와 비슷한 말투라 할 텐데, "이와 같이"에서 '이와'를 덜어서 "같이"라고만 첫머리에 쓰지 않습니다. "이와 똑같이"나 "이와 비슷하게"나 "이와 매한가지로"나 "이와 마찬가지로"는 모두 같은 얼거리입니다. 첫머리에 쓸 적에는 '이와' 같은 말마디를 덜지 않습니다.

보 기 글 --

● 마찬가지로 눈이 하나밖에 없는 사람이라면 자신이 불행하다고 느낄 거야 (…) 이와 마찬가지로 마음이 아픈 건 우리가 정상적인 정신 상태에서 벗어났다는 것을 알려 주는 신호라고 볼 수 있단다

→ 이와 마찬가지로 눈이 하나밖에 없는 사람이라면 스스로 슬프다고 느끼겠지 (…) 이와 마찬가지로 마음이 아프다면 우리가 올바른 길에서 벗어났다고 알려 주는 뜻이라고 볼 수 있단다

『그대들, 어떻게 살 것인가』(요시노 겐자부로 지음, 김욱 옮김, 양철북, 2012년) 217, 219쪽

※ 이 보기글을 보면, 한쪽에서는 '마찬가지'로만 적고, 곧이어 '이와 마찬가지'로 적습니다. 어떻게 써야 올바른가를 알기는 하지만 제대로 알지 못한 탓에, 한쪽에서는 '마찬가지'처럼 잘못 적었습니다. 요사이는 "이와같이"처럼 몽땅 붙여서 쓰는 사람이 제법 있어요. "이와 같이"처럼 띄어서 적어야 올바릅니다.

✿ 선생님: 스스로 '선생님'이라 할 수 없어요

> 선생님처럼 나이가 제법 든 사람의 눈에는
> → 나처럼 나이가 제법 든 사람 눈에는
> → 아저씨처럼 나이가 제법 든 사람 눈에는
> → 나이가 제법 든 사람 눈에는

'선생님'이라는 말마디는 '학생'이 '학생을 가르치는 누군가'를 가리키는 이름입니다. 남이 누군가를 가리키는 말이지, 내가 스스로를 내세우거나 나타내는 말이 아닙니다.

신하나 백성이 어느 한 사람을 가리켜 '임금님'이라 말할 뿐, '임금 자리에 있는 사람'이 스스로 "임금님으로서 가로되"처럼 나타낼 수 없습니다. 누군가 어느 사람을 가리켜 '사모님'이라 말한대서, 어느 사람 스스로 "사모님은 이렇게 생각해" 하고 말할 수 없어요.

> 선생님은 거기에 반대하는 입장이야
> → 나는 이 생각에 반대해
> → 내 생각은 이와 달라
> → 나는 이와 달리 생각해

나를 스스로 밝힐 때에는 '나'라 말합니다. 맞은편을 높이는 말투로 가다듬는다면 '저'라 말합니다. "선생님은 어떻게 생각하나요" 하고 물을 적에, 이 말을 들은 사람은 "저는 이렇게 생각합니다" 하고 말해야 맞지, "선생님은 이렇게 생각합니다" 하고 말하면 엉뚱합니다.

학교 교무실에서 '여러 교사'가 모여 이야기를 나눈다고 생각해 볼 수 있어요. 이때에 '여러 교사'는 스스로를 어떻게 밝히며 이야기를 나눌까요? 서로서로 "선생님은 말이야" 하며 말머리를 열지 않겠지요?

보 기 글 --

● 20대끼리 나이 들먹이며 윗사람인 체한다면, 그것은 선생님처럼 나이가 제법 든 사람의 눈에는 (…) 인터넷 실명제가 거론되기도 하는데, 선생님은 거기에 반대하는 입장이야

→ 20대끼리 나이 들먹이며 윗사람인 체한다면, 이는 나이가 제법 든 사람 눈에는 (…) 인터넷에 이름을 밝히도록 하자고 말하기도 하는데, 나는 이와 달리 생각해

『10대와 통하는 윤리학』(함규진 지음, 철수와영희, 2012년) 42, 86쪽

※ '선생님'이라는 말은 '선생'을 높이는 말이기 때문에, 이 말을 '선생님 자리에 있는 사람'이 스스로 쓸 수 없습니다. '선생님을 바라보는 사람'이 '선생님 자리에 있는 사람'을 높이려고 '-님'을 붙여서 부릅니다. 그렇다고, '선생님' 자리에 있는 어른이 "선생이 해 줄게"라든지 "교사가 해 줄게"처럼 말하자면 여러모로 어설픕니다. "내가 해 줄게"처럼 '나'라고 말해야 알맞습니다. 이와 비슷한 얼거리로 "누님이 해 줄게"라든지 "형님이 해 줄게"처럼 쓰는 말투도 알맞지 않습니다. "누나가 해 줄게"라든지 "형이 해 줄게"처럼 써야 올바릅니다.

✿ 속: 언제든 빼도 좋을 말 '-속'

이 추위 속에서 어떻게 지낼까
→ 이 추위에 어떻게 지낼까
→ 살을 에는 추위에 어떻게 지낼까
→ 매서운 추위에 어떻게 지낼까

"더위 속에서"나 "추위 속에서"는 올바르지 않은 말투입니다. "더위에"
나 "추위에"처럼 적어야 합니다. 사람은 더위 '속'으로 들어가거나 나오지
못해요. 추위 '속'으로 들어가거나 나오지도 못해요. 그저 더위를 누리고,
그예 추위를 누려요. 차츰 온도가 올라가며 더위가 되고, 차츰 온도가 내려
가며 추위가 될 뿐이니, 어느 '속'에 있다고 말할 수 없어요.

느낌을 살려 새롭게 적는다면 "더위에 시달리며"나 "추위에 몸부림치며"
처럼 적을 수 있어요. "더위에 헐떡이며"나 "추위에 눈이 핑핑 돌며"처럼 적
어도 돼요.

하늘을 가르며 날다 (○) / 하늘 속을 가르며 날다 (×)
구름을 가르며 날다 (○) / 구름 속을 가르며 날다 (×)
땅을 뚫으며 가다 (○) / 땅속을 뚫으며 가다 (×)
보리밭을 헤치며 가다 (○) / 보리밭 속을 헤치며 가다 (×)
함박눈을 뚫고 걷다 (○) / 함박눈 속을 뚫고 걷다 (×)

지렁이는 어디에 살까요? '흙 속'에 살까요, '땅속'에 살까요? 지렁이는
'땅속'에 삽니다. '땅'은 흙 알갱이가 모여서 이루어진 자리를 가리키거든요.

'흙 속'에는 원자나 분자가 있겠지요. 그리고, 사람은 "공기 속"이 아닌 "공기에 둘러싸여" 살며, "지구 속"이 아닌 "지구에서" 삽니다. "서울 속"이 아닌 "서울에" 살고, "집 속"이 아닌 "집에" 살아요. "시골 속"이 아닌 "시골에" 찾아가며, "산속"이 아닌 "산에" 올라갑니다.

보 기 글 --

● 찌는 듯한 더위 속에서 (…) 유치장 생활을 한 적이 있다
→ 찌는 듯한 더위에 숨 막히면서 (…) 유치장에서 지낸 적이 있다

『은빛 호각』(이시영 지음, 창비, 2003년) 49쪽

● 우리의 직관적인 앎 속으로, 서로에 대한 신뢰 속으로 들어갈 수 있었다
→ 우리가 무엇을 아는지 바로 볼 수 있고, 서로를 믿을 수 있었다

『산처럼 생각하라』(아르네 네스와 네 사람 지음, 이한중 옮김, 소동, 2012년) 172~173쪽

● 어떤 말이든지 생활 속에서 익혀야 비로소 제 것이 되는 것이다
→ 어떤 말이든지 살면서 익혀야 비로소 제 것이 된다

『무엇을 어떻게 쓸까』(이오덕 지음, 보리, 1995년) 65쪽

● 장대비 속을 뚫고
→ 장대비를 뚫고

『빼앗긴 이름 한 글자』(김은영 지음, 창비, 1994년) 118쪽

● 하얀 눈이 소복소복 내리는 / 깊은 산 속 오두막집에 / 우는 아이 달래는 어머니의 목소리
→ 하얀 눈이 소복소복 내리는 / 깊은 멧골 오두막집에 / 우는 아이 달래는 어머니 목소리

『신발 속에 사는 악어』(위기철 지음, 사계절, 1999년) 83쪽

🌸 **아래:** '가로수 그늘 아래'라면 땅속이잖아?

가로수 그늘 아래서
→ 가로수 그늘에서
→ 가로수 그늘이 드리운 곳에서
→ 가로수 밑에서
→ 가로수 밑 그늘에서

한국말 사전을 보면 '밑'을 "물체의 아래나 아래쪽"으로 풀이하고, '아래'는 "어떤 기준보다 낮은 위치"로 풀이합니다. 이런 뜻풀이로만 보면 '밑'과 '아래'는 똑같은 낱말로 여길밖에 없습니다.

'밑'은 바닥과 가까운 자리를 가리킵니다. '아래'는 '위'와 맞물려서 씁니다. "그 집 아래"라 하면, 땅속을 가리키지요. '아래층·위층'처럼 '아래'와 '위'라는 낱말은 어느 집에서 한 층 높거나 낮은 자리를 가리킵니다. 그러니, 이 보기글에 나오듯이 "가로수 그늘 아래"처럼 쓸 수 없습니다. 그늘에서 아래란 어디일까요? 땅속이지요. "나무 아래"라고 할 적에도 땅속을 가리키는 셈입니다. 그러니 "나무 밑에서 놀자"나 "나무 밑에서 만나자"라고 해야 말이 됩니다.

일본의 지배 아래서
→ 일본한테 지배를 받으며
→ 일본한테 짓눌리며(억눌리며 / 짓밟히며)
→ 일본한테 눌리며(밟히며)

"지배하"이든 "지배 아래"이든 모두 똑같은 말투입니다. 한국 말투가 아닙니다. 일제 강점기 무렵부터 들어와서 그만 잘못 퍼진 일본 말투입니다. "선생님의 지도하에"나 "선생님의 지도 아래"는 "선생님이 가르쳐서"나 "선생님이 이끌어서"로 고쳐 씁니다.

보 기 글 --

- 이른바 '민족'의 이름하에 덮어 둔
→ 이른바 '민족'이라는 이름으로 덮어 둔

『B급 좌파』(김규항 지음, 야간비행, 2001년) 38쪽

- 전 세계적으로 자유를 보호한다는 미명하에 자유가 억제되고 있습니다
→ 모든 나라에서 자유를 지킨다는 구실로 자유가 억눌립니다

『보통 사람들을 위한 제국 가이드』(아룬다티 로이 지음, 정병선 옮김, 시울, 2005년) 24쪽

- 일본의 지배 아래서 식민지의 서러움을 당하며 살고 있었습니다
→ 일본한테 짓눌리는 식민지가 되어 서럽게 살았습니다

『김순남』(김별아 지음, 사계절, 1994년) 12쪽

- 하지만 우리는 서로의 동의하에 헤어졌다
→ 그렇지만 우리는 서로 헤어지기로 했다

『교도관 나오키 4』(고우다 마모라 지음, 서현아 옮김, 학산문화사, 2006년) 59쪽

- 미국의 중재 아래 진행되던 → 미국이 이끌어 이루어지던

『이념의 속살』(임지현 지음, 삼인, 2001년) 203쪽

- 나무 아래에서 놀던 아기 여우들이 놀렸어요 (…) 하지만 아기 올빼미는 머리를 날개 아래 파묻고 몸을 움츠렸어요
→ 나무 둘레에서 놀던 아기 여우들이 놀렸어요 (…) 그러나 아기 올빼미는 머리를 날개 사이에 파묻고 몸을 움츠렸어요

『겁 많은 아기 올빼미』(길 데이비스·딕 트위니 지음, 김현좌 옮김, 봄봄, 2014년) 4, 7쪽

안: 기차에 탈까, 기차 '안'에 탈까?

> 기차 안에서 꼬박 새운 다음
> → 기차에서 꼬박 새운 다음

'기차간'이라 말하는 분도 있어요. 이렇게 써도 됩니다. '기차 안'은 아니에요. '비행기 안에서'나 '배 안에서'나 '버스 안에서'도 이와 마찬가지입니다. '비행기에서'와 '배에서'와 '버스에서'로 바로잡아야 알맞아요. 우리는 "기차를 탄다"고 하지 "기차 안에 탄다"고 하지 않아요. "버스에서 내린다"고 말하지 "버스 안에서 내린다"고 하지 않습니다.

> 원전 안에서는 크고 작은 '사고'가 벌어진다
> → 원전에서는 크고 작은 '사고'가 벌어진다
> 이러한 충격은 시민들 안에서만 존재한다
> → 이러한 충격은 시민들만 느낀다
> → 이러한 충격은 시민들만 받는다

어디에서 어떤 소리를 듣는다면, "얘, 저기에서 소리가 들리지 않았니?" 하고 묻습니다. "저 집에서 소리가 나지 않았니?" 하고 묻습니다. "저 집 안"이라고 말하지 않습니다. 호텔에서 하룻밤을 묵으려 한다면 "호텔에서 잔다"고 말하지, "호텔 안에서 잔다"고 말하지 않습니다. 영어에서는 'in'을 넣겠지만요. "밖에서 자지 말고 안에서 자렴" 하고 말할 적에 비로소 '안'을 씁니다.

쌀자루나 감자 자루를 창고에 가져다 넣는다고 하면 "창고에 넣는다"고 말합니다. "창고 안에 넣는다"고 말하지 않습니다. 편지를 부치러 우체국에 가면 "우체국에 간다"고 할 뿐, "우체국 안에 간다"고 하지 않아요. 편지는 "우체통에 넣는다"고 하며, "우체통 안에 넣는다"고 하지 않아요. 돈은 "주머니에" 넣을 뿐, "주머니 안"에 넣지 않습니다.

보 기 글 --

- 이라크 사태가 이른 시일 안에 수습되기를 바랄 뿐이다
→ 이라크 사태가 하루빨리 제자리를 찾기를 바랄 뿐이다

『한국어가 있다 1』(중앙일보 어문연구소 지음, 커뮤니케이션북스, 2005년) 21쪽

- 우리 집 고양이는 / 따듯한 방 안에서
→ 우리 집 고양이는 / 따듯한 방에서

『깜장꽃』(김환영 지음, 창비, 2010년) 68쪽

- 일본군도 출병하여 7월 말 청 · 일 양군은 조선 안에서 교전 상태에 들어갔고
→ 일본도 군대를 보내 7월 끝 무렵 청 · 일 두 나라는 조선에서 서로 싸웠고

『후쿠자와 유키치』(정일성 지음, 지식산업사, 2001년) 55쪽

- 숲 안으로 들어오면 우리를 찾을 게 틀림없었다
→ 숲으로 들어오면 우리를 틀림없이 찾겠지

『고통은 계속되지 않는다』(셀리 피어설 지음, 홍한별 옮김, 양철북, 2012년) 47쪽

- 이른 아침부터 곡식 창고 안에서
→ 이른 아침부터 곡식 창고에서

『닳지 않는 손』(서정홍 지음, 우리교육, 2008년) 96쪽

- 나는 커튼을 내리고 내 방 안에 있었지요
→ 나는 커튼을 내리고 내 방에 있었지요

『코끼리 아저씨』(아놀드 로벨 지음, 엄혜숙 옮김, 비룡소, 1998년) 7쪽

🌸 **엄마/아빠:** 철들면서 내려놓아야 할 젖먹이 말

　요즈음은 '다 큰 어른'이면서 '엄마·아빠' 같은 말을 쓰는 사람이 무척 많습니다. 문학이나 영화나 연속극에서도 으레 '엄마·아빠'라 하고, 어린이나 푸름이도 자꾸 '엄마·아빠'라 합니다.

　1940년에 나온 『조선어사전』을 보면 '엄마'를 "젖먹이가 자기의 어머니를 부르는 말"로 풀이합니다. 1957년에 나온 『큰사전』을 보면 '엄마'를 "'어머니'의 어린이 말"로 풀이하고, 2001년에 나온 『푸르넷 초등 국어사전』도 '엄마'를 "'어머니'의 어린이 말"로 풀이해요. 그런데, 2015년 국립국어원 누리집에서 '엄마'를 찾아보면 "1. 격식을 갖추지 않아도 되는 상황에서, '어머니'를 이르거나 부르는 말 2. 자녀 이름 뒤에 붙여, 아이가 딸린 여자를 이르거나 부르는 말"로 풀이해요. 한국에서 나온 거의 모든 한국말 사전은 '엄마'를 '젖먹이'나 '어린이'가 쓰는 낱말로 다루는데, 국립국어원은 이 쓰임새를 『표준국어대사전』에 안 담아요.

　　아기(젖먹이) → 아이(어린이) → 어른(철든 사람)

　사람은 누구나 '아기'로 태어납니다. 아기는 '젖먹이'입니다. 아기나 젖먹이는 똥오줌을 제대로 못 가리기도 하고, 말을 제대로 못 가누기도 하며, 손힘이나 다리 힘이 무척 여립니다. 아기나 젖먹이는 혀짤배기소리를 내기 일쑤요, 둘레 어버이나 어른한테서 말을 배웁니다. 젖을 뗄 무렵에는 '아이'나 '어린이'라 하고, '아이·어린이'는 아직 철이 들지 않은 사람을 가리켜요. 그러면, 언제 철이 드느냐 하면 아홉 살이나 열 살 언저리입니다. 늦으면 열서너 살이나 열대여섯 살에 철이 들 수 있고, 스무 살이 되어서야 철이

들 수 있습니다.

'엄마·아빠'라는 말마디는 '맘마·까까·빠빠·응가'하고 한동아리입니다. '어린이'가 쓰는 말이라고는 할 수 없는 말입니다. '젖먹이'가 쓰는 말이라고 해야 올바릅니다.

젖먹이나 아기는 혀가 짧고 몸이 덜 자랐기에, 말소리를 오롯이 못 냅니다. 그래서 젖먹이나 아기일 적에는 '엄마·아빠·맘마·까까·빠빠·응가' 같은 말마디를 쓰지요. 젖먹이나 아기는 으레 말소리가 새니까 "그랬쪄요"라든지 "허슈아비"나 "죠아요"처럼 말하기도 해요.

젖을 뗀 아이는 스스로 '아기'라고 여기지 않습니다. 아이는 '어린 젖먹이 동생'을 살뜰히 아껴야 하는 줄 깨닫고, 철들 무렵(8~10살)에는 '엄마·아빠'라는 말을 떼고 '어머니·아버지'로 들어섭니다. 아기에서 아이로 자리를 옮긴 때부터 '맘마·까까·빠빠·응가'를 안 쓰지요.

'젖먹이 말'이나 '아기 말'이라고 할 말마디를 열 살 나이에도 쓴다면 어떻게 보일까요? 젖먹이 말이나 아기 말을 스무 살이나 마흔 살 나이에도 쓴다면 어떤 모습일까요? 철이 없거나 철이 안 들었다고 여길 테지요.

철수 엄마 → 철수 어머니
영희 아빠 → 영희 아버지

요즈음 들어 어른들이 스스로 '철 든 사람'이기보다는 '철 안 든 사람'으로 지내고 싶은지, 자꾸 "철수 엄마"나 "영희 아빠" 같은 말을 씁니다. 아이들이 이렇게 쓰지 않고, 어른들이 이렇게 써요. 아이들이 '엄마·아빠'라 쓰더라도 어른들이 스스로 '철이 든 사람으로서 혀짤배기소리가 아닌 옹근 말'인 '어머니·아버지'를 쓸 줄 알아야 합니다.

'엄마·아빠' 같은 말을 쓴다고 해서 어머니나 아버지한테 살가이 다가 설 수 있지 않아요. 어떤 말을 쓰든, 우리 마음이 살가울 때에 서로 살갑지요. 우리 마음이 사랑스럽지 않으면, 어떤 말을 쓰더라도 안 사랑스러워요.

철이 든 어른이 장난스레 '엄마·아빠'라 해도 재미있습니다. 다만, 아이에서 어른으로 들어서는 길목에서 '엄마·아빠'라는 말을 내려놓도록 하는 까닭은, 이제 '혀짤배기소리'에서 홀가분하게 벗어나서 '새로운 말소리를 오롯이 담아내거나 나타내려는' 사람으로 씩씩하게 서도록 이끌어야 삶을 아름답게 가꾸는 생각을 스스로 다스릴 수 있기 때문입니다.

보 기 글

- 엄마 앞에서 "엄마, 고맙습니다." 하고 말하려니까
- → 어머니 앞에서 "어머니, 고맙습니다." 하고 말하려니까

『장화가 나빠』(오이시 마코토 지음, 햇살과나무꾼 옮김, 논장, 2005년) 78쪽

- 그때 엄마 목소리가 들렸어요. "단비야, 엄마 왔다!"
- → 그때 어머니 목소리가 들렸어요. "단비야, 어머니 왔다!"

『흙강아지 피피』(오시마 다에코 지음, 육은숙 옮김, 학은미디어, 2006년) 29쪽

- 아침이면 미희 엄마 아빠처럼 내게 물어보실지도 몰라
- → 아침이면 미희 어머니 아버지처럼 내게 물어보실지도 몰라

『손바닥으로 하늘 가리기』(박연 지음, 대교출판, 1995년) 194쪽

- 아빠 월급이 되게 적대 (…) 우리 집은 엄마도 일을 하는걸
- → 아버진 월급이 되게 적대 (…) 우리 집은 어머니도 일을 하는걸

『비밀의 달팽이 호』(사토 사토루 지음, 햇살과나무꾼 옮김, 크레용하우스, 2000년) 25쪽

- 아빠 발등 위에 내 발을 얹으면
- → 아버지 발등에 내 발을 얹으면

『아빠 아빠 함께 놀아요』(하마다 케이코 지음, 김창원 옮김, 진선출판사, 2005년) 16쪽

위: '위'로 가려면 날거나 뛰어올라야 해

　지구 위에 사는 사람들
　→ 지구에 사는 사람들
　→ 이 땅에 사는 사람들
　→ 지구 별 사람들
　→ 지구 사람들

　"지구 위"는 '지구 상'처럼 쓰던 말에서 한자 '上'만 '위'로 옮겼습니다. 일제 강점기에 한자를 마구 드러내어 글을 쓰던 분은 '地球上'처럼 썼고, 나중에는 '지구 上'처럼 쓰다가, 이제 '지구 상'처럼 쓰는데, 이 말투를 조금 더 고친다고 하면서 "지구 위"라는 말투가 생겼어요.

　궤짝 위에 앉아 → 궤짝에 앉아
　밥상 위에 앉지 마 → 밥상에 앉지 마
　선반 위에는 그릇이 있다 → 선반에는 그릇이 있다

　'위'는 "나비가 지붕 위를 날다"라든지 "새가 구름 위를 지나간다"나 "네 솜씨가 더 위야"처럼 씁니다. 한국말 사전을 보면 "산 위에 오르다"나 "장판 위를 기어가는 벌레" 같은 보기글이 있는데, 모두 틀려요. "산에 오르다"나 "장판을 기어가는 벌레"처럼 바로잡아야 합니다. "기초 위에"나 "바탕 위에"나 "호기심 위에"도 잘못 쓰는 말투예요. "기초에"나 "바탕에"나 "호기심에다가"로 바로잡아야지요.
　다리가 아파서 앉으려면 "자리에" 앉을 뿐, "자리 위에" 앉지 않습니다.

그래서 "걸상에 앉다"나 "바닥에 앉다"처럼 말해야 올바릅니다. "풀 위에 눕"지 않고 "눈 위에서 놀"지 않아요. "풀밭에 눕"거나 "풀을 베고 눕"고 "눈밭에서 놀"거나 "눈을 밟으며 놉"니다.

보 기 글 --

- 인간이 하느님의 형상을 따라 창조되었다는 적절한 윤리적 가정 위에서
- → 사람이 하느님 모습을 따라 지었다는 윤리를 알맞게 생각하면서

『해바라기』(시몬 비젠탈 지음, 박중서 옮김, 뜨인돌, 2005년) 159쪽

- 자동차와 오토바이들이 늘어난 도로 위에서 사람들의 삶은 과연 행복해졌을까, 라는 점에서는 회의적이 될 수밖에 없었다
- → 자동차와 오토바이 들이 늘어난 길에서 사람들은 삶이 참으로 즐거울까, 같은 대목에서는 고개를 저을 수밖에 없었다

『자전거가 있는 풍경』(공선옥 외 열일곱 사람 지음, 아침이슬, 2007년) 97쪽

- 간절한 마음으로 골판지 위에 쓴
- → 애타는 마음으로 골판 종이에 쓴

『아체는 너무 오래 울고 있다』(박노해 지음, 느린걸음, 2005년) 126쪽

- 선생님께 오늘 혼났어요 / 책상 위에 줄 그었다고 벌 받았어요
- → 선생님한테서 오늘 꾸중 들었어요 / 책상에 줄 그었다고 벌 받았어요

『해님이 누고 간 똥』(정세기 지음, 창비, 2006년) 60쪽

- 낙엽 위를 걷고 있으면 올 한 해 정원의 편력(遍歷)이 끝난 것을 실감하지 않을 수 없다
- → 가랑잎을 밟고 걸으면 올 한 해 꽃밭 일도 끝났구나 하고 느끼지 않을 수 없다

『그렇지 않다면 석양이 이토록 아름다울 리 없다』(마루야마 겐지 지음, 이영희 옮김, 바다출판사, 2015년) 118쪽

저희: '우리'를 낮추는 말 '저희'

저희 학교는

→ (학교 이름) 학교는

→ 우리 학교는

→ 이 학교는

→ 이곳은

"저희 나라"나 "저희 회사"처럼 쓰면 잘못입니다. "우리 나라(우리나라)"나 "우리 회사"처럼 써야 하고, "제가 사는 나라"나 "제가 다니는 회사"라고 해야 알맞습니다. "저희 나라"나 "저희 회사"처럼 쓰면, 나라와 회사를 그만 낮추는 셈이 됩니다.

나라나 회사뿐 아니라 "우리 형"이나 "우리 어머니"가 올바르고, "저희 형"이나 "저희 어머니"는 틀립니다. "말하는 사람과 듣는 사람 모두를 아우르는 대이름씨(대명사)"인 '우리'를 올바로 써야 합니다.

우리 엄마 / 우리 겨레 (○)

저희 엄마 / 저희 겨레 (×)

'저희'는 "저희가 했어요"나 "저희가 할게요"처럼 씁니다. '우리'를 낮추려는 뜻에서 씁니다. 다만, 누가 누구를 높이거나 낮추려는 마음이 아니라, 서로 같은 자리에 있다는 마음으로 말을 한다면 "우리가 했어요"나 "우리가 할게요"처럼 쓸 수 있습니다.

● 저는 경기도 김포시 양촌면에 있는 양곡고등학교 역사 교사입니다. 저희 학교는 흙
  냄새, 나무 냄새, 사람 냄새 물씬 나는 시골 학교입니다

→ 저는 경기도 김포시 양촌면에 있는 양곡고등학교 역사 교사입니다. 우리 학교는 흙
  냄새, 나무 냄새, 사람 냄새 물씬 나는 시골 학교입니다

『가슴으로 크는 아이들』(이경수 지음, 푸르메, 2006년) 머리말

● 저희 엄마
→ 우리 엄마
→ 저를 낳은 어머니

● 저희 아기
→ 우리 아기
→ 제가 낳은 아기

● 저희 학교
→ 우리 학교
→ 제가 일하는 학교(교사라면)
→ 제가 다니는 학교(학생이라면)

● 저희 마을
→ 우리 마을
→ 제가 사는 마을
→ 제가 사랑하는 마을

정말: '참말'로 손보아야 할 '正말'

정말로 시끄러웠거든 → 참말로 시끄러웠거든
정말로 멋진 광경이었어 → 매우 멋진 모습이었어
정말 그렇구나 → 참으로 그렇구나
정말 맛나게 → 아주 맛나게
정말로 맛이 좋을 → 무척 맛이 좋을

요즈음 나오는 문학이나 동화를 보면 하나같이 '정(正)말'이라는 낱말을 매우 자주 씁니다. 그야말로 아주 쉽게 씁니다. 한국말로 올바르게 '참말'로 쓰거나 바로잡을 줄 아는 어른이 퍽 드뭅니다.

한국말 사전을 펼쳐 봅니다. '正말'을 "거짓이 없이 말 그대로임"으로 풀이합니다. '참말'은 "사실과 조금도 틀림이 없는 말"로 풀이합니다. 두 낱말이 말풀이가 다릅니다. 한자 '正'을 붙인 '정말'은 "거짓이 없이"라 하고, 한국말 '참말'은 "사실과 틀림이 없는"이라 합니다. 한자말 '사실(事實)'은 "실제로 있었던 일이나 현재에 있는 일"을 가리킨다고 합니다. 한자말 '실제(實際)'는 "사실의 경우나 형편"을 가리킨다고 합니다. 그러니까, "사실=실제"인 셈이요, 한국말 사전 말풀이는 돌림풀이입니다. 이래서야 '참말'이 무슨 뜻인지 도무지 알 수 없습니다. '참'이라는 한국말은 "사실이나 이치에 조금도 어긋남이 없는 것"으로 풀이합니다. 아무래도 모두 뒤죽박죽입니다.

거짓이 아니기에 '참'입니다. 참이 아니기에 '거짓'입니다. 그렇지요. 참과 거짓은 서로 맞물립니다. 다시 말하자면, '正'이나 '사실'이나 '실제' 같은 낱말을 안 써도 됩니다. 이런 낱말을 자꾸 쓰면 쓸수록 뒤죽박죽이 되면서 말뜻이 뒤엉킵니다. '正+말' 꼴로 지은 말마디는 말끔히 털어 내면서 '참말·참말로'를 쓰면 됩니다. 이야기 흐름에 맞추어 '참'이라든지 '매우·아주·몹시'를 넣으면 되고, '퍽·꽤·제법'을 넣을 수 있고, '대단히·엄청나게·더없이·그야말로'를 넣을 수 있습니다.

보 기 글 --

● 붕붕대는 소리가 정말로 시끄러웠거든 (…) 계곡도 보았지. 정말로 멋진 광경이었어 (…) 정말 그렇구나. 우리는 이제 행복해 (…) 생쥐 수프를 정말 맛나게 할 거야 (…) 이제 생쥐 수프는 정말로 맛이 좋을 거야

→ 붕붕대는 소리가 참 시끄러웠거든 (…) 골짜기도 보았지. 매우 멋졌어 (…) 참으로 그렇구나. 우리는 이제 기뻐 (…) 생쥐 국물을 아주 맛나게 할 테야 (…) 이제 생쥐 국물은 무척 맛이 좋을 테야

『생쥐 수프』(아놀드 로벨 지음, 엄혜숙 옮김, 비룡소, 1997년) 15, 25, 30, 52, 60쪽

● 아, 정말 예쁜 팔찌예요
→ 아, 몹시 예쁜 팔찌예요

『난 자전거를 탈 수 있어』(아스트리드 린드그렌 지음, 햇살과나무꾼 옮김, 논장, 2014년) 12쪽

● 정말 괜찮아서 그런 것이 아니었으니까
→ 참말 괜찮아서 그러하지 않았으니까

『동사의 맛』(김정선 지음, 유유, 2015년) 191쪽

● 지역민을 대하는 메구리노와의 이런 자세에서 배운 게 정말 많았어요
→ 지역 사람을 마주하는 메구리노와를 보면서 참 많이 배웠어요

『우리는 섬에서 미래를 보았다』(아베 히로시·노부오카 료스케 지음, 정영희 옮김, 남해의봄날, 2015년) 150쪽

● 정말로 대단한 일은 없어
→ 참말로 대단한 일은 없어

『오늘 하루』(이토 히로미 지음, 노경아 옮김, 보누스, 2015년) 30쪽

진짜: '참'으로 바로잡을 낱말 '진짜'

> 진짜 못 말릴 녀석이구만
> → 참 못 말릴 녀석이구만
> → 아주 못 말릴 녀석이구만
> → 끔찍이 못 말릴 녀석이구만
> → 바보처럼 못 말릴 녀석이구만

어릴 적에 '진짜·가짜'라는 낱말은 올바르지 않으니 쓰지 말라는 소리를 으레 들었습니다. 나이 지긋한 어른들은 어린 우리가 이런 말을 쓰면 낯을 찡그리면서 '참·거짓'으로 바로잡으라고 이르셨고, 학교(국민학교)에서도 '참·거짓'으로 쓰라고 가르쳤습니다. 그런데 한 해 두 해 흐르는 동안 '참·거짓'으로 쓰라고 말하는 어른은 차츰 사라져서 이제 거의 안 보이고, 요즈음 어른들은 그냥 '진짜·가짜'라는 낱말을 널리 씁니다.

이 보기글에 나오는 "'진짜' 못 말릴 녀석"은 '=진짜로'를 가리키는데, '진짜로'는 "꾸밈이나 거짓이 없이 참으로"를 뜻한다고 합니다. 그러니까, '진짜로'는 '참으로'로 바로잡을 낱말인 셈입니다. 또는 '참말로'나 '꾸밈없이'나 '거짓 없이'로 바로잡을 만합니다. 흐름에 따라 '참·아주·매우·몹시'나 '끔찍이·대단히·그지없이'로 손볼 수 있습니다.

> 영화가 진짜 지루하다
> → 영화가 매우 지겹다
> 너 진짜 혼자서 집에 갈 거니
> → 너 참말 혼자서 집에 가니

진짜 무지무지하게 아프다고요

　→ 참말 무지무지하게 아프다고요

　→ 거짓말 아니고 무지무지하게 아프다고요

　1940년대 『조선어사전』(문세영 엮음)에는 '진짜·가짜'가 안 실립니다. 1957년에 나온 『큰사전』(한글학회 엮음)부터 비로소 이 낱말이 실립니다. '-짜'라는 말끝이 어떻게 나타났는지 알 길은 없는데, 비슷한 얼개로 '공짜 (空-)'가 있고, 이 낱말은 1940년대 한국말 사전에도 나옵니다.

　곰곰이 살피면 '眞'이든 '假'이든 '空'이든 한자이고, 이러한 한자는 한국 사람이 처음부터 쓰지 않았습니다. '진짜·가짜·공짜'가 쓰인 햇수는 아주 짧습니다. 그리고 이렇게 '한자를 앞에 붙인 낱말'이 널리 퍼진 때는 일제 강점기입니다. 일본 사람이 쓰던 말투가 일제 강점기에 물결처럼 밀려들어서 퍼졌고, 이 말투는 해방이 끝난 뒤에도 좀처럼 가시지 않았어요.

　곰곰이 돌아보면, '진짜'는 '참'으로, '가짜'는 '거짓'으로, '공짜'는 '거저'로 손질할 낱말입니다. 아니, 먼 옛날부터 '참'과 '거짓'과 '거저'라는 말을 두루 쓰면서 생각을 나누었을 테지요.

보기글 -

● 　나뭇잎이 아닌 진짜 돈을 가지고 온 것을 안 모자 가게 할아버지는

→ 　나뭇잎이 아닌 돈을 참말 가지고 온 줄 안 모자 가게 할아버지는

　　　　　　　　『아기 여우와 털장갑』(니이미 난키치 지음, 손경란 옮김, 한림출판사, 1998년) 22쪽

● 　진짜로는 어렸을 때부터 야구 되게 좋아했어

→ 　거짓말 아니라 어릴 때부터 야구 되게 좋아했어

　　　　　　　　『도무라 반점의 형제들』(세오 마이코 지음, 고향옥 옮김, 양철북, 2011년) 160쪽

- 카토를 좋아하지만, 진짜 사랑과는 다른 느낌이 든다
→ 카토를 좋아하지만, 참사랑과는 다른 느낌이 든다

『미카코 5』(쿄우 마치코 지음, 한나리 옮김, 미우, 2012년) 67쪽

- 그 코를 깍, 깨물었지요. 진짜로 형인가 보려고요
→ 그 코를 깍, 깨물었지요. 참말로 형인가 보려고요

『나의 형 이야기』(모리스 샌닥 지음, 서남희 옮김, 시공주니어, 2013년) 28쪽

- 진짜 못 말릴 녀석이구만
→ 참 못 말릴 녀석이구만

『개코형사 ONE코 9』(모리모토 코즈에코 지음, 이지혜 옮김, 대원씨아이, 2015년) 73쪽

 호랑이 / 호랑나비 / 호랑이띠:
단군 이야기에 나오는 짐승은 '범'일까 '호랑이'일까?

범 · 범나비 · 범띠 · 범돌이 (○)
호랑이 · 호랑나비 · 호랑이띠 · 호돌이 (×)

한국말 사전을 찾아보면, '범'을 "=호랑이"로 풀이하고, '호랑이(虎狼-)'는 "1. [동물] 고양잇과의 포유류 2. 몹시 사납고 무서운 사람을 비유적으로 이르는 말"로 풀이해요. '호랑(虎狼)'은 "범과 이리라는 뜻으로, 욕심이 많고 잔인한 사람을 비유적으로 이르는 말"이라고 나옵니다.

한국말은 '범'입니다. '虎'라는 한자는 "범 호"입니다. "호랑 호"가 아닙니다. 범하고 이리를 아우르는 한자말이 '호랑'입니다. 그런데 1982년에 프로

야구가 나오면서 'tiger'를 상징 그림으로 삼은 구단에서 '호랑이'라는 이름을 썼고, 1988년에 서울 올림픽을 치르면서 내세운 상징 그림이 '호돌이'입니다. 프로야구와 올림픽에서 '범'이라는 한국말을 안 썼습니다.

남녘 곤충학자도 '범'이나 '호랑'이 어떤 말인지 제대로 살피지 못하기 때문에 '호랑나비' 같은 이름을 붙입니다. 그러나, 북녘 곤충학자는 '범나비'라는 이름을 제대로 씁니다.

사람이 어느 해에 태어났는가를 살펴서 '범띠'라고 말합니다. 요즈음에는 '호랑이띠'라 말하기도 하는데, 이 말도 '범띠'로 바로잡아야 올발라요. 띠에서는 "범과 이리"가 아닌 '범'만 가리킬 뿐이니까요.

그러면 '호랑 장군'은 어떠할까요? 이 말은 무시무시한 사람을 가리킬 적에는 걸맞고, 한 가지 짐승을 가리키려 한다면 '범 장군'으로 써야 알맞지요. 단군 이야기에 나오는 두 가지 짐승은 곰하고 '범'입니다.

보 기 글 -

● 　호랑이는 가죽을 남기고 죽고 사람은 이름을 남기고 죽는다는데
→ 　범은 가죽을 남기고 죽고 사람은 이름을 남기고 죽는다는데

『곤충들의 수다』(정부희 지음, 상상의숲, 2015년) 161쪽

● 　선녀도, 나무꾼도, 호랭이도 → 선녀도, 나무꾼도, 범도

『해는 희고 불은 붉단다』(길상효 지음, 씨드북, 2015년) 12쪽

● 　그 호랑이 그림에는 → 그 범 그림에는

『문』(나쓰메 소세키 지음, 송태욱 옮김, 현암사, 2015년) 66쪽

ㄴ

어찌씨 · 이음씨 · 느낌씨 · 얹음씨

부사 · 접속 부사 · 감탄사 · 관사

가끔씩 / 이따금씩: '가끔'에는 '-씩'을 붙일 수 없어요

> 가끔씩 발자국을 남길 때가
> → 가끔 발자국을 남길 때가

　한국말 사전에서 '가끔'이라는 낱말을 찾아보면 "시간적 · 공간적 간격이 얼마쯤씩 있게"로 풀이하고, '이따금'을 살펴보면 "얼마쯤씩 있다가 가끔"을 뜻한다고 풀이합니다. 그러니 이래저래 뒤죽박죽인 풀이입니다.

　띄엄띄엄 벌어져서 되풀이되는 모습을 가리킬 때에 쓰는 '가끔'이요 '이따금'입니다. '-씩'을 한국말 사전에서 찾아보면 "'그 수량이나 크기로 나뉘거나 되풀이됨'의 뜻을 더하는 접미사(뒷가지)"로 풀이합니다. '가끔'과 '이따금'과 '-씩'은 저마다 따로 쓸 말마디입니다.

　'-씩'을 붙이는 말마디로는 "조금씩 · 며칠씩 · 하나씩"이 있어요. '조금'이나 '며칠'이나 '하나' 같은 낱말에는 '-씩'을 붙여서 이러한 얼거리로 되풀이되는 모양을 나타냅니다. 이리하여, '가끔'에 '-씩'을 붙일 때에는 겹말이 돼요. '가끔'하고 '이따금'에는 '-씩'을 붙일 수 없습니다.

> 이따금씩 소리를 지르곤
> → 이따금 소리를 지르곤

　그런데 한국말 사전에 "이따금씩 네 생각을 한다" 같은 보기글이 나옵니다. 한국말 사전을 엮은 학자부터 한국말을 잘못 쓴 셈입니다. "이따금 네 생각을 한다"로 바로잡아야 합니다.

　사람들이 잘못 쓴다면 학자와 사전이 바로잡아 주거나 슬기롭게 알려 주어야 합니다. 사람들이 잘못 쓰는 말투 그대로 학자도 잘못 알거나 사전도 잘못 다룬다면, 이때에는 한국말이 아주 어지러워질밖에 없습니다. 하루빨리 한국말 사전부터 바로잡고, 올바르고 알맞게 말마디를 가다듬을 수 있기를 빕니다.

보 기 글 --

● 우리는 서로 가끔씩 만나자고 약속을 했어요
→ 우리는 서로 가끔 만나자고 다짐을 했어요

『코끼리 아저씨』(아놀드 로벨 지음, 엄혜숙 옮김, 비룡소, 1998년) 64쪽

● 하늘나라에 살지만 가끔씩 이 세상에 놀러 오는 나의 사랑하는 조카
→ 하늘나라에 살지만 가끔 이곳에 놀러 오는 우리 사랑하는 조카

『토드 선장과 은하계 스파이』(제인 욜런 지음, 박향주 옮김, 시공주니어, 1998년) 5쪽

● 이따금씩 무담보가 바닥에 뒹구는 바람에 집 전체가 덜컹덜컹
→ 이따금 무담보가 바닥에 뒹구는 바람에 집이 덜컹덜컹

『아프리카에 간 드소토 선생님』(윌리엄 스타이그 지음, 조세현 옮김, 비룡소, 2005년) 19쪽

● 행여 누가 뒤쫓아 오기라도 하는 것처럼 이따금씩 뒤를 돌아다보면서
→ 마치 누가 뒤쫓아 오기라도 하는 듯이 이따금 뒤를 돌아다보면서

『커피우유와 소보로빵』(카롤린 필립스 지음, 전은경 옮김, 푸른숲주니어, 2006년) 51쪽

● 가끔씩 제자리를 오가는 검은 구름
→ 가끔 제자리를 오가는 검은 구름

『코끼리 주파수』(김태형 지음, 창비, 2011년) 44쪽

● 가끔씩 내가 왜 글을 쓰는지 나 자신에게 묻고 싶을 때가 있습니다
→ 가끔 보면 내가 왜 글을 쓰는지 나 스스로 묻고 싶을 때가 있습니다

『글쓰기를 말하다』(폴 오스터 지음, 심혜경 옮김, 인간사랑, 2014년) 37쪽

# 가장: '가장' 큰 것은 오직 하나

> 가장 알려진 사람들 중 하나이다
> → 가장 알려진 사람이다
> → 아주 널리 알려진 사람이다
> → 더없이 알려진 사람 가운데 하나이다
> → 매우 잘 알려진 사람이다

"가장 알려진 사람"은 하나입니다. 둘일 수 없습니다. '가장'은 "여럿 가운데 어느 것보다 더"를 뜻하거든요. 오직 한 가지를 맨 앞이나 위에 내세울 때에 쓰는 '가장'인 만큼 이 보기글처럼 쓸 수 없어요. 그러니 "가장 알려진 사람이다"처럼 적거나 "무척 널리 알려진 사람들 가운데 하나이다"처럼 적어야 올발라요.

'가장'하고 뜻이 같은 한자말 '제일(第一)' 말풀이를 살피면 "여럿 가운데서 첫째가는 것"이라고 나와요. 한국말 '가장'이 아닌 한자말 '제일'을 넣는다고 하더라도 "제일 알려진 사람들 중 하나"처럼 적으면 알맞지 않아요. '가장'이든 '제일'이든 오직 하나만 가리킵니다.

> 가장 재미있는 책 가운데 하나
> → 가장 재미있는 책
> → 매우 재미있는 책 가운데 하나

이 말투는 영어에서 비롯했습니다. 아이들한테 영어를 가르치는 교재를 보면 "가장 무엇 무엇한 것 가운데 하나"라는 번역 말투를 찾아볼 수 있어요. 영어를 가르치면서 번역을 얄궂게 하는 바람에 어느새 퍼진 말투 가운데 하나로구나 싶어요. 그러고 보면, 학교에서는 국어 교사뿐 아니라 영어 교사도 한국말을 제대로 살펴서 가르쳐야 비로소 한국말을 제대로 알맞게 쓸 수 있습니다.

보기글 -

- 습지는 지구 상에 존재하는 가장 중요한 생태계의 하나입니다
→ 늪은 지구에서 무척 중요한 생태계 가운데 하나입니다

『원시의 자연 습지, 그 생태 보고서: 우포늪』(강병국 지음, 지성사, 2003년) 139쪽

- 샤샬은 마을에서 가장 큰 집들 중 하나에 산다
→ 샤샬은 마을에서 아주 큰 집에 산다

『행운아』(존 버거·장 모르 지음, 김현우 옮김, 눈빛, 2004년) 96쪽

- 그는 가장 위대한 사람들 중 하나였어요
→ 그는 대단히 훌륭한 사람이었어요

『음악가의 음악가 나디아 불랑제』(브뤼노 몽생종 지음, 임희근 옮김, 포노, 2013년) 168쪽

- 현존 작가의 작품들 가운데 내가 가장 좋아하는 소설의 하나죠
→ 현존 작가가 쓴 작품들 가운데 내가 몹시 좋아하는 소설이죠

『글쓰기를 말하다』(폴 오스터 지음, 심혜경 옮김, 인간사랑, 2014년) 286쪽

- 우리나라 들에서 가장 흔한 풀이 소리쟁이다
→ 우리나라 들에서 매우 흔한 풀이 소리쟁이다

『야생초 밥상』(이상권 지음, 다산책방, 2015년) 28쪽

그래서 / 그러나 / 그러니까 / 그러므로 / 그런데:
글 첫머리에 쓰는 이음씨

여행은 그래서 꿈으로만 남게 되었다
→ 그래서 여행은 꿈으로만 남았다
→ 여행은 꿈으로만 남았다

이음씨(접속 부사)는 글월과 글월을 잇습니다. 두 글월을 잇기에 '이음씨'라고 합니다. 글월 사이에 불쑥 끼어들 수 없어요. 입으로 누군가하고 말할 때 살짝 뜸을 들이면서, "전국 자전거 여행은……" 하고 쉬었다가 말할 적에는 '그래서'나 다른 이음씨를 넣을 수 있겠지요. 그러나 글을 쓸 적에는 이렇게 할 수 없습니다. 글을 쓰면서 이음씨를 아무 곳에나 불쑥 넣으면, 외려 글이 뚝 끊어지고 글짜임이 엉성합니다.

가벼운 그러나 무서운
→ 가벼우면서 무서운
→ 가볍지만 무서운
→ 가벼우나 무서운
→ 가볍고도 무서운

'그래서'나 '그러나'나 '그러니까'나 '그러므로'나 '그런데' 모두 글 첫머리에만 적습니다. 이런 이음씨는 글 사이에 함부로 넣지 않습니다.

● 대구 염색공단의 경우는 고용 문제를 포함한 경제 문제와 환경 문제 간의 대립이라
  는 차원에서 논의라도 될 수 있는 경우지만, 그런데 골프장의 난립은 무엇으로 합
  리화될 수 있는가

→ 대구 염색공단은 고용을 비롯해 경제와 환경이 맞서는 대목을 얘기라도 할 수 있
  다. 그런데 마구 짓는 골프장은 무슨 핑계를 댈 수 있는가

『녹색평론』(녹색평론사) 2호(1992.1~2) 4쪽

● 이 책은 그러므로 '이방인의 스케치' 형식으로 기획되었습니다

→ 그러므로 이 책은 '밖에서 살며시 보는 눈'으로 엮었습니다

『크라잉 넛, 그들이 대신 울부짖다』(지승호 지음, 아웃사이더, 2002년) 6쪽

● 생각보다 새초롬한 날씨지만 그러나 아파트 단지 안의 나뭇가지에는 다투어 새싹
  들이 돋아나고 있다

→ 생각보다 새초롬한 날씨지만, 아파트 뜰에서 자라는 나무에는 다투어 새싹이 돋아
  난다

『따뜻한 뿌리』(서숙 지음, 녹색평론사, 2003년) 225쪽

● 마해송은 그러니까 전래 동화와 우화 형식을 잘 조화해

→ 그러니까 마해송은 전래 동화와 우화 형식을 잘 엮어서

『우리 동화 이야기』(이재복, 우리교육, 2004년) 138쪽

● 창간 후 6개월 동안은 주간지로 하겠다는 창간 준비호 때의 계획은 그래서 창간호
  부터 일간지로 바뀌었다

→ 처음 여섯 달 동안은 주간지로 하겠다는 창간 준비호 때 계획은 바야흐로 첫 호부
  터 일간지로 바뀌었다

『대한민국 특산품 오마이뉴스』(오연호 지음, 휴머니스트, 2004년) 33쪽

그리고 / 따라서:
'그리고 나서'랑 '그러고 나서'는 뭐가 다를까

> 나 또한 직장인 그리고 두 아이의 엄마인
> → 나 또한 직장인이자 두 아이의 엄마인
> → 나 또한 직장인이면서 두 아이의 엄마인

이음씨(접속 부사)인 '그리고'는 앞말과 뒷말을 잇습니다. 그런데, 앞뒷말을 잇기는 하지만, 이 보기글처럼 잇지는 않습니다. 나란히 나오는 여러 가지를 이을 적에 쓰는 '그리고'이고, 앞말에 이어서 보태려는 이야기가 있을 적에 글월 첫머리에 넣습니다. "나는 춤을 좋아하지. 그리고 노래도 좋아해"처럼 쓰고, "우리 집 마당에는 매화나무, 감나무, 모과나무, 그리고 앵두나무가 있어"처럼 씁니다. 때로는 '-이자'나 '-이면서'나 '-이고'나 '-과/-와'나 '-하고'나 '-랑'을 말끝에 붙여서 이어요.

이 보기글은 '그리고'를 넣으면 어울리지 않습니다. '나'라는 사람이 어떠한가를 밝히려고 하기에, '나는 직장인'이면서 '두 아이 엄마'라고 말합니다. '-이면서'나 '-이자'나 '-이고' 같은 토씨(조사)를 붙여야 알맞아요.

그리고, "그리고 나서" 꼴로 잘못 쓰는 사람이 대단히 많습니다. "그런데 나서"나 "그러나 나서"처럼 쓸 수 없는 줄 안다면, "그리고 나서"처럼 쓸 수 없는 줄 알 테지요.

이는 "그러고 나서"로 적어야 올바릅니다. '그러고'는 '그리하고'를 줄인 낱말입니다. '이리하다'를 줄이면 '이러다'이고, '저리하다'를 줄이면 '저러다'예요. 그러니, "그러고 나서 · 이러고 나서 · 저러고 나서"처럼 적어야 올바릅니다.

'따라서'도 앞뒤를 잇는 말이기에, 글월 사이에 툭 튀어나올 수 없습니다. 앞말을 끊은 뒤에라야 '따라서'를 넣을 수 있습니다. 아니면, '따라서'를 맨 앞으로 옮겨야 합니다.

보 기 글 -

● 오랫동안 그리고 대단히 존경했던 사람들 가운데 한 분이 세상을 떠났다
→ 오랫동안 대단히 우러렀던 사람들 가운데 한 분이 이승을 떠났다

『험담』(로리 팰라트닉·밥 버그 지음, 김재홍 옮김, 씨앗을뿌리는사람, 2003년) 112쪽

● 버찌와 수박을 먹었습니다. 그리고 나서 케이크에 터널을 뚫어 안쪽에서부터 먹었습니다 (…) 겨울잠쥐는 제일 큰 화분을 골랐습니다. 그리고 나서
→ 버찌와 수박을 먹었습니다. 그리고 케이크에 구멍을 뚫어 안쪽부터 먹었습니다 (…) 겨울잠쥐는 가장 큰 꽃그릇을 골랐습니다. 그러고 나서

『숲 속의 단짝 친구』(후쿠자와 유미코 지음, 엄기원 옮김, 한림출판사, 2004년) 13, 15쪽

● 유홍준 교수가 『나의 문화유산 답사기』에서 다음과 같이 지적한 것은 따라서 전주에서도 곧바로 해당된다
→ 따라서 유홍준 교수가 『나의 문화유산 답사기』에서 다음과 같이 밝힌 대목은 전주에서도 곧바로 들어맞는다

『어느 날 문득 손을 바라본다』(최인호 지음, 현대문학, 2006년) 72쪽

● 그리고서 물을 듬뿍 주는 거야
→ 그러고 나서 물을 듬뿍 주지

『은빛 숟가락 8』(오자와 마리 지음, 노미영 옮김, 삼양출판사, 2015년) 19쪽

✿ 너무 / 너무너무:
잘못 쓰면 비아냥거림이 되는 말 '너무'

너무 예뻐
→ 참 예뻐
→ 아주 예뻐
→ 대단히 예뻐
→ 그지없이 예뻐
→ 그야말로 예뻐

'너무'는 어떤 자리에 쓰는 낱말일까 하고 생각해 봅니다. 외따로 '너무'로도 쓰지만, '너무하다' 꼴로도 씁니다. 한국말 사전을 보면, "일정한 정도나 한계에 지나치게"라고만 풀이를 하고, 이 낱말을 어느 자리에 어떻게 써야 올바른지는 다루지 않습니다. "너무 크다"라든지 "너무 빨리 달리다" 같은 보기글을 싣지만, 이러한 보기글에서 어떻게 뻗어야 하는가를 알려 주지 못합니다.

'너무하다' 뜻풀이를 보면, "비위에 거슬리는 말이나 행동을 도에 지나치게 하다"로도 쓴다고 나옵니다. 이러한 뜻을 살피면, '너무'는 아무 자리에나 쓸 수 없는 낱말인 줄 조금 헤아릴 만할까요. "너무 작네"라든지 "너무 늦었어"라 말할 적에 어떤 느낌일까요? "아주 작네"라든지 "아주 늦었어"라 말할 적에는 어떤 느낌인가요?

너는 오늘 매우 늦었구나
너는 오늘 너무 늦었구나

늦은 모습을 가리키면서 '매우'나 '몹시'나 '퍽'이나 '꽤'나 '아주'를 넣으면, 다른 느낌은 없이 '많이 늦다'를 힘주어 말하는 셈입니다. 그러나 '너무'를 넣으면, 늦은 모습을 나무라는 느낌을 나타냅니다.

　무척 배불러서 더 못 먹어요 (?)
　너무 배불러서 더 못 먹어요 (○)

　배가 많이 부르다고 할 적에 "무척 배불러서 더 못 먹어요" 꼴로 말하는 일은 드뭅니다. 아니, 이렇게 말하지 않습니다. "잘 먹었습니다. 무척 배불러요"처럼 쓸 뿐입니다. "배불러서 더 못 먹어요"라 말할 적에는 어느 한 사람이 먹을 수 있는 만큼보다 더 먹었다는 뜻이고, 이러한 자리에 '너무'를 넣을 수 있습니다. "무척 배부르구나"라 할 적에는 배가 많이 부르다는 뜻과 느낌만 나타내고, "너무 배부르구나"라 할 적에는 지나치게 먹어서 배가 많이 부르다는 뜻과 느낌을 나타냅니다.
　이리하여, "너무 귀엽더라"라 말한다면, 귀엽기는 한데 못마땅하다 싶도록 귀엽다는 뜻이 됩니다. 이를테면, 샘이 난다든지 골이 나는 느낌을 나타낸다고 할 만합니다. "너 말이야, 오늘 너무 예쁘잖니?" 하고 말한다면, 다른 사람은 예쁘게 안 보일 만큼 혼자 지나치게 예쁘다는 뜻과 느낌입니다. "오늘 몹시 예쁘구나" 하고 말한다면, 여느 때에도 예쁘지만, 오늘은 더욱 예쁘다는 느낌을 나타냅니다.

　너무 좋아 (?)
　너무나 기뻐 (?)
　너무너무 고맙지 (?)

요즈음 "너무 좋아"나 "너무나 기뻐"처럼 말을 하거나 글을 쓰는 사람이 무척 많이 늘었습니다. 이러한 말을 쓸 수도 있습니다만, 때와 곳을 가려서 써야 합니다. "너무 좋아"나 "너무나 기뻐"는 반가움이나 고마움이나 좋음이나 기쁨하고는 동떨어지는 이야기를 밝히는 자리를 가리킵니다. "갈 길이 너무 멀구나"라든지 "너무 높아서 못 올라가겠어"처럼 써야 알맞습니다. 그러니까, "너무 좋아"처럼 말한다면, 속으로는 좋다고 느끼지 않지만 비아냥거리거나 투덜거리는 셈입니다. "너무나 기뻐"처럼 말한다면, 마음으로는 안 기쁘지만 입으로만 기쁜 척하는 셈입니다.

'너무'는 '너무하다' 꼴로도 씁니다. '너무'라는 낱말을 어느 자리에 써야 할는지 헷갈린다면, '너무하다'를 넣으면 한결 쉽게 알 수 있습니다.

　네가 한 짓은 너무하지 않니
　너무한다 싶도록 나를 괴롭히는구나
　나를 깔보다니 너무하네요

그런데 2015년 6월 22일에 국립국어원에서는 '너무(너무나 · 너무너무)'를 "너무 예쁘다"로도 쓸 수 있다고 밝힙니다. 사람들이 잘못 쓰는 말투인데, 알맞게 쓰도록 이끌지 않고 표준말을 바꾸고 맙니다.

'너무'를 힘주어 말하는 '너무나'와 '너무너무'입니다. 이 세 가지 낱말은 부정문에만 써야 올바릅니다. '너무하다'와 '지나치다' 같은 낱말이 부정문에만 쓰는 모습하고 같습니다.

　해도 해도 너무한다 싶을 만큼 고마웠다 (×)
　나를 좋아해 주다니 참말 너무했다 (×)
　잔칫상을 차려 주다니 너무해요 (×)

'너무하다'를 넣어 이렇게 말을 하면 뒤죽박죽이 됩니다. 말이 안 되지요. "해도 해도 너무한다 싶을 만큼 싫었다"나 "나를 좋아해 주다니 참말 기뻤다"나 "잔칫상을 차려 주셔서 고마워요"처럼 써야 알맞습니다.

한국말을 다루는 국립국어원에서 표준말을 잘못 세운다면, 이러한 모습은 우리가 찬찬히 따져서 곱고 슬기롭게 바로 서도록 마음을 기울이고 힘을 쏟아야지 싶습니다.

보 기 글 ---

● 그건 잘 모르겠지만 아이들이 너무너무 귀여워 (…) 아키코의 마음속에 늘 오빠가 있다고 생각하니까, 아키코가 너무너무 사랑스러웠어
→ 그건 잘 모르겠지만 아이들이 대단히 귀여워 (…) 아키코 마음속에 늘 오빠가 있다고 생각하니까, 아키코가 참으로 사랑스러웠어

『소녀의 마음』(하이타니 겐지로 지음, 햇살과나무꾼 옮김, 양철북, 2004년) 155, 156쪽

● 아기 탄생 축하해. 사진 봤어. 너무 귀엽더라. 아이는 이름 그대로 한일 간의 가교 역할을 하는 사람으로 성장하길 바라
→ 아기가 태어났다니 기뻐. 사진 봤어. 참 귀엽더라. 아이는 이름 그대로 한일 두 나라를 잇는 다리 같은 사람으로 크길 바라

『일본군 '위안부'가 된 소녀들』(이시카와 이쓰코 지음, 손지연 옮김, 삼천리, 2014년) 229쪽

● "그런데 부탁이 있어, 나도 함께 데려가 줘. 그리고 너희 농장에 나를 숨겨 줘." 꼬마 페그는 아무리 생각해도 카일의 제안이 너무 마음에 들었다
→ "그런데 말이야, 나도 함께 데려가 줘. 그리고 너희 농장에 나를 숨겨 줘." 꼬마 페그는 생각할수록 카일이 한 말이 무척 마음에 들었다

『나쁜 회사에는 우리 우유를 팔지 않겠습니다』(알레산드로 가티 지음, 김현주 옮김, 책속물고기, 2014년) 124쪽

● 아, 너무 행복해
→ 아, 더없이 즐거워

『야생초 밥상』(이상권 지음, 다산책방, 2015년) 81쪽

아울러: '아울러' 혼자 맨 앞에 두지 못해요

아울러 여기에 다른 일이 겹치며
→ 이와 아울러 여기에 다른 일이 겹치며

'아울러'는 어찌씨(부사)입니다. 한국말 사전을 보면, "지혜와 용기를 아울러 갖추다"라든지 "고아나 다름이 없는 사실과 아울러" 같은 보기글이 나옵니다. '아울러'는 이렇게 글월 사이에 들어갑니다.

그런데, 요즈음 들어 '아울러'를 글월 첫머리에 넣는 사람이 퍽 자주 눈에 뜨입니다. 한국말 사전에서도 "아울러, 위대한 선언이었고요"라든지 "아울러 그 절도 사건을 취급한 경찰의 태도" 같은 보기글을 싣습니다.

아울러, 위대한 선언이었고요
→ 이와 아울러, 위대한 선언이었고요
아울러 그 절도 사건을 취급한
→ 이와 아울러 그 절도 사건을 취급한
→ 그 절도 사건을 아울러 취급한

'아울러'는 "동시에 함께"를 뜻합니다. '同時'란 '한때'를 가리키니, "한때에 함께"를 나타냅니다. 그런데, '동시+에'는 글월 첫머리에 쓰지 않습니다. 한국말 사전에서도 "그 사람은 농부인 동시에 시인이었다"라든지 "독서는 삶의 방편인 동시에 평생의 반려자이기도 하다"와 같은 보기글을 싣습니다. "−인 동시에" 꼴로 나타난다고 하겠는데, "−이면서"로 손질할 수 있어요. 무슨 소리인가 하면, '동시에'와 같은 말꼴은 글월 사이에만 쓸 수 있지,

글월 첫머리에는 안 쓴다는 뜻입니다. 글월 첫머리에 이 낱말을 넣고 싶다면 "이와 동시에"라든지 "그와 동시에"처럼 적어야 합니다.

보기 글 -

● 이 책의 내용을 이해한 독자라면 우리말의 구조와 어원을 이해하는 데 많은 도움이 될 것입니다. 아울러 잊혀져 가는 우리말에 쏟는 관심만큼, 사라져 가는 우리 생물에도 많은 사람이 관심 갖기를 바랍니다

→ 이 책을 잘 헤아린 분이라면 우리말 얼개와 뿌리를 헤아릴 때에 크게 도움이 되리라 봅니다. 이와 아울러, 잊혀지는 우리말에 쏟는 눈길만큼, 사라지는 우리 생물도 더 널리 눈여겨볼 수 있기를 바랍니다

『내 이름은 왜?』(이주희 지음, 자연과생태, 2011년) 5쪽

※ '아울러'는 "동시에 함께"를 뜻하니, 이번에는 '함께'를 살펴봅니다. '함께'는 "한꺼번에 같이"를 뜻합니다. 뜻풀이로만 본다면, '아울러'나 '함께'나 '같이'는 쓰임새가 같거나 엇비슷하다고 여길 만합니다.

아울러, 위대한 선언이었고요 (×)
함께, 위대한 선언이었고요 (×)
같이, 위대한 선언이었고요 (×)

'아울러'뿐 아니라 '함께'나 '같이'를 글월 첫머리에 외따로 놓아 봅니다. 이렇게 말하는 사람도 요즈음에 드문드문 나타납니다. 그러나, 한국말에서는 이런 어찌씨를 글월 첫머리에 넣지 않습니다. 이음씨(접속 부사)가 아니라면 글월 첫머리에 두지 않아요.
"이와 아울러"처럼 적거나, "이와 함께"처럼 적거나, "이와 같이"처럼 적습니다. '아울러·함께·같이' 앞에는 반드시 다른 말을 넣습니다. 다른 말을 앞에 넣을 때에 '아울러·함께·같이'가 제구실을 합니다.

하면 / 하여 / 해서 : 외따로 쓰지 못하는 말 '하면'

하면
→ 이러하다면
→ 그러하다면
→ 이렇다면
→ 그렇다면

'하면'은 외따로 쓸 수 없는 낱말입니다. '이리하면'이나 '그리하면'을 줄여 '하면'만 쓸 수 없습니다.

"하면 하고 말면 말지"와 같은 관용구는 있습니다. "쟤는 던졌다 하면 들어가"와 같이 '하면'을 쓰기도 하지만, 이때에는 움직씨(동사)인 '하다'입니다.

하여
→ 이리하여
→ 그리하여
→ 이래서
→ 그래서

그리고, 올바르게 쓰는 한국말은 '이리하여서 · 이래서(그리하여서 · 그래서)'요 '이리하여(그리하여)'이며 '이러하지만 · 이렇지만(그러하지만 · 그렇지만)'입니다.

'이리하여서'를 줄여 '이래서'로 쓰곤 합니다. '그러하지만'을 줄여 '그렇지만'으로 쓰곤 합니다. 줄여서 쓰고 싶다면 올바로 줄여서 쓸 노릇입니다.

새로운 말을 멋있게 지어서 쓰는 일은 아름답다 할 만한데, '이리하여'에서 '이리'를 뚝 잘라서 '하여'만 쓰는 일이란 새말 짓기도 아니고 멋있는 말투도 아니며 아름답다고 할 수도 없습니다.

보기글 --

● 해서 튼튼한 상추 모종들은 모조리 새로 만든 밭에 옮겨 심어 겨우 의도했던 상추 밭을 만들게 된 거야
→ 이리하여 튼튼한 상추싹은 모조리 새로 가꾼 밭에 옮겨 심어, 겨우 뜻했던 상추밭 을 일구었어

『야생초 편지』(황대권 지음, 도솔, 2002년) 54쪽

● 하면 어찌해야 나라가 다시 일어날 수 있는가
→ 그러면 어찌해야 나라가 다시 일어날 수 있는가

『율곡 이이 평전』(한영우 지음, 민음사, 2013년) 199쪽

● 하여 태어나서 세 돌까지의 아기들을 위한 보다 구체적이고 세심한 그림책 육아 안 내서가 있어 주었으면 좋겠다는 부모들의 바람을 일찍부터 감지하고 있었습니다
→ 이리하여, 태어나서 석 돌까지 아기들한테 더 꼼꼼하며 찬찬한 그림책 육아 길잡이 책이 있으면 좋겠다고 어버이들이 바란다고 일찍부터 느꼈습니다

『시작하는 그림책』(박은영 지음, 청출판, 2013년) 5쪽

● 해서 나는 남편과 내 삶의 대부분을 보냈던 몬태나 주를 떠나
→ 그래서 나는 남편과 내가 아주 오래 살았던 몬태나 주를 떠나

『외계인 인터뷰』(로렌스 R. 스펜서 지음, 유리타 옮김, 아이커넥, 2013년) 41쪽

● 하여, 부끄럽고 서툴지만 이 책을 통해 나에 대한 이야기도 하는 것으로
→ 이리하여, 부끄럽고 서툴지만 이 책으로 내 이야기도 하기로

『여행하는 카메라』(김정화 지음, 샨티, 2014년) 8쪽

하지만 / 한데 / 허나: 줄여 쓰니 어설픈 말 '하지만'

> 하지만
> → 그러나
> → 그렇지만 / 그렇지마는 / 그러하지마는
> → 그렇기는 하지만 / 그러하기는 하지만

'하지만'이라는 낱말을 언제부터 썼을까요? 1940년대부터 1950년대까지 한국말 사전에서는 '하지만'이나 '그렇지만'을 올림말로 다루지 않습니다. '그러나'와 '그렇지마는'과 '그러하다'만 올림말로 다룹니다. '하지만'은 1958년에 처음으로 한국말 사전에 나옵니다. '그렇지만'은 '그렇지마는'을 줄인 낱말이고 '그렇지마는'은 '그러하지마는'을 줄인 낱말로, 1961년부터 한국말 사전에 실립니다.

처음 쓰던 말투는 '그러하지마는'이요, 이를 줄여서 '그렇지마는'을 썼고, 이를 더 줄여서 '그렇지만'을 쓴 셈입니다. "그러하다+ −지+ −마는"이 '그러하지마는'입니다. 그러면 '하지만'은 무엇일까요? '그렇지만(그러하지마는)'에서 '그러−(그러하다)'를 뺀 말투입니다. '그런데'나 '그러한데'에서 '그러−'를 빼고 'ㄴ데'나 '한데'처럼 쓰는 셈입니다.

'그렇지만'하고 '이렇지만'하고 '저렇지만'은 쓰임새가 살짝 다릅니다. 그래서 함부로 '그러−(그러하다)'를 뺄 수 없습니다. 예부터 '그러−'를 덜지 않고 '그렇지만'까지만 줄인 까닭은 "그러하기는 할 테지만"이나 "그와 같기는 하지만"이라는 뜻을 나타내려고 했기 때문입니다. 어떤 말이든 입에 익으면 짤막하게 줄이기도 하지만, 처음 말을 배워서 생각을 담을 적에는 제대로 쓸 노릇입니다. 아무렇게나 줄이면 말이 안 되기에, '그러니까'나 '그러

한데(그런데)'를 '니까'나 'ㄴ데'처럼 줄여서 쓰지 않습니다. 그런데 '그러한
데'를 '그런데'로 안 줄이고 '한데'처럼 쓰거나, '하나'나 '허나' 같은 말을 쓰는
사람도 있어요. 바쁜 사회에서 말도 바쁘게 해야 하니 줄인다고 할 테지만,
제 말을 제대로 쓸 줄 알아야 합니다.

보 기 글 --

● 하지만 닷짱은 눈곱만큼도 즐겁지 않아요
→ 그렇지만 닷짱은 눈곱만큼도 즐겁지 않아요

『장화가 나빠』(오이시 마코토 지음, 햇살과나무꾼 옮김, 논장, 2005년) 50쪽

● 하지만 결국 찾지 못했어요
→ 그러나 끝내 찾지 못했어요

『아델과 사이먼』(바바라 매클린톡 지음, 문주선 옮김, 베틀북, 2007년) 19쪽

● 하지만 그 뒤에도 한수원은 서류의 위조 여부를 제대로 점검하지 않았다 (…) 하지
만 질문은 여전히 남는다
→ 그런데 그 뒤에도 한수원은 서류를 거짓으로 꾸몄는지를 제대로 살피지 않았다
(…) 그러나 아직 궁금하다

『한국 원전 잔혹사』(김성환·이승준 지음, 철수와영희, 2014년) 36, 37쪽

● 허나, 지금 우리가 여기서 다루는 이야기는
→ 그러나, 오늘 우리가 여기서 다루는 이야기는

『평행 현실, 양자 장의 요동』(람타 지음, 손민서 옮김, 아이커넥, 2014년) 19쪽

● 하지만 자연은 인간의 뜻대로 움직이지 않는다
→ 그러나 자연은 사람들 뜻대로 움직이지 않는다

『4대강 사업과 토건 마피아』(박창근·이원영 지음, 철수와영희, 2014년) 4쪽

● 한데 가장 자연스러운 입맛은 → 그런데 가장 자연스러운 입맛은

『인간 회복의 교육』(성내운 지음, 살림터, 2015년) 91쪽

한: 얹음씨를 붙이지 않는 우리 말투

한 스포츠 담당 기자
  → 스포츠 담당 기자
  → 스포츠 담당 기자 한 사람
  → 스포츠 담당 기자 하나

보기글에 나오는 '한'이라는 관사(얹음씨)는 무엇을 받을까요? "한 스포츠"가 아니고 "한 담당"이 아닌 "한 기자"일 테지요.

예부터 한국 사람은 "여자가 있다"처럼 말했습니다. "한 여자가 있다"처럼 말하지 않습니다. 그러나 대중노래에까지 "한 여자가 있어"나 "한 남자가 있어"처럼 이야기해요. 이런 대중노래는 어른과 어린이를 가리지 않고 파고듭니다. 열대여섯 살 푸름이도 이런 말투에 길듭니다.

서양말에서는 관사와 정관사가 따로 있기까지 합니다. 영어에서 'a'를 붙일 때와 'the'를 붙일 때에는 뜻이나 느낌이 다르다고 할 만해요. 그러면 한국말에서는 어떻게 할까요? 한국말에서는 "그 여자"나 "내 여자"나 "이런 남자"나 "좋은 남자"처럼 꾸미는 말을 붙입니다. "여기에 남자가 있어"나 "네 곁에 네 여자가 있어"나 "멋진 사람이 있어"처럼 말합니다.

서양 말투에서는 '한' 구실을 하는 관사를 넣지 않으면 얄궂다고 느낄 테지만, 한국 말투에서는 '한' 같은 관사를 넣으면 얄궂습니다. 미국말에서는 "There is a book"으로 쓰겠지만, 한국말에서는 "여기에 책이 있네"로 씁니다. "여기에 한 책이 있네"처럼 쓰지 않아요. "여기에 사진이 한 장 있네"나 "여기에 사진이 있네"로 쓰지, "여기에 한 사진이 있네"처럼 쓰지 않습니다. "여기에 전화기가 있구나" 하고 말할 뿐, "여기에 한 전화기가 있구나" 하지 않습니다.

- 리얼리즘에 대한 한 '편견'을 마련함으로써
→ 리얼리즘과 얽혀 한 가지 '편견'을 마련하면서

『B급 좌파』(김규항 지음, 야간비행, 2001년) 21쪽

- 아칸소 분수령의 북쪽 기슭 높은 곳에 위치한 한 외딴 목장에서
→ 아칸소 분수령 북쪽 기슭 높은 곳에 있는 외딴 목장에서

『나는 어떻게 번역가가 되었는가』(에드워드 사이덴스티커 지음, 권영주 옮김, 씨앗을뿌리는사람, 2004년) 11쪽

- 한 고등학교 3학년 학생이
→ 고등학교 3학년 학생이

『사는 게 거짓말 같을 때』(공선옥 지음, 당대, 2005년) 182쪽

- 마을의 한 노파가 세상을 떠난 지 1년이 되었다
→ 마을 할머니 한 분이 세상을 떠난 지 한 해가 되었다

『알래스카, 바람 같은 이야기』(호시노 미치오 지음, 이규원 옮김, 청어람미디어, 2005년) 158쪽

- 호텔을 향해 다시 천천히 그 뜨거운 뙤약볕 속을 걸어 나오는 길에 한 낯선 목소리
  가 저를 불러 세웁니다. 돌아보니 한 이라크 남자가 서 있을 뿐
→ 호텔로 다시 천천히 그 뜨거운 뙤약볕을 걸어 나오는 길에 낯선 목소리가 저를 불
  러 세웁니다. 돌아보니 이라크 사내가 있을 뿐

『평화는 나의 여행』(임영신 지음, 소나무, 2006년) 86~87쪽

- 뉴욕의 한 동네에 사는 주민이 아니라
→ 뉴욕에서 사는 사람이 아니라

『여기, 뉴욕』(엘윈 브룩스 화이트 지음, 권상미 옮김, 숲속여우비, 2014년) 39쪽

혹은: '혹(或)'이 무슨 뜻인지 아시나요

아들 혹은 딸
→ 아들 아니면 딸
→ 아들이 아니면 딸
→ 아들이거나 딸
→ 아들이나 딸
→ 아들 또는 딸

'혹(或)'이나 '혹은(或-)'은 어떤 말일까요? '혹'은 "혹시"나 "간혹"을 뜻한다고 합니다. '혹시(或是)'는 "1. 그러할 리는 없지만 만일에 2. 어쩌다가 우연히 3. 짐작대로 어쩌면 4. 주저할 때 쓰는 말"을 뜻한다 하고, '간혹(間或)'은 "어쩌다가 띄엄띄엄"을 뜻한다고 합니다.

이러한 뜻을 헤아리면 '어쩌다가'나 '어쩌면'이나 '드문드문'이나 '가끔'이나 '자칫'이나 '때로'나 '때로는'이나 '더러'나 '더러는' 같은 한국말을 적으면 될 노릇입니다. 먼 옛날부터 사람들은 때랑 곳이랑 흐름을 살피면서 알맞게 적었을 테지요.

사람들은 혹은 앉기도 하고, 혹은 눕기도 하였다
→ 사람들은 앉기도 하고 눕기도 하였다
→ 사람들은 앉거나 누웠다
→ 사람들은 더러는 앉기도 하고 때로는 눕기도 하였다

여기 '이거나' 저기입니다. 여기 '가 아니면' 저기입니다. 여기 '또는' 저기입니다. 여기인데 '더러' 저기이기도 합니다. 여기'가 아니라' 저기입니다.
말끝을 살짝살짝 바꾸면 뜻하고 느낌이 새롭게 피어납니다.

보 기 글 --

● 새로운 너희의 곳에서 혹 지치고 꺾이고 눈물겹거든
→ 너희한테 새로운 곳에서 자칫 지치고 꺾이고 눈물겹거든

『김포행 막차』(박철 지음, 창작과비평사, 1990년) 51쪽

● 병으로 쓰러지거나, 혹은 해난으로 죽어간 사람도 많았다. 원폭 지옥 속에서 구사
일생으로 살아난 조선인 피폭자에게는 조국으로 돌아오는 길 또한 구사일생의 길
이었던 것이다
→ 병으로 쓰러지거나, 바다에서 휩쓸려 죽어 간 사람도 많았다. 원폭 지옥에서 가까
스로 살아난 조선인 피폭자한테는 고향 나라로 돌아오는 길 또한 죽음을 무릅쓴 길
이었다

『한국의 히로시마』(이치바 준코 지음, 이제수 옮김, 역사비평사, 2003년) 35쪽

● 인종주의자는 외국인이 열등한 인종에 속한다고 스스로 믿거나 혹은 다른 사람으
로 하여금 믿도록 한단다
→ 인종주의자는 외국 사람이 덜떨어진다고 스스로 믿거나 다른 사람으로 하여금 믿
도록 부추긴단다

『인종차별 야만의 색깔들』(타하르 벤 젤룬 지음, 홍세화 옮김, 상형문자, 2004년) 30쪽

● 불법 체류자 혹은 미등록 이주 노동자들은
→ 불법 체류자나 미등록 이주 노동자들은

『사는 게 거짓말 같을 때』(공선옥 지음, 당대, 2005년) 54쪽

● 현실로 하강했던 혹은 펼쳐질 수 있었던 그것은 (…) 혹 우리가
→ 현실로 내려오거나 펼쳐질 수 있던 그것은 (…) 어쩌면 우리가

『평행 현실, 양자 장의 요동』(람타 지음, 손민서 옮김, 아이커넥, 2014년) 47, 67쪽

휴 / 휴우: 한숨 쉬는 소리도 한국하고 일본이 달라요

휴
→ 후유
→ 후
→ 어휴
→ 아휴

한숨을 내쉬는 소리를 '휴'처럼 잘못 적는 분이 꽤 많습니다. 게다가 어린이책에까지 이처럼 적는 일이 잦아요. 모두 한국말을 제대로 살피지 않았다고 해야 할 모습입니다. '휴'는 일본말 'ひゅう'를 그대로 옮겨 적은 소리입니다. 한국말로 한숨 소리는 '후유'처럼 적어야 올바릅니다. '후유'를 줄여서 '후'처럼 적기도 합니다.

한국 사람과 일본 사람이 한숨을 내쉴 적에 비슷하게 소리를 낸다고 할 만하기에, 그만 헷갈릴 수 있겠지요. 그러나, 한숨 소리뿐 아니라 소쩍새 우는 소리와 닭 우는 소리와 개 짖는 소리까지 나라마다 다 다르게 적습니다. 한숨을 쉬는 소리에다가 웃거나 우는 소리도 나라마다 다 다르게 적어요.

그런데, 한국말 사전을 보면 '휴'를 '후유'를 줄인 낱말인 듯 다룹니다. 안타깝지만, 이런 말풀이와 올림말은 모두 잘못입니다. 한국말 사전에서 '휴'는 털어야 마땅합니다. 일본 사람이 한숨을 내쉬는 소리를 잘못 적어서 자꾸 퍼지는 '휴'를 함부로 한국말 사전에 실으면 안 될 노릇입니다. 저마다 다른 숨결이 깃든 말을 올바르게 살필 수 있기를 바랍니다.

● 휴우, 들쥐와 이야기하는 것도 꽤 고단하군

→ 후, 들쥐와 이야기를 나누자니 꽤 고단하군

『늑대 숲, 소쿠리 숲, 도둑 숲』(미야자와 겐지 지음, 햇살과나무꾼 옮김, 논장, 2000년) 153쪽

● 휴, 너도 미아랑 똑같이 바보 같구나 (…) 휴, 나도 몰라

→ 어휴, 너도 미아랑 똑같이 바보 같구나 (…) 아휴, 나도 몰라

『마디타』(아스트리드 린드그렌 지음, 김라합 옮김, 문학과지성사, 2005년) 142, 143쪽

● 그물 터놓으면 / 걸렸던 물고기들 / 냅다 도망가며 / 휴우

→ 그물 터놓으면 / 걸렸던 물고기들 / 냅다 내빼며 / 후유

『바닷물 에고 짜다』(함민복 지음, 비룡소, 2009년) 31쪽

● 휴우, 먹고 마시는 걸로 또 조사비 퉁쳤네

→ 아휴, 먹고 마시는 걸로 또 조사비 비겼네

『포겟 미 낫』(츠루타 겐지 지음, 오주원 옮김, 세미콜론, 2012년) 119쪽

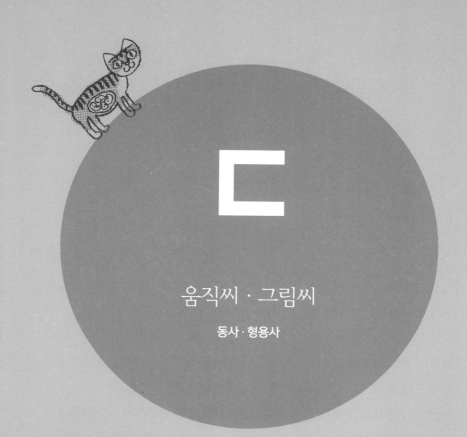

ㄷ

움직씨 · 그림씨

동사 · 형용사

 **가져오다 / 낳다:**
결과나 이익은 '가져오'거나 '낳'지 않아요

좋은 결과를 가져올 테니 기다리자
 → 좋은 결과가 있을 테니 기다리자
 → 좋은 쪽으로 풀릴 테니 기다리자
 → 좋은 일이 있을 테니 기다리자

  요즈음 한국말 사전 말풀이를 보면 '가져오다 (2)'를 "어떤 결과나 상태를
생기게 하다"로 풀이합니다. 그러나 1930년대부터 1970년대에 이르는 한
국말 사전을 찬찬히 살피면, '가져오다'를 이처럼 풀이하지 않습니다. 1980
년대로 접어들고 1990년대가 되고부터 한국말 사전에서 "어떤 결과나 상태
를 생기게 하다" 같은 뜻을 나타낸다는 '가져오다'를 이야기합니다.
  곰곰이 생각할 노릇입니다. "변화를 가지고 온다"고 할 수 있을까요? '가
져오다(가지고 오다)'는 물건을 가지고 온다고 하는 자리에서만 쓰는 낱말입
니다. 아마 빗대는 말로 "꿈을 가져오다"나 "사랑을 가져오다"처럼 쓰는지
모릅니다. 그런데, 꿈이나 사랑을 가지고 온다고 하면, 저쪽에 있는 꿈과 사
랑을 이쪽으로 가지고 온다는 뜻입니다. 생기게 하거나 만든다는 뜻으로
'가져오다'를 쓰지 않습니다.
  "변화(變化)를 생기게 한다"는 무엇을 가리킬까요? '변화가 나타나게 한
다'는 소리이고, 이는 '바꾼다'는 소리입니다. '새롭게 하다'나 '뜯어고치다'
를 가리키기도 합니다.
  이와 비슷한 얼개로 "좋은 결과를 낳다"나 "많은 이익을 낳는 유망 사업"
같은 말을 쓰기도 해요. 한국말 사전 말풀이를 보면 '낳다'를 "어떤 결과를

이루거나 가져오다"로 다루기도 합니다. 이런 말은 "좋은 결과가 있다"나 "좋은 일이 생기다", "이익이 많은 유망 사업"이나 "이익이 많이 나는 유망 사업"으로 바로잡아야 알맞습니다.

보 기 글 --

● 폴란드를 비롯한 동유럽 국가들과의 관계 개선에 기초한 동서 간의 교류 증대야말로 동유럽의 체제에 변화를 가져온다는 전망이 옳았던 것이다

→ 폴란드를 비롯한 동유럽 나라들과 관계를 고치며 동서 사이에 교류를 늘리는 일이야말로 동유럽 틀을 바꾼다는 생각이 옳았다

『역사 교과서의 대화』(곤도 다카히로 지음, 박경희 옮김, 역사비평사, 2006년) 70쪽

※ "체제에 변화를 가져온다"는 "틀을 바꾼다"를 비롯해서 "틀을 뜯어고친다"나 "틀을 새롭게 한다"나 "틀을 고칠 수 있다"로 손볼 수 있습니다. "엄청난 변화를 가져온다"는 "엄청나게 바꾼다"로 손봅니다.

"우려를 낳다"나 "갈등을 낳다"나 "부작용을 낳다" 같은 말마디라면, "걱정이 생기다"나 "근심이 생기다", "갈등이 생기다"나 "갈등이 불거지다", "부작용이 있다"나 "잘못될 수 있다"로 손봅니다.

한국말 사전에는 "조국 분단의 비극을 낳다" 같은 보기글이 있습니다. 이런 보기글은 "조국이 분단되는 비극이 생기다"나 "조국이 갈라지는 비극이 벌어지다"나 "조국 분단이라는 비극으로 이어지다"로 손볼 만합니다.

● 그 선택들이 가져오는 결과들을 받아들인다

→ 그렇게 선택한 결과를 받아들인다

→ 그렇게 해서 나오는 결과를 받아들인다

『양자우연성』(니콜라스 지생 지음, 이해웅·이순칠 옮김, 승산, 2015년) 46쪽

가지다:
아무 자리에나 들어선 번역 말투 '-를 가지다'

이러한 현상은 중요한 의미를 가진다
→ 이러한 모습은 중요하다
→ 이러한 일은 무척 뜻이 있다
→ 이러한 일은 눈여겨볼 만하다
→ 이러한 모습은 여러모로 뜻깊다

'가지다'는 "돈을 많이 가지다"나 "공을 가지고 놀다"나 "가지고 싶은 선물"이나 "고양이가 새끼를 가졌다"처럼 써요. 그런데 한국말 사전을 보면 여러 가지 뜻이나 쓰임새가 잘못 나옵니다.

직업을 가지다 → 직업이 있다 · 일자리를 얻다
면허증을 가지다 → 면허증이 있다 · 면허증을 따다
간담회를 가지다 → 간담회를 열다 · 간담회가 있다
토론회를 가지다 → 토론회를 하다 · 토론회를 열다
같은 조상을 가진 민족 → 같은 조상을 둔 겨레 · 조상이 같은 겨레
기계를 가지고 → 기계로 · 기계를 써서
밀가루를 가지고 빵을 굽다 → 밀가루로 빵을 굽다
보람을 가지다 → 보람차다 · 보람이 있다
공부에 흥미를 가지다 → 공부에 재미가 붙다 · 공부가 재미있다
이웃과 왕래를 가지다 → 이웃과 사귀다 · 이웃과 오가다
많은 형제를 가지다 → 형제가 많다

관심을 가지다 → 눈길을 두다 · 눈여겨보다

경영 철학을 가지다 → 경영 철학이 있다

아무 자리에나 함부로 '가지다(갖다)'를 쓰지 못합니다. 영어 'have'나 'get'을 잘못 번역해서 스며든 말투가 이렇게 '가지다' 꼴로 퍼지는구나 싶은데, 한국말을 영어처럼 쓸 수 없습니다.

보 기 글 -

● 창백하지만 착해 보이는 얼굴을 가진 아이

→ 파리하지만 착해 보이는 아이

『먼 나라 이야기섬』(송재찬 지음, 인간사, 1987년) 93쪽

● 비교적 얇은 목피를 가지고 있는데, 이 껍질 속에는 미세한 가시가 들어 있다

→ 껍질이 퍽 얇은데, 이 껍질에는 잔가시가 있다

『목수일기』(김진송 지음, 웅진닷컴, 2001년) 83쪽

● 징병 이후 첫 휴가를 갖고

→ 군대에 간 뒤 첫 휴가를 받고

『달리는 기차 위에 중립은 없다』(하워드 진 지음, 유강은 옮김, 이후, 2002년) 122쪽

● 앞의 예에서 왜 아이의 욕구에 간섭하려고 하는지 의문을 갖게 되었다

→ 앞에서 왜 아이가 무엇을 바랄 적에 끼어들려 하는지 궁금하게 여겼다

『소비에 중독된 아이들』(안드레아 브라운 지음, 배인섭 옮김, 미래의창, 2002년) 63쪽

● 좁은 국토를 가지고 있는 우리나라에 습지가 있다는 사실은

→ 땅덩이가 좁은 우리나라에 늪이 있다는 대목은

『원시의 자연 습지, 그 생태 보고서: 우포늪』(강병국 지음, 지성사, 2003년) 139쪽

● 콜로라도 잎벌레라는 이름을 가진 애벌레가 여기저기 보이기 시작합니다
→ 콜로라도 잎벌레라는 애벌레가 여기저기 보입니다

『지렁이 카로』(이마이즈미 미네코 지음, 최성현 옮김, 이후, 2004년) 102쪽

● 누나가 무조건 참아야 한다는 생각을 갖고서는
→ 누나가 늘 참아야 한다고 생각하며

『뚝딱뚝딱 인권 짓기』(인권운동사랑방 지음, 야간비행, 2005년) 27쪽

● 문학과의 접점도 가질 수 있지만
→ 문학과 만날 수도 있지만

『번역과 번역가들』(쓰지 유미 지음, 송태욱 옮김, 열린책들, 2005년) 56쪽

● 배낭여행을 떠날 꿈도 가지고 있다
→ 배낭여행을 떠날 꿈도 꾼다

『청소년 백과사전』(김옥 지음, 낮은산, 2006년) 137쪽

● 로렌츠와 뷜러는 다시 접촉을 가졌다
→ 로렌츠와 뷜러는 다시 만났다

『콘라트 로렌츠』(클라우스 타슈버·베네딕트 퓌거 지음, 안인희 옮김, 사이언스북스, 2006년) 116쪽

● 산수 시간은 넓은 다목적실로 교실을 옮겨 갖기로 했다
→ 산수는 넓은 다목적실로 옮겨서 배우기로 했다

『교실 일기』(소노다 마사하루 지음, 오근영 옮김, 양철북, 2006년) 181쪽

● 얼마 전부터 그런 의문을 갖고 있었다
→ 얼마 앞서부터 그 대목이 궁금했다

『곤혹한 비평』(이현식, 작가들, 2007년) 90쪽

● 시설을 세우고자 하는 바람을 가지고 있습니다
→ 시설을 세우고자 하고 바랍니다

『황새』(김황 지음, 김정화 옮김, 우리교육, 2007년) 70쪽

🌸 같다(것 같다): 흐리멍덩한 '–것 같다'

배고픈 것 같아요
→ 배고픈 듯해요
→ 배고파요

국립국어원 누리집에 궁금한 이야기를 묻고 댓글을 받았습니다. 국립국어원 일꾼은 "'지나치다'라는 의미를 고려했을 때에 긍정의 의미로 쓰이기는 어려울 것 같습니다" 하고 댓글을 남겨 줍니다. 나는 이 댓글을 "'지나치다'라는 뜻을 헤아릴 때에 긍정 자리에 쓰기는 어렵습니다"쯤으로 손질하고 싶습니다. 아무튼, 국립국어원 일꾼은 그곳 게시판에 궁금한 대목을 묻는 사람한테 으레 "것 같습니다" 같은 말투를 써요.

국립국어원에서 낸 한국말 사전을 보면 '같다'를 풀이하며 "추측, 불확실한 단정을 나타내는 말"로 쓴다고도 합니다. 어린이가 보는 한국말 사전에서는 "'–이라고 짐작되다'의 뜻으로 쓰이는 말"이라고 나옵니다.

비가 올 것 같다
→ 비가 올 듯하다 / 비가 오겠다 / 비가 오려 한다 / 비가 오려나

'어림'을 나타낸다고 하는 '같다'를 으레 "것 같다" 꼴로 씁니다. '같다'만 쓰지 않습니다. 요즈음 들어 "좋은 것 같아요"처럼 말하는 사람이 많으나 "좋은 듯해요"나 "좋아요"처럼 말해야 올바릅니다. 사이에 '것'을 넣으면서 말하지 않습니다. 예부터 한국말에서는 어림을 나타내는 자리에 '듯'을 넣어서 "그런 듯하다" 꼴로 썼어요.

"잘 모르는 것 같아요"처럼 말하는 사람도 흔히 봅니다. 참말 모르는지, 알겠다는 뜻인지 흐리멍덩한 말일 텐데, 이런 말투가 두루 퍼집니다. 에두르고 싶은 마음일 수 있지만, 이런 느낌은 "알쏭달쏭해요"나 "아리송해요"로 나타내야 알맞습니다.

보 기 글 --

● 나의 부모님한테 죄를 짓는 것 같아서
→ 우리 부모님한테 죄를 짓는구나 싶어서
→ 우리 부모님한테 잘못하는구나 싶어서

『사는 게 거짓말 같을 때』(공선옥 지음, 당대, 2005년) 34쪽

● 아무도 없는 것 같은데요
→ 아무도 없는 듯한데요
→ 아무도 없는데요

『장화가 나빠』(오이시 마코토 지음, 햇살과 나무꾼 옮김, 논장, 2005년) 43쪽

● 그래도 맛은 최고라는 것 같던데
→ 그래도 맛은 아주 좋다던데

『도무라 반점의 형제들』(세오 마이코 지음, 고향옥 옮김, 양철북, 2011년) 139쪽

● 결코 오지 않을 것 같은 세상
→ 도무지 오지 않을 듯한 세상

『저항하는 평화』(전쟁없는세상 엮음, 오월의봄, 2015년) 99쪽

● 비도 그친 것 같으니 슬슬 가야겠어
→ 비도 그친 듯하니 슬슬 가야겠어
→ 비도 그쳤으니 슬슬 가야겠어

『은빛 숟가락 8』(오자와 마리 지음, 노미영 옮김, 삼양출판사, 2015년) 58쪽

🌸 달리다 / 달려가다: 이야기는 '달리지' 않고 흐른다

> 종반부로 달리는 이야기가 아슬아슬하다
> → 마지막으로 흐르는 이야기가 아슬아슬하다
> → 막바지에 이르는 이야기가 아슬아슬하다
> → 막바지 이야기가 아슬아슬하다
> → 마지막 이야기가 아슬아슬하다

이야기는 이리 달리거나 저리 달리지 않습니다. 생각이나 마음도 달리거나 달려가지 않아요. 다만, 빗대어 쓰는 말투라고 한다면 빗대어 쓸 수 있습니다. "내 마음이 너한테 달려간다"라든지 "내 편지가 너한테 달려가는 길이야"처럼 빗대어 쓸 만합니다.

> 이제 영화도 끝으로 달려간다
> → 이제 영화도 끝이 가깝다
> → 이제 영화도 끝을 맺으려 한다

이야기는 바람이나 물처럼 '흐른다'라는 낱말로 나타냅니다. 먼 옛날부터 '흐르는' 이야기라고 합니다. 그런데, '생각날개'나 '꿈나래'라는 말처럼, '날개(나래)'를 붙여서 말하기도 합니다. 생각이나 꿈이나 사랑이나 마음에는 '몸'이 없습니다만, '몸이 없는 모습이 비슷하다'고 할 만한 바람을 헤아리면서 '바람이 하늘을 가르며 날듯'이라고 합니다. 생각이나 꿈이나 사랑이나 마음도 날갯짓을 하면서 난다고 말하는 셈입니다.

새로운 관용구로 삼아서 "생각이 빠르게 달린다"라든지 "이야기가 아슬아슬하게 달린다"처럼 쓰는 일은 나쁘지도 틀리지도 않습니다. 이처럼 빗대는 말투를 쓰고 싶다면 쓰되, 바탕이 되는 말투를 잊지는 말아야겠습니다.

보 기 글

● 이야기는 급격하게 행복한 결말을 향해 달려가고 있다
→ 이야기는 갑자기 즐겁게 흘러 끝을 맺으려고 한다
→ 이야기는 갑자기 즐거운 마무리로 바뀌어 흐른다

『우리 동화 이야기』(이재복 지음, 우리교육, 2004년) 93쪽

※ 이야기는 '끝을 맺'거나 '마무리를 짓'는다고 합니다. '마무리한다'나 '끝맺다'처럼 단출하게 쓸 수도 있습니다.

대하다(-에 대하다):
영어 'about'을 한국말로 옮긴 말투 '-에 대한'

> 고양이에 대한 글을 쓴다
> → 고양이를 다루는 글을 쓴다
> → 고양이를 놓고 글을 쓴다

영어 사전을 보면, 'about'을 한국말로 '-에 대한'이나 '-에 관한'으로 옮깁니다. "a book about flowers"를 "꽃에 대한 책"으로 옮겨요. 그러나, 이 글월을 한국말로 제대로 옮기자면 "꽃을 다룬 책"이나 "꽃 책"입니다. "Tell me all about it"은 "그것을 모두 말해 줘"로 옮겨야지요.

> 사랑에 대하여 얘기해 보자
> → 사랑을 얘기해 보자

"사랑에 대한 얘기를 해 보자"처럼 말하는 분이 꽤 많습니다. 이런 글월은 "사랑 얘기를 해 보자"나 "사랑을 놓고 얘기를 해 보자"로 손질해야 올발라요. 번역 말투가 아닌 한국 말투를 쓸 수 있어야 합니다.

한국말 사전을 보면 "전통문화에 대한 관심", "강력 사건에 대한 대책", "건강에 대하여 묻다", "신탁 통치안에 대한 우리 민족의 반대 운동은 전국적이었다", "이 문제에 대하여 토론해 보자", "장관이 이 사건에 대하여 책임을 지고 사임하였다" 같은 보기글이 나와요. 이 글월은 "전통문화에 쏟는 눈길", "강력 사건 대책", "건강이 어떠한지 묻다", "신탁 통치안을 놓고 우리 겨레는 전국에서 반대 운동을 벌였다", "이 문제를 토론해 보자", "장관이 이 사건에 책임을 지고 물러났다"처럼 손질할 수 있습니다. '-에 대한/-에 대하여'와 비슷한 얼개로 쓰는 '-에 관한/-에 관하여'도 번역 말투입니다. "얼굴을 대하다"처럼 쓰는 '대(對)하다'는 "얼굴을 마주하다"로 손질해 줍니다.

보 기 글 --

● 동파키스탄의 자치 운동에 대한 탄압을 강화하여
→ 동파키스탄 자치 운동을 더 모질게 짓밟아서

『제3세계의 발자취』(서천륜 지음, 편집부 옮김, 거름, 1983년) 30쪽

● 가난한 사람에 대해 따뜻하게 마음을 쓰는 신부
→ 가난한 사람한테 따뜻하게 마음을 쓰는 신부

『작은 자의 외침』(E. 브조스토프스키 지음, 홍윤숙 옮김, 성바오로출판사, 1987년) 8쪽

● 세상을 떠난 서양의 화가에 대해서 이러고저러고 하는 말
→ 세상을 떠난 서양 화가를 놓고 이러고저러고 하는 말

『에드바르트 뭉크』(장소현 지음, 열화당, 1996년) 5쪽

● 목재에 대한 인간의 수요는 늘어만 가고 있다
→ 나무를 쓰려는 사람은 늘어만 간다

『청소년 환경교실』(이상훈 지음, 따님, 1998년) 68쪽

● 여러 가지에 대해 얘기를 나누었습니다
→ 여러 가지 얘기를 나누었습니다

『발견하는 즐거움』(리처드 파인만 지음, 승영조·김희봉 옮김, 승산, 2001년) 66쪽

● 아들에 대한 애타는 그리움을 떨쳐 내지 못한다
→ 아들을 애타게 그리는 마음을 떨쳐 내지 못한다

『내 아이 책은 내가 고른다』(조월례 지음, 푸른책들, 2002년) 28쪽

- 가족들에 대해 진지하게 생각해 본 적이 한 번도 없었기 때문이다. "아빠에 대해 내가 알고 있는 것이 과연 얼마나 될까?"
→ 식구들을 차분하게 생각해 본 적이 한 번도 없었기 때문이다. "나는 아빠를 참으로 얼마나 알까?"

『청소년 백과사전』(김옥 지음, 낮은산, 2006년) 52쪽

- 죽음에 대해서 거의 생각해 본 적이 없었다
→ 죽음을 거의 생각해 본 적이 없었다

『해바라기』(시몬 비젠탈 지음, 박중서 옮김, 뜨인돌, 2005년) 33쪽

- 삶에 대한 수업료치고는 너무도 큰 것이었기에
→ 삶에 치르는 배움삯치고는 너무도 컸기에

『잃어버린 풍경 1』(이지누 지음, 호미, 2005년) 4쪽

- 낭갈라꿀라라는 스님에 대한 이야기입니다
→ 낭갈라꿀라라는 스님을 다룬 이야기입니다

『붓다 나를 흔든다』(법륜 지음, 산티, 2005년) 31쪽

- 기도에 대해서 아무 응답도 없었습니다
→ 기도에 아무 대꾸도 없었습니다

『꼬마 바이킹 비케 1』(루네르 욘손 지음, 배정희 옮김, 논장, 2006년) 17쪽

- 진리에 대한 탐구가 무엇을 의미하는지를
→ 진리 탐구가 무엇을 뜻하는지를

『수집 이야기』(야나기 무네요시 지음, 이목 옮김, 산처럼, 2008년) 306쪽

- 공기에 대해 자주 생각하는 사람은 없겠지만
→ 공기를 자주 생각하는 사람은 없겠지만

『공기』(피터 에디 지음, 임지원 옮김, 반니, 2015년) 9쪽

던지다: '던질' 수 있는 것과 없는 것

생각 없이 던진 말
→ 생각 없이 한 말
→ 생각 없이 뱉은 말
→ 생각 없이 읊은 말

'던지다'는 손에 쥔 것을 다른 것으로 보내는 일을 가리킵니다. 그리고, 어디로 뛰어드는 모습을 가리킵니다.

한국말 사전을 보면, "어떤 행동을 상대편에게 하다"나 "어떤 것을 향하여 보다"나 "어떤 것을 향하여 비추다"나 "어떤 화제나 파문 따위를 일으키다"나 "어떤 문제 따위를 제기하다"나 "그림자를 나타내다" 같은 자리에 '던지다'를 쓴다고 적지만, 이런 자리에서는 '던지다'를 쓰지 않습니다. 이러한 말풀이는 모두 옳지 않습니다.

불쑥 한마디를 던지고 → 불쑥 한마디를 하고
추파를 던지다 → 추파를 보이다 / 추파를 보내다
달과 별이 빛을 던지고 있다 → 달과 별이 빛을 비춘다
전 세계에 화제를 던졌다 → 온 세계에 이야깃거리가 되었다
긴 그림자를 던지고 있다 → 긴 그림자를 드리운다

눈길은 '던지지' 않습니다. "눈길을 둔다"고 하거나 "눈길로 본다"고 하지요. "질문을 던지"지 않아요. "묻"거나 "여쭙"니다. 궁금하기에 동무한테 묻고, 알고 싶어서 웃어른한테 여쭙니다.

던지려면, 공을 던집니다. 돌을 던지거나 나뭇잎을 던집니다. 그리고 바닷물에 몸을 던져 풍덩 하고 뛰어들어요. 침대에 몸을 던지면서 놀기도 하고요.

- -

● 〈바위나리와 아기별〉은 늘 이런 숙제를 던져 주는데
→ 〈바위나리와 아기별〉은 늘 이런 숙제를 내 주는데

『우리 동화 이야기』(이재복 지음, 우리교육, 2004년) 135쪽

● 우리들을 '불쌍하다'고 여기며 동정의 눈길을 던집니다
→ 우리를 '불쌍하다'고 여기며 바라봅니다

『아메리카 타운 왕언니 죽기 오분 전까지 악을 쓰다』(김연자 지음, 삼인, 2005년) 10쪽

※ '동정(同情)'은 "딱하게 여김"을 뜻하니, "불쌍하다고 여기며 동정의 눈길을 던집니다"처럼 적으면 겹말입니다.

● 선생님께 줄기차게 질문을 던진 적이 있다 (…) 악의 근원은 어디이고 그것을 내쫓는 방법은 무엇인가 하는 질문을 줄곧 던져왔을 것이다
→ 선생님한테 줄기차게 여쭌 적이 있다 (…) 나쁜 것은 뿌리가 어디이고 이를 내쫓으려면 어떡해야 하는가 하고 줄곧 여쭈었으리라

『사랑의 매는 없다』(앨리스 밀러 지음, 신홍민 옮김, 양철북, 2005년) 25, 33쪽

● 사람들이 문법이나 용어의 사용에 물음표를 던지게 하는 슬로건은 이미 슬로건으로서의 매력을 상실한 것이라는 사실이다
→ 사람들이 문법이나 낱말이 알쏭달쏭하다고 여기는 푯말은 이미 푯말로서 제구실을 잃었다는 이야기이다

『한국 영어를 고발한다』(최용식 지음, 넥서스, 2005년) 26쪽

● 소박한 바람을 던지며 윙크를 합니다
→ 수수하게 바라며 눈짓을 합니다

『시골에 사는 즐거움』(유안나 지음, 도솔, 2005년) 6쪽

🌸 드리다: '주다'를 높여서 '드리다'

선물 감사드려요
→ 선물 고마워요
→ 선물 고맙습니다

한자말 '감사(感謝)'는 "1. 고마움을 나타내는 인사 2. 고맙게 여김. 또는 그런 마음"을 뜻한다 하고, '감사하다'는 움직씨(동사)와 그림씨(형용사)로 씁니다. 말뜻을 살피면 한국말은 '고마움·고맙다'입니다. 영어는 'thank'이고, 한자말은 '感謝'이며, 한국말은 '고맙다'예요.

'드리다'는 '주다'를 높이는 낱말입니다. "할머니 짐을 들어 주렴"을 "할머니 짐을 들어 드리렴"처럼 씁니다. "차려 주다"나 "선물을 주다" 같은 말투일 때에 '드리다'를 넣습니다. 그러니, 말꼴로 보자면 "감사 주다"나 "부탁 주다"나 "인사 주다"나 "사과 주다"나 "축하 주다"처럼 쓰지 않기 때문에, 이런 말씨에 '드리다'를 붙이는 말씨는 올바르지 않습니다. '드리다'는 '주다'를 높이는 말이니 "감사 주다"나 "부탁 주다" 같은 말이 먼저 있어야 "감사 드리다"나 "부탁 드리다"로 쓸 수 있어요. '감사 드리다 / 부탁 드리다'는 모두 잘못 쓰는 말입니다. 다만, 오늘날에는 관용구로 '드리다'를 붙여서 쓸 뿐입니다.

관용구는 '옳은 말씨'가 아니라 '널리 쓰는 말씨'입니다. 옳지 않아도 널리 쓰기에 관용구라고 합니다. 그러니, 관용구일 적에는 안 써야 한다고 할 수 없으나, 쓰라고도 할 수 없습니다. 그저 쓸 뿐입니다. 그리고, 관용구이기에 굳이 써야 할 까닭이 없습니다.

국립국어원에서는 2012년부터 '감사드리다'를 표준말로 받아들입니다.

관용구이지만 '널리 써서 굳어진 말씨'라고 여겨서 표준말로 삼은 셈입니다. 그러나, '감사'는 '내가 고맙게 느끼거나 여긴다'는 뜻이니, '감사'를 '드릴' 수 없습니다. 말법에 어긋납니다. '감사하다'를 높이려면 '감사합니다'로 써야지요. '드리다'가 높이려는 뜻으로 쓰는 말씨이기에 '감사'나 '부탁' 같은 한자말 뒤에 붙이는 관용구가 생겼으나, '높임'을 나타내려 했대서 '드리다'를 아무 데나 붙일 수 없습니다.

보 기 글 --

● 여러 동료들에게도 감사를 드린다
→ 여러 동료들한테도 고맙다

『윌리엄 이글리스톤과 조엘 메이어뤼쯔』(앤디 그룬드버그·줄리아 스쿨리 지음, 강용석 옮김, 해뜸, 1986년) 7쪽

※ 한문을 쓰던 조선 사회에서도 '감사'라는 한자말을 썼다고 합니다. 그러나, 한문을 쓰던 얼마 안 되는 양반과 지식인만 이 한자말을 썼을 뿐, 한겨레를 이룬 거의 모든 사람은 '고맙다'라는 한국말을 썼어요. '감사'라는 한자말은 일제 강점기부터 갑작스레 널리 퍼졌습니다. '감사하다' 같은 말마디도 얼마든지 쓸 수 있습니다만, 한국 사람이 먼 옛날부터 즐겁게 주고받던 '고맙다' 라는 말마디가 있어요. 일제 강점기부터 널리 퍼졌든 옛 지식인이 한문을 다루면서 썼든, 한겨레한테 오랜 말인 '고맙다'를 알뜰히 사랑한다면 '감사드리다' 같은 엉뚱한 관용구는 생기지 않습니다.
한국말은 '한자로 이루어진 말'이 아니라 '한국 사람이 쓰는 말'입니다. 한국말을 올바로 바라보면서 생각한다면 '고맙다'라는 말마디를 알맞게 쓸 테고, '축하드리다·사과드리다·부탁드리다'는 '축하하다·사과하다·부탁하다'로 올바로 쓰리라 봅니다.
'인사드리다' 같은 말투는 '인사 올리다'로 고쳐 써야 올바릅니다. 예부터 웃사람한테 인사나 말을 여쭐 적에는 '올리다'라고 했습니다. 그래서 "인사 올리다"나 "말씀 올리다"처럼 씁니다. 무엇보다도 말은 '틀로 짠 높임말'만 써야 높이려는 뜻을 나타내지 않습니다. 우리 마음이 '서로 아끼고 높이려는 숨결'일 때에 '여느 말(평상말)'을 쓰더라도 높이려는 뜻이 퍼집니다. '감사드리다' 꼴처럼 '드리다'를 붙여야 높임말이지 않습니다. 서로 아끼고 높이려는 숨결을 담아서 이야기를 나누려고 할 때에 참답게 높임말이 됩니다.

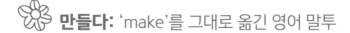 **만들다: 'make'를 그대로 옮긴 영어 말투**

> 가정에서는 수제비나 칼국수를 만들어 먹었지
> → 집에서는 수제비나 칼국수를 끓여 먹었지
> → 집에서는 수제비나 칼국수를 삶아 먹었지
> → 집에서는 수제비나 칼국수를 해서 먹었지

'만들다'라는 한국말은 아무 자리에나 못 씁니다. 이 낱말은 처음에는 한 가지만 뜻했습니다. 어떤 것을 손이나 연장으로 다루어 새로운 것으로 이룬다고 할 적에 '만들다'를 썼어요. "나무를 잘라 걸상을 만든다"라든지 "싸리나무를 꺾어 싸리비를 만든다"처럼 쓰는 낱말이었습니다. 사회가 여러모로 크고 넓게 달라지면서 '만들다'라는 낱말도 차츰 쓰임새를 넓히는데, 영어 번역 말투처럼 아무 데에나 쓰면 안 됩니다.

오늘날 번역을 하는 적잖은 이들은 영어 'make'를 섣불리 '만들다'로 옮기고 말아요. 말썽이나 어떤 일을 일으킨다고 할 적에는 '일으키다'로 옮겨야 하는데, 그만 '만들다'로 옮깁니다. 어떤 일이 생길 적에는 '생기다'로 옮겨야 하지만, 그만 '만들다'로 옮겨요. "The news made him very happy" 같은 영어는 "그를 즐겁게 해 주었다" 꼴로 옮겨야 하지만 "그를 즐겁게 만들었다" 꼴로 잘못 옮깁니다. 이리하여, "생각을 하게 만든다"나 "재미있게 만든다" 같은 번역 말투가 퍼지고 맙니다. "생각을 하게 이끈다"나 "재미있게 한다"로 바로잡아야 합니다.

그러고 보면, 손수 삶을 짓는 일이 차츰 사라지거나 줄어들면서 '만들다'가 아무렇게나 퍼지는구나 싶습니다. 요즈음에는 "밥을 만들다"처럼 말하는 사람도 있으나 "밥을 짓는다"나 "밥을 끓인다"나 "밥을 한다"처럼 말해야 올바릅니다. 공장에서 척척 찍을 적에 '만들다'입니다. "노래를 만들다"
나 "영화를 만들다"도 잘못 쓰는 말투예요. "노래를 쓰다", "노래를 짓다"나
"영화를 찍다"처럼 적어야 올바릅니다.

보기글 --

- 지금 그 자리에 어떻게 오게 되었는지 의문을 가져 볼 수 있다는 생각을 하게 만든다
→ 오늘 이 자리에 어떻게 왔는지 궁금하게 생각하도록 이끈다

  『씨앗의 희망』(소로우 지음, 이한중 옮김, 갈라파고스, 2004년) 135쪽

- 손수 주운 도토리로 가루를 내어 만든 묵을 팔았다
→ 손수 주운 도토리로 가루를 내어 쑨 묵을 팔았다

  『블루시아의 가위바위보』(국가인권위원회 엮음, 국가인권위원회, 2004년) 20쪽

- 소금을 넣고 천천히 끓여서 스튜를 만들었다
→ 소금을 넣고 천천히 스튜를 끓였다

  『벌거숭이 왕자 덜신』(C. W. 니콜 지음, 서혜숙 옮김, 논장, 2006년) 249쪽

- 밀가루가 미국의 원조 물자로 들어오면서 국수나 빵이 만들어졌고
→ 밀가루가 미국 원조 물자로 들어오면서 국수나 빵이 공장에서 나왔고

  『10대와 통하는 문화로 읽는 한국 현대사』(이임하 지음, 철수와영희, 2014년) 14쪽

- 음악제를 만든다는 것, 음악을 통해 새로운 유대를 만들고 싶다는 생각을
→ 노래잔치를 여는 일, 노래로 새롭게 어깨동무를 하고 싶다는 생각을

  『우리는 섬에서 미래를 보았다』(아베 히로시·노부오카 료스케 지음, 정영희 옮김, 남해의봄날, 2015년) 134쪽

- '깨우치다'는 누군가를 깨치게 만드는 것이다
→ '깨우치다'는 누군가를 깨치게 하는 일이다

  『동사의 맛』(김정선 지음, 유유, 2015년) 223쪽

많다: '많이' 보는 사람과 '자주' 보는 사람

사고 많은 곳
　→ 사고 잦은 곳
　→ 사고 자주 나는 곳
　→ 사고 자꾸 나는 곳
　→ 사고 잇달아 나는 곳

　교통사고가 자주 나는 곳에 예전에는 "사고 많은 곳"이라는 푯말이 섰으나 이제는 "사고 잦은 곳"으로 바로잡습니다. 예전에는 '사고 다발 지역'처럼 한자말을 잇달아 적은 푯말을 세웠는데, 이런 푯말을 알아보기 어렵다고 해서 '다발(多發)'을 "많은"으로 옮겼어요.
　한국말 사전을 보면 '다발'을 "많이 발생함"으로 풀이해요. 이런 말풀이 그대로 "사고 다발 지역"을 "사고 많은 곳"으로 옮긴 셈이에요.

여드름이 많이 생긴다 (○)
여드름이 자주 생긴다 (○)
말썽이 많이 생긴다 (×)
말썽이 자주 생긴다 (○)

　여드름은 "'많이' 생긴다"고도 할 수 있고 "'자주' 생긴다"고도 할 수 있습니다. 한꺼번에 잔뜩 생기니 '많이' 생기고, 사라질 듯하다가 잇달아 생기니 '자주' 생깁니다.
　말썽이나 일은 '많이' 생긴다고 하지 않습니다. '자주' 생기거나 '자꾸' 생

기거나 '잇달아' 생깁니다. 교통사고가 나고 또 난다면 '자주' 생깁니다. '잦다'고 하지요. 때로는 '자꾸' 생긴다고 할 만합니다. '잇달아' 생기거나 '끊임없이' 생기기에 '잦다'라는 낱말을 빌어서 이러한 모습을 나타냅니다.

보 기 글 --

● 휠체어에 앉아서 피곤에 지친 모습으로 눈을 지그시 감고 있는 일이 많았다 (…) 다섯 명의 연주는 맞추어졌지만 조금만 방심하면 금세 음과 박자를 놓쳐 둔탁한 소리를 내는 일이 많았다

→ 휠체어에 앉아서 고단한 모습으로 눈을 지그시 감으시고는 했다 (…) 다섯 사람 연주는 맞추었지만 조금만 마음을 놓으면 이내 흐름과 가락을 놓쳐 거친 소리를 자꾸 냈다

『이 멋진 세상에 태어나』(후쿠다 다카히로 지음, 이경옥 옮김, 다림, 2008년) 83, 95쪽

● "마치다 씨, 정말 빨리 배우네요!" "정말요? 감사합니다!" "앞으로도 외출할 때 많이 입으세요."

→ "마치다 씨, 참말 빨리 배우네요!" "참말요? 고맙습니다!" "앞으로도 나들이할 때 자주 입으세요."

『먹고 자는 두 사람 함께 사는 두 사람 3』(히구라시 키노코 지음, 최미정 옮김, 대원씨아이, 2014년) 48쪽

● 코피를 쏟아 내는 일이 많았다

→ 코피를 쏟아 내는 일이 잦았다

『야생초 밥상』(이상권 지음, 다산책방, 2015년) 263쪽

※ 서로 자주 만날 적에 "요즘 많이 보네"처럼 말하는 사람이 있으나, 이때에 '많이'를 넣으면 올바르지 않습니다. "요즘 자주 보네"나 "요즘 자꾸 보네"처럼 말해야 올바릅니다. "하늘을 많이 보는구나"처럼 말할 수도 없습니다. "하늘을 자주 보는구나"나 "하늘을 자꾸 보는구나"처럼 말해야 올바릅니다. 밥을 먹거나 물을 마실 적에 '먹는 부피'가 크다면 "밥을 많이 먹다"나 "물을 많이 마시다"처럼 쓰지만, 끼니마다 으레 라면을 먹으면 "라면을 많이 먹다"가 아닌 "라면을 자주 먹다"라 해야 해요.

✿ 바래다(바램): 꿈은 '바랠' 수 없어요

그것은 우리의 바램이었어
→ 그것은 우리 바람이었어
→ 우리는 그것을 바랐어

'바란다'고 할 적에는 '바람'처럼 이름씨꼴(명사형)을 삼습니다. '바랜다'고 할 적에는 '바램'처럼 이름씨꼴로 삼지요. '바라다(바란다)'는 "어떤 일이 이루어지거나 되어 달라고 생각하다"를 뜻하고, '바래다(바랜다)'는 "볕이나 바람이나 물 때문에 빛깔이 바뀌거나 허옇게 되다"를 뜻합니다.

바라다 – 바라요 – 바람(꿈)
바래다 – 바래요 – 바램(빛을 잃다)

그런데 방송이나 무대에 서서 노래를 부르는 수많은 '어른'들은 '꿈'을 이야기하려 하면서 으레 '바람'이 아닌 '바램'을 말해요. 꿈이 빛을 잃기를 바라기 때문일까요? 꿈이 제 빛을 잃지 않고 맑고 밝게 드리우기를 바란다면 '바램'이 아닌 '바람'으로 노랫말을 쓰고 노래를 불러야 올발라요.

방송이나 무대에 서는 어른들은 으레 '사람들이 바램'으로 알거나 생각하니까 '바램'으로 쓰기 어렵다'고 말합니다. 그러나, 방송이나 무대에 서는 어른들이 '바램'이 아닌 '바람'이 맞다고 꾸준히 얘기하면, 사람들은 고개를 끄덕이면서 '그래, 이제껏 잘못 알았네' 하고 알아차릴 수 있습니다.

방송이나 무대에 서는 사람일수록 옳고 바르게 말하면서, 사람들한테 옳고 바른 말을 즐겁고 사랑스레 나누거나 퍼뜨리는 몫을 맡을 수 있어야 합니다.

- 내 말을 이해할 수 있기를 바래
→ 내 말을 알아들을 수 있기를 빌어

『내 안의 자유』(채지민 지음, 사계절, 1999년) 62쪽

- 저희의 한결같은 바램이기도 합니다
→ 저희로서는 한결같은 바람이기도 합니다
→ 저희는 한결같이 바랍니다

- 자신의 바램을 밝히기도 했다
→ 제 바람을 밝히기도 했다
→ 제 꿈을 밝히기도 했다
→ 제 뜻을 밝히기도 했다

- 잘 풀렸으면 하는 바램입니다
→ 잘 풀리기를 바랍니다
→ 잘 풀리기를 빕니다

- 바램이 있다면 한 말씀 부탁드립니다
→ 바람이 있다면 한 말씀 하셔요
→ 바라는 일이 있다면 한 말씀 하셔요
→ 꿈이 있다면 한 말씀 들려주셔요

※ 하늘에서 부는 '바람'하고, 바라는 것을 가리키는 '바람'이 아무래도 헷갈린다면, 바라는 것은 "바라는 것"처럼 말할 수 있습니다. "내가 바라는 것"이나 "내 꿈"처럼 말해도 되고, "내가 이루려는 것"이나 "내가 이루고 싶은 것"처럼 말할 수 있어요.

있다: '-하고 있다'고 말하지 않아도 몸짓은 이어져요

공을 치고 있어요 → 공을 쳐요
쉬고 있는 중이야 → 쉬어 · 쉬지 · 쉬었어 · 쉬었지

한국말 사전을 보면 '있다'가 '도움 움직씨(보조 동사)' 구실도 한다고 나옵니다. 두 가지로 쓴다는데, 첫째는 "앞말이 뜻하는 행동이나 변화가 끝난 상태가 지속됨을 나타내는 말"이라 하며, 둘째는 "앞말이 뜻하는 행동이 계속 진행되고 있거나 그 행동의 결과가 지속됨을 나타내는 말"이라 합니다. 첫째 보기로 "깨어 있다"와 "앉아 있다"와 "꽃이 피어 있다"를 싣고, 둘째 보기로 "듣고 있다"와 "먹고 있다"와 "자고 있다"와 "아이를 안고 있다"와 "손잡이를 쥐고 있다"와 "넥타이를 매고 있다"와 "차를 기다리고 있는 중이다"를 싣습니다.

그런데 한국말에서는 이렇게 '있다'를 붙이지 않아도 앞말이 뜻하는 몸짓이나 흐름이 그대로 잇는 느낌을 나타내요. "깨었다"와 "앉았다"와 "꽃이 피었다"처럼 적으면서 얼마든지 앞말이 뜻하는 몸짓이나 흐름은 그대로 이어집니다. 그리고 "깬 채 있다"와 "앉은 채 있다"와 "꽃이 핀 채 있다"처럼 적어야 올발라요. "듣는다"와 "먹는다"와 "잔다"와 "아이를 안는다"와 "손잡이를 쥔다"와 "넥타이를 맨다"과 "차를 기다린다"처럼 적으면서 앞말이 뜻하는 몸짓이 그대로 이어지는 모습을 나타내요.

'-고 있다' 꼴로 쓰는 말투는 서양말에 나오는 현재 진행형입니다. 일본말에서는 '中'이라는 한자를 넣어서 이 느낌을 나타냅니다. 일본말에서는 "먹는다"를 한자를 빌어 "食事中"(식사중)으로 적고, "잔다"를 "就寢中"(취침중)으로 적습니다. 이런 일본 말투를 한국에서 한자만 한글로 살짝 고쳐 '식

사 중'이나 '취침 중'이라 적기도 하고, 이를 한국말로 옮기려고 "식사하고 있다"나 "먹고 있다"로 적거나 "취침하고 있다"나 "자고 있다"로 적기도 합니다. 그러니까, '-고 있다' 꼴로 쓰는 말투는 서양말에 나오는 현재 진행형이면서 일본에서 '中'을 빌어서 쓰는 말투를 잘못 옮긴 말투입니다.

보 기 글 --

● 날마다 사람들이 테니스를 치고 있는 초록 운동장 말이에요
→ 날마다 사람들이 테니스를 하는 잔디밭 운동장 말이에요

『할머니』(페터 헤르틀링 지음, 박양규 옮김, 비룡소, 1999년) 77쪽

● 핵무기가 핵무기에 의한 전쟁을 방지하고 있다니. 이 믿기 힘든 사실을 전 세계 사람들은 훌륭하다고 믿고 있다
→ 핵무기가 핵전쟁을 막는다니. 이 믿기 힘든 이야기를 온누리 사람들은 훌륭하다고 믿는다

『왜 인간은 전쟁을 하는가』(히로세 다카시 지음, 위정훈 옮김, 프로메테우스출판사, 2011년) 160쪽

● 어린이문학 걸작선에 들어 있는『용의 아이 타로오』를
→ 어린이문학 걸작선에 실린『용의 아이 타로오』를

『용의 아이 타로오』(마쯔타니 미요꼬 지음, 고향옥 옮김, 창비, 2006년) 187쪽

● 물고기가 바다에 안겨 있는 것처럼 인간은 자연의 품에 안겨 살아갑니다. 물고기의 생활이 바닷물에 의존하고 있는 것처럼 인간의 생활은 자연에 의존하고 있습니다
→ 물고기가 바다에 안겨 살듯이 사람은 숲에 안겨 살아갑니다. 물고기가 삶을 바닷물에 기대듯이, 사람은 삶을 숲에 기댑니다

『나비 문명』(마사키 다카시 지음, 김경옥 옮김, 책세상, 2010년) 35쪽

● 대중 매체라는 뜻을 모두 지니고 있는 말이라고 이해하면 정확합니다
→ 대중 매체까지 함께 가리킨다고 생각하면 됩니다

『10대와 통하는 미디어』(손석춘 지음, 철수와영희, 2012년) 34쪽

🌼 주다(전화 주다): 전화기를 '주라'는 말이니?

이따가 전화를 줘
  → 이따가 전화해 줘
  → 이따가 전화 걸어 줘

어느 날부터인가 "전화 주세요" 같은 말이 퍼졌고, '삐삐'라는 것이 나온 뒤에는 "삐삐 주세요" 같은 말이 퍼졌으며, 이윽고 손전화가 나와서 '손전화 쪽글(문자)'을 보낼 수 있을 무렵부터 "문자 주세요" 같은 말이 퍼집니다.

전화나 삐삐나 문자는 '줄' 수 있을까요? 한마디로 말해서, 전화나 삐삐나 문자를 '준다'고 할 적에는, '전화 기계'를 주거나 '삐삐 기계'를 '준다'는 소리입니다.

그러면 어떻게 말해야 할까요? "전화해 주세요"나 "삐삐해 주세요"처럼 말해야 합니다. "전화 걸어 주세요"나 "삐삐 남겨 주세요"처럼 말해야 하고, "문자 보내 주세요"처럼 말해야 합니다.

요즈음은 인터넷으로 편지를 보내기도 합니다. 그래서 "이메일 주세요" 처럼 말하는 사람이 새롭게 나타납니다. 이때에도 "누리편지 보내 주세요" 나 "이메일 보내 주세요"로 고쳐 써야 올발라요.

집전화나 손전화는 '걸다'나 '하다'라는 말마디로 나타냅니다. 쪽글이나 문자나 누리편지나 이메일은 '보내다'라는 말마디로 나타내요. "나중에 전화 줘"처럼 말하면 틀려요. "나중에 전화해"처럼 말해야 맞습니다. 그리고, "다음에 문자 줘"는 "다음에 문자 보내"나 "다음에 문자 해"로 고쳐 쓰면 됩니다. '하다'는 '편지하다' 같은 낱말에서 '보내다'를 가리킵니다.

- 네가 먼저 편지를 쓰면 되지. '편지를 주세요.' 하고 말이야 (…) 누군가 그 개구리의 주소를 안다면 저에게 편지를 주세요
→ 네가 먼저 편지를 쓰면 되지. '편지를 보내 주세요.' 하고 말이야 (…) 누군가 그 개구리가 사는 곳을 안다면 저한테 편지를 보내 주세요

『편지를 주세요』(야마시타 하루오 지음, 해뜨네 옮김, 푸른길, 2009년) 11쪽

※ "연락 주세요" 같은 말투도 꾸준히 퍼집니다. '연락(連絡)'은 "내 이야기를 알리는 일"을 뜻합니다. "알리는 일"은 '줄' 수 없습니다. "연락하세요"나 "연락해 주세요"처럼 써야 올바릅니다. '주다'라는 낱말을 외따로 쓸 적에는 나한테 있는 것을 너한테 건넨다는 뜻입니다. 도움 움직씨(보조 동사)로 쓸 적에는 "보내 주다"처럼 적어야 하는데, 이 대목에서 헷갈리는 바람에 잘못 쓰는 사람이 많구나 싶습니다. 편지는 '보내'는데, '한다'거나 '띄운다'고도 합니다. "편지를 보내 주세요"나 "편지를 해 주세요"나 "편지해 주세요"나 "편지를 띄워 주세요"나 "편지를 써 주세요"로 씁니다.

- "전화 줘서 기뻐."
→ "전화해 줘서 기뻐."

『강철의 연금술사 14』(아라카와 히로무 지음, 서현아 옮김, 학산문화사, 2006년) 123쪽

- 3점보다 높은 점수를 줄 수 있는지에 대한 직관적인 설명을 줄 수가 없다
→ 3점보다 높은 점수를 줄 수 있는지를 직관으로 설명할 수가 없다
→ 3점보다 높은 점수를 줄 수 있는지를 바로 알려 줄 수가 없다

『양자우연성』(니콜라스 지생 지음, 이해웅·이순칠 옮김, 승산, 2015년) 68쪽

※ '설명'은 '한다'고 합니다. 이야기나 말도 '한다'고 합니다. 설명이든 이야기이든 말이든 '주다'로 나타낼 수 없습니다.

🌸 지니다: 외국말을 잘못 옮겨 쓴 말투 '−을 지니다'

어릴 때의 모습을 그대로 지니고 있다
 → 어릴 때 모습 그대로이다
 → 어릴 때 모습이 그대로 있다

한국말 사전에서 '지니다'라는 낱말을 살피면, "3. 바탕으로 갖추고 있다 4. 본래의 모양을 그대로 간직하다" 같은 말풀이가 나옵니다. 셋째 뜻 보기 글로 "착한 성품을 지닌 사람"이 실리고, 넷째 뜻 보기글로 "그는 어릴 때의 모습을 그대로 지니고 있다"가 실려요. 그러나 이런 뜻풀이나 보기글은 알맞지 않습니다. 우리는 예부터 "마음이 착한 사람"처럼 말했어요. 외국말을 한국말로 옮기면서 '지니다'를 잘못 쓰는 말투가 자꾸 퍼지는데, 이런 말투를 '여러 가지 말투(표현의 다양성)'라고 할 수 있는지 아리송해요. 영어를 쓰는 나라에서는 영어 말투를 쓰고, 한국에서는 한국 말투를 쓸 뿐입니다. 영어를 쓰는 나라에서 한국 말투를 받아들여서 영어를 쓰지 않아요. 한국말을 쓰는 우리는 영어 말투나 번역 말투가 아닌 한국 말투를 쓸 때에 가장 아름다우면서 알맞습니다.

어떤 모습을 "지니고 있을" 수 없습니다. 어떤 모습'으로 있'습니다. 또는 어떤 모습'입'니다. "곤란한 특징을 지니고 있다"가 아니라 "곤란하다"나, '곤란(困難)'을 쉽게 풀어서 "어렵다"나 "힘들다"나 "까다롭다"나 "쉽지 않다"처럼 적을 수 있어요.

그러고 보면, '지니다'는 '가지다'하고 비슷하게 잘못 쓰는 말투입니다. '가지다'는 '가지다'대로 바르게 쓰고, '지니다'는 '지니다'대로 알맞게 써야 할 자리에 써야 합니다. "몸에 지니고(가지고) 다니는 물건"이나 "이 책은 네가 지녀야지(가져야지)"처럼 쓸 '지니다(가지다)'입니다.

보 기 글 --

● 기사는 언론에서 일방적으로 제공하는 특성을 지니고 있다
→ 기사는 언론에서 한쪽 목소리로 내보낼 뿐이다

『언론 유감』(고승우 지음, 삼인, 1998년) 174쪽

● 깨질 수 있는 가능성은 처음부터 지니고 있던 것이라고 할 수 있다
→ 처음부터 깨질 수 있던 셈이라고 할 수 있다

『여성 농업인의 삶과 전통문화』(한국여성농업인중앙연합회 지음, 심미안, 2005년) 23쪽

● 4층밖에 되지 않았지만 웅장한 위용을 지니고 있었다
→ 4층밖에 되지 않았지만 참으로 크고 훌륭해 보였다

『닐스의 신기한 여행 1』(셀마 라게를뢰프 지음, 배인섭 옮김, 오즈북스, 2006년) 103쪽

● 그는 체스 선수에 필적할 만한 명석함을 지니고 있었다. 수학 선생의 면모를 지닌
그는 자신의 폭넓은 호기심과 교양을 많은 영역에 적용했다
→ 그는 체스 선수 못지않게 똑똑했다. 수학 선생 같았던 그는 너른 호기심과 교양을
여러 곳에 써 보았다

『영혼의 시선』(앙리 카르티에 브레송 지음, 권오룡 옮김, 열화당, 2006년) 94쪽

● 흐트러진 것을 바로잡거나 바르게 한다는 뜻을 지니지만
→ 흐트러진 것을 바로잡거나 바르게 한다는 뜻이지만

『동사의 맛』(김정선 지음, 유유, 2015년) 26쪽

파랗다 / 푸르다: '푸른' 하늘일까 '파란' 하늘일까?

푸른 하늘 은하수
→ 파란 하늘 은하수
→ 파란 하늘 미리내

한국 사람은 '푸르다'하고 '파랗다'를 제대로 갈라서 볼 수 없는 눈길일까요? 아니면, '푸르다'하고 '파랗다'를 섞어서 써도 될까요? 영어로 'green'을 '파랑'으로 옮기는 일은 없을 테고, 'blue'를 '풀빛'으로 옮기는 일도 없으리라 봅니다. 너른 바다를 보면 파란 빛깔이 '쪽빛'이랑 닮았다고 여기는데, 바닷말이 잔뜩 끼는 날에는 바닷물 빛깔이 '푸르게' 보입니다. "푸른 바다"가 되는 철이 따로 있습니다. 그러나, 너른 바다는 으레 '파랑'으로 가리키는 빛깔입니다. 〈미래 소년 코난〉이라는 만화 영화 노래에 나오는 "푸른 바다 저 멀리"는, 어느 때에는 "푸른 바다"일 수 있으니 아예 틀리지 않으나, "파란 바다 저 멀리"처럼 바로잡아야 알맞습니다.

뻘이 있는 바다는 뻘 흙이 섞여서 누렇게 보이기도 합니다. 이때에 바다는 "누런 바다"입니다. 바닷속에 무엇이 있느냐에 따라 물빛이 달라지는 셈입니다. 하늘도 노을이 질 적에는 "노란 하늘"이 되다가 "붉은 하늘"이 되다가 "보라 하늘"이 되기도 합니다. 언제나 한 가지 모습이나 빛깔로만 있지 않아요. 다만, 늘 이런저런 모습이나 빛깔로 바뀌더라도 '바탕 빛'을 헤아릴 적에는 "파란 하늘"하고 "푸른 들"입니다.

파란 들 → 푸른 들

시골에서 들이랑 숲이랑 하늘이랑 냇물이랑 바다를 늘 마주하면서 살면, '푸르다'하고 '파랗다'를 헷갈려서 쓸 일이 없습니다. 들빛과 풀빛을 보면, 봄부터 '푸른' 싹이 여리게 돋아서 여름에 짙게 우거지고, 가을에 누렇게 익거나 시들면서 겨우내 흙으로 돌아갑니다. 맑은 하늘이 파랗고, 싱그러운 냇물이 하늘빛을 고스란히 담아서 파랗습니다.

보 기 글

- 시냇가에 파란 새 풀이 돋아나고 (…) 강변에는 파란 풀밭이다
→ 시냇가에 푸른 새 풀이 돋아나고 (…) 강가에는 푸른 풀밭이다
→ 시냇가에 새 풀이 싱그럽게 돋아나고 (…) 냇가에는 풀밭이 싱그럽다

『나무』(김용택 지음, 창작과비평사, 2002년) 14, 53쪽

- 오이꽃은 노래도 파란 오이 열리고
→ 오이꽃은 노래도 푸른 오이 열리고

『산속 어린 새』(김명수 지음, 창비, 2005년) 13쪽

- 하늘이 푸른빛으로 보이는 이유는
→ 하늘이 파란빛으로 보이는 까닭은

『공기, 신비롭고 위험한』(피터 에디 지음, 임지원 옮김, 반니, 2015년) 34쪽

※ 덜 익은 열매를 가리킬 적에는 '풋'을 붙입니다. '풋능금·풋사과·풋감·풋콩·풋고추'처럼 쓰는데, '풋김치·풋나물'처럼 쓰기도 합니다. 사람이 깊이 무르익지 못한 모습을 놓고도 '풋-'을 붙여서 '풋내기'라 하고, 아직 깊지 않은 모습을 나타내면서 '풋사랑'이나 '풋잠'처럼 쓰기도 해요. 글이나 노래가 여물지 않으면 '풋글·풋노래'처럼 쓸 수 있어요. '풋사람', '풋기자', '풋학자', '풋가수', '풋작가' 같은 이름을 재미나게 쓸 수 있어요.
덜 익은 포도를 '청포도'라 하는데 '풋포도'로 고쳐야 올바릅니다. '靑'은 "푸를 청"으로 읽지만 '파랑'을 가리키는 자리에 쓰는 한자예요. 덜 익은 포도는 '파란' 빛깔이 아닌 '푸른' 빛깔입니다. 덜 익었으나 덜 익은 맛도 즐기려는 뜻에서 '풋포도'를 먹습니다. 다 익은 포도인데 "잘 익어서 푸른 빛깔인 포도"라면, 이때에는 '푸른 포도'라 하면 됩니다.

푸르른(푸르르다):
'푸르른'으로 적어야 노래 맛이 살까요?

눈이 부시게 푸르른 날은
→ 눈이 부시게 푸른 날은
→ 눈이 부시게 짙푸른 날은
→ 눈이 부시게 푸르디푸른 날은

'푸르다'라는 낱말은 '푸른'처럼 적습니다. 그런데 글을 쓰는 이 가운데 '푸른'이 아닌 '푸르른'이라 쓴 사람이 있습니다. 글을 쓰는 사람이 '푸르른' 같은 글을 쓰지 않았으면, 또 이러한 글이 널리 퍼지지 않았으면, 오늘날처럼 '푸르른' 같은 말투가 널리 쓰이지 않겠지요.

솔아 솔아 푸르른 솔아
→ 솔아 솔아 푸른 솔아
→ 솔아 솔아 짙푸른 솔아
저 들에 푸르른 솔잎을 보라
→ 저 들에 푸른 솔잎을 보라
→ 저 들에 짙푸른 솔잎을 보라

글에서 나타난 '푸르른'은 모두 노랫말로 자리를 옮깁니다. 노래를 듣거나 부르는 이들은 '푸르른'을 아무렇지 않게 여깁니다. 다만, 모든 사람이 '푸르른'으로 말하지 않습니다. 꽤 많은 사람이 '푸르른'이라 하지만, 훨씬 많은 사람이 '푸른'이라고 씁니다.

'푸르른'으로 적어야 노래하는 맛이 살까요? 한국말에도 긴소리와 짧은 소리가 있어요. 그래서 노래를 할 적에는 '푸르른'이 아닌 '푸르은'처럼 소리를 냅니다. "눈이 부시게 '푸르은' 날은"이나 "솔아 솔아 '푸르은' 솔아"나 "저 들에 '푸르은' 솔잎을 보라"처럼 소리를 내야 올바릅니다. 다만, '푸르은' 처럼 소리를 내더라도, 글로 적을 적에는 '푸른'입니다.

(보 기 글)---

● 하늘은 날마다 맑고 푸르러요
→ 하늘은 날마다 맑고 파라요

『장화가 나빠』(오이시 마코토 지음, 햇살과나무꾼 옮김, 논장, 2005년) 50쪽

● 거기는 푸르른 풀밭 (⋯) 그 개는 무리에서 벗어나 달리기 시작해. 푸르른 풀밭 위를 다리가 엉길 만큼
→ 거기는 푸른 풀밭 (⋯) 그 개는 무리에서 벗어나 달려. 푸른 풀밭을 다리가 엉길 만큼

『오늘 하루』(이토 히로미 지음, 노경아 옮김, 보누스, 2015년) 54, 55쪽

※ 2016년 1월부터 국립국어원에서는 '푸르르다'를 한국말사전에 올림말로 실어요. 그동안 '푸르르다'는 '푸르다'를 잘못 적은 말로 다루었으나 이제는 "'푸르다'를 힘주어 나타내는 말"로 다루는 셈이지요. 표준말을 살피는 국립국어원이 한결 넉넉한 마음이 되어서 표준말을 더욱 넓게 받아들이는 모습으로 여길 수 있을 테고, 표준말은 때에 따라서 얼마든지 바뀔 수 있다는 모습으로 여길 수 있습니다. 그런데 여기에서 더 살펴볼 만한 대목이 있어요. 이제부터 '푸르르다'도 표준말이 되었으니 마음껏 쓰자고 하는 생각에서 그치지 말고, '푸르다'를 더 재미나게 살려서 쓰는 길을 헤아려 볼 만해요.
곰곰이 헤아린다면, '푸르르다'가 한국말사전에 올림말로 실리지 않았어도 사람들은 "푸르르르른 물풀!"이라는 말놀이를 하면서 노래를 불렀습니다. 그러니까 '누르다'도 '누르르다'나 '누르르르르다'처럼 재미있게 꾸며서 쓸 수 있겠지요.

2

토씨 · 씨끝

조사 · 어미

–께 / –께서: 글말로 웃어른을 높일 적에 '–께'

> 어머니께 이야기해 보자
> → 어머니한테 이야기해 보자

아이가 어른을 높이면서 '–한테 / –에게'가 아닌 '–께'를 붙일 수 있습니다. 어른과 어른 사이에서도 맞은편 어른을 높이려고 '–께'를 붙일 수 있어요. 그런데, '어머니께' 같은 말마디는 올바르지 않습니다. 한집 사람인 어머니는 그냥 '어머니'이고, 아버지도 그냥 '아버지'입니다. 한집 사람한테는 따로 '님'을 붙이지 않아요. 이와 달리, 동무네 어머니라면, '어머님'이나 '아버님'처럼 씁니다. 그래서, '우리 어머니'한테 편지를 쓸 적에 "어머니께 편지를 보냈던"처럼 써도 말법으로는 아주 틀린 말은 아니지만, 말삶으로 헤아리면 알맞지 않아요. 어머니와 아버지가 받도록 보내는 편지라면 "어머니한테 편지를 보냈던"처럼 적을 때에 가장 똑바르다고 할 수 있습니다.

> 선생님께서 주신 책이에요
> → 선생님이 주신 책이에요

가만히 보면, 학교에서는 흔히 "선생님께 드려라"라든지 "부모님께 갖다 드려라"처럼 말합니다. 높이려는 뜻에서 '–께'를 붙일 만합니다. 틀린 말씨는 아닙니다. 그렇지만, 학교에서도 '–한테 / –에게'를 써야 알맞습니다. '–께'는 여느 때에 좀처럼 가까이하기 어려운 사람을 높이려고 할 때에 붙입니다. 여느 때에 늘 가까이 어울리거나 함께 있는 사람이라면 웃어른이라 하더라도 예부터 흔히 '–한테'만 붙입니다. 여느 때에 늘 가까이 어울리거나 함께 있는 사람이지만, 쉽게 꺼내기 어려운 말을 꺼내려 할 적에 비로소 '-께'를 붙이곤 합니다.

보 기 글 --

- 잡담을 뒤로하고 선생님께 관심을 집중시켰다
→ 수다를 그치고 선생님한테 눈길을 모았다

『채지민 지음, 내 안의 자유』(사계절, 1999년) 58쪽

- 예전에 제가 한국에 오기 전, 엄마 혼자 한국에 와서 일을 하고 계실 때 엄마께 편지를 보냈던 일이 생각나요
→ 예전에 제가 한국에 오기 앞서, 어머니 혼자 한국에 와서 일을 하실 때 어머니한테 편지를 보냈던 일이 생각나요

『박채란 지음, 국경 없는 마을』(서해문집, 2004년) 127쪽

※ '-께'와 '-께서'는 입으로는 잘 안 쓰는 말투입니다. 웃어른한테 글월을 올릴 적에 붙이는 토씨(조사)라고 할 만합니다. 어머니가 아이한테 하는 말씨도, "자, 할아버지께 드리렴"보다는 "자, 할아버지한테 드리렴"이 한결 자주 나타납니다.

지난날에는 사람들이 글이 아닌 말로만 살았기에 '-께'나 '-께서'를 쓰는 일은 매우 드물었다고 할 만합니다. 이와 달리 요즈음은 글로 이루어지는 삶이 널리 퍼집니다. 그래서, "대통령께 드리는 편지"라든지 "선생님께 띄우는 글"처럼, 글을 쓰는 자리에서는 '-께'를 써 버릇하고, 입에서도 '-께'나 '-께서'가 나타나곤 합니다.

'-께'나 '-께서'를 붙이려 한다면, "할머니께서 진지를 드신다"처럼, 다른 자리도 높임말로 가다듬습니다. 그리고, "할머니가 밥을 드신다"처럼 적어도 웃어른을 높이려는 뜻은 그대로 흐릅니다.

어머니나 아버지하고 얽힌 이야기를 하면서 '-께'나 '-께서'를 붙이려 한다면 '어머니께'나 '아버지께서'로 적어야 올바릅니다. '-께/-께서'를 붙이려 하면서 '엄마·아빠' 같은 '아기 말'을 쓰면 도무지 어울리지 않습니다.

-께로 / -에게로 / -한테로:
'-로'를 붙이니 일본 말투가 되네

> 갑자기 모두의 관심이 나에게로 쏟아졌다
> → 갑자기 모든 눈길이 나에게 쏟아졌다
> 책임은 그 둘에게로 돌아갔다
> → 책임은 그 둘에게 돌아갔다
> 그 책임이 누구한테로 돌아갈까
> → 그 책임이 누구한테 돌아갈까

한국말에는 '-께+ -로'라는 토씨(조사)는 없습니다. '-께'면 '-께'이고, '-로'면 '-로'일 뿐입니다. '-한테 / -에게'를 높이려는 뜻이라면 '-께'를 붙여서 "하느님께 가세요"처럼 쓰면 됩니다. 그런데, 높이는 자리에 '-께'를 쓴다고 하더라도 우리는 으레 '-한테'를 널리 씁니다. 아이한테 "할아버지한테 가 보렴"처럼 흔히 말해요.

종교에서는 '높으신 하느님'을 섬기면서 '-한테 / -에게'는 거의 안 쓰고 으레 '-께'만 씁니다. 그러면, 이 토씨 '-께'를 알맞게 쓰면 됩니다. '-께로'처럼 엉뚱한 토씨를 억지로 꾸며서 쓰지 않아도 됩니다.

'-에게로'라는 토씨는 '-에게+ -로'로 엮었다고 합니다. 한국말 사전에 이 토씨가 올림말로 나오기도 하고, 여러 가지 보기글도 나옵니다. 이 토씨는 적잖은 사람들이 쓴 글을 거쳐서 널리 퍼집니다. 대중노래에서도 이 토씨를 흔히 붙이고, 시나 소설에서도 이 토씨를 퍽 자주 씁니다. 그러나 '-에게 / -한테'에 붙인 '-로'는 모두 군더더기입니다. "너에게로 가는 길"이 아니라 "너에게 가는 길"입니다. '-께로 / -에게로 / -한테로'는 모두 일본 말투입니다.

● 당신이 제 아들을 당신께로 불러 가셨음을
→ 하느님이 제 아들을 하느님께 데려가셨음을

『홀로 하나님과 함께』(야누슈 코르착 지음, 송순재·김신애 옮김, 내일을여는책, 2001년) 48쪽

● 태백산 골짜기 / 할아버지에게로 / 팔려 넘어갔다
→ 태백산 골짜기 / 할아버지에게 / 팔려 넘어갔다

『태백산 품 속에서』(김녹촌 지음, 웅진, 1985년) 20쪽

● 시선은 여전히 소년에게로 돌리지 않는다
→ 눈길은 아직 소년한테 돌리지 않는다

『안녕 기요시코』(시게마츠 기요시 지음, 오유리 옮김, 양철북, 2003년) 198쪽

● 여러 경로를 통하여 먹이사슬 꼭대기에 위치한 사람에게로 모이게 된다. 나중에는
모유에 농축되어 태반을 거쳐 태아에게도 건너간다
→ 여러 길을 거쳐 먹이사슬 꼭대기에 있는 사람한테 모인다. 나중에는 어미젖에 쌓여
태반을 거쳐 뱃속 아기한테도 건너간다

『똥 살리기 땅 살리기』(조셉 젠킨스 지음, 이재성 옮김, 녹색평론사, 2004년) 22쪽

● 비단 제국의 소유주들에게로 갈 뿐 아니라
→ 그저 제국 소유주들한테 갈 뿐 아니라

『디지털 디스커넥트』(로버트 맥체스니 지음, 전규찬 옮김, 삼천리, 2014년) 245쪽

✿ **–들: 여럿이 있어도 '–들'을 굳이 안 붙이네**

> 빵들을 많이 먹었다 → 빵을 많이 먹었다
> 놀이기구들을 많이 탔다 → 놀이기구를 많이 탔다
> 책들을 많이 읽었네 → 책을 많이 읽었네

'–들'을 붙인다고 해서 잘못 쓰는 말은 아닙니다. 다만, 한국 사람은 한국말을 하며 '–들'을 잘 안 붙입니다. 여럿을 또렷이 밝히거나 가리키려고 할 때가 아니면, 굳이 '–들'을 붙이지 않습니다. 이를테면, "길에 사람이 많구나"처럼 말하기도 하고, "길에 사람들이 많구나"처럼 말하기도 합니다만, "숲에 나무가 많다"라고만 하는 한국말입니다. "숲에 나무들이 많다"처럼 말하지 않아요. "바다에 고기가 많다"라고만 하는 한국말이에요. "바다에 고기들이 많다"처럼 말하지 않습니다. "하늘에 구름이 많구나"처럼 말하지, "하늘에 구름들이 많구나"처럼 말하지 않습니다. "별이 많구나"처럼 말하고, 굳이 '별들'이라고 하지 않아요. "고기를 많이 낚았네"처럼 말하지 "고기들을 많이 낚았네"처럼 말하지 않습니다. '비들'이나 '눈들'이라 하지 않으며 '바람들'이라 하지 않아요.

벌레한테 목숨앗이가 될 새가 사라진다면, "새가 사라졌다"고 하지, "새들이 사라졌다"고 하지 않아요. 가을에 가랑잎이 떨어질 적에 "잎이 떨어진다"고 하지 "잎들이 떨어진다"고 하지 않습니다. 머리숱이 많은 사람을 보고 "머리카락이 많다"고 말할 뿐, "머리카락들이 많다"고 말하지 않습니다. 노래를 부르는 사람은 "오늘은 노래를 많이 불렀어요"처럼 말할 뿐, "오늘은 노래들을 많이 불렀어요"처럼 말하지 않아요.

서양말에서는 복수(겹셈)를 나타낼 적에 따로 복수 꼴로 쓰지만, 한국말에서는 여럿을 나타낼 적에도 복수로 잘 안 쓴다는 대목을 잘 헤아려서, 꼭 붙여야 할 자리에만 붙일 수 있어야 합니다.

보 기 글 --

● 자기네 실천들에서 복음과 신앙을 생활화하는 그리스도 신자들은

→ 자기네 실천에서 복음과 신앙을 삶으로 녹이는 그리스도 신자는

『해방신학 입문』(보프 지음, 김수복 옮김, 한마당, 1987년) 22쪽

● 여름이면 마당 가득 풀들이 우거지고 (…) 나를 떠나간 세상의 얼굴들을 떠올렸고, 그때 혹여 뜨거운 것들이 누선을 타고 흐르기도 했던가

→ 여름이면 마당 가득 풀이 우거지고 (…) 나를 떠나간 얼굴을 떠올렸고, 그때 어쩌면 뜨거운 것이 눈물샘을 타고 흐르기도 했던가

『나비가 날아간 자리』(박남준 지음, 광개토, 2001년) 53쪽

● 예초기로 풀들을 사정없이 쓰러뜨린다

→ 예초기로 풀을 매몰차게 쓰러뜨린다

『나무』(김용택 지음, 창작과비평사, 2002년) 67쪽

● 새들의 번식지가 없어지고 천적들이 사라지자 해충들이 급격히 번식했다.

→ 새가 깃들 곳이 없어지고 목숨앗이가 사라지자 벌레가 엄청나게 늘었다.

『녹색 시민 구보 씨의 하루』(앨런 테인 더닝·존 라이언 지음, 고문영 옮김, 그물코, 2002년) 17쪽

● 민영화와 기업화에 관한 〈힘의 정치〉가 그 글들인데

→ 민영화와 기업화를 다룬 〈힘의 정치〉가 그 글인데

『9월이여 오라』(아룬다티 로이 지음, 박혜영 옮김, 녹색평론사, 2004년) 27쪽

● 원래 피들은 사람들이 가꾸는 곡식이었다

→ 워낙에 피는 사람이 가꾸는 곡식이었다

『야생초 밥상』(이상권 지음, 다산책방, 2015년) 173쪽

-로부터 / -으로부터:
'나로부터' 가지 않고 '나부터' 간다

'-로부터 / -으로부터'라는 토씨(조사)는 한국말에 없습니다. '-로+ -부터'라고 하지만, 이러한 토씨를 한국 사람이 쓸 일이란 없습니다. 그러나, 국립국어원『표준국어대사전』에는 이 토씨가 올림말로 나옵니다. 보기글도 몇 가지 나와요.

> 아버지로부터 편지가 왔다 → 아버지한테서 편지가 왔다
> 마차로부터 고속 전철까지 → 마차에서 고속 전철까지
> 그곳으로부터 십 리 밖의 거리 → 그곳에서 십 리 밖 거리
> 시험으로부터 해방되다 → 시험에서 풀려나다

편지를 받거나 이야기를 들었다면 '(누구)한테서 / 에게서' 편지를 받거나 이야기를 들었다고 적어야 올바릅니다. 무엇을 배울 적에도 "아버지한테서 배웠어요"라든지 "언니에게서 배웠어요"처럼 '-한테서 / -에게서'를 붙입니다. 말이 나온 자리를 살필 적에도 "누구한테서 나온 말인지 알아보다"처럼 써야 올발라요.

한편, '-에서'라는 토씨를 넣어야 할 자리에 '-로부터 / -으로부터'가 끼어들기도 합니다. 섣부른 번역 말투입니다. 국립국어원에서는 '번역 말투'라고 하더라도 '사람들이 널리 써서 퍼지'면, 이 또한 '새로운 한국말'이라고 여깁니다. 이를 놓고 '사회성'이라 하는데, 이는 사회성이라고 하기 어렵습니다. 왜냐하면, 학교와 언론과 책이 이러한 번역 말투를 자꾸 쓰고 퍼뜨려서, 사람들이 어쩔 수 없이 길든 말투이기 때문입니다. 학교와 언론과 책은

이 같은 번역 말투를 한국말로 올바로 가다듬으려고 애쓴 적이 없다시피 합니다. 이제라도 한국말이 제 길을 찾도록 학교와 언론과 책이 모두 마음을 기울여야 한다고 느낍니다.

보 기 글 --

- 지금으로부터 5년 전인 72년
→ 올해로 다섯 해 앞서인 지난 1972년

『현실과 이상』(송건호 지음, 정우사, 1979년) 259쪽

- 그 편지는 지방에 있는 국민학교 선생님으로부터 보내진 것으로, 전에도 몇 번 서로 교신의 기회를 가졌던 분이다
→ 그 편지는 시골에 있는 국민학교 선생님이 보내셨고, 예전에도 몇 번 서로 편지를 주고받으셨던 분이다

『책사랑 33년』(여승구 지음, 한국출판판매주식회사, 1988년) 128쪽

- 그로부터 봄까지 얀은 더 튼튼해졌고
→ 그때부터 봄까지 얀은 더 튼튼해졌고

『작은 인디언의 숲』(시튼 지음, 햇살과나무꾼 옮김, 두레, 1999년) 67쪽

- 자족으로부터 드높은 행복이 찾아온다
→ 스스로 넉넉해야 삶이 매우 즐겁다

『자발적 가난』(슈마허 지음, 이덕임 옮김, 그물코, 2003년) 172쪽

- 문자로부터 소외된 사람들과의 연대
→ 글을 못 누리는 사람과 어깨동무하고

『발바닥 내 발바닥』(김곰치 지음, 녹색평론사, 2005년) 259쪽

- 예로부터 수천 년 동안 변하지 않고 꿋꿋이
→ 예부터 수천 해 동안 바뀌지 않고 꿋꿋이

『산티아고 거룩한 바보들의 길』(리 호이나키 지음, 김병순 옮김, 달팽이, 2010년) 76쪽

-ㅁ과 동시에 / -와(과) 동시에:
쓸수록 딱딱해지는 말투 '동시에'

어머니가 됨과 동시에 어른이 된다
→ 어머니가 되면서 어른이 된다
→ 어머니가 되고 어른이 된다
→ 어머니가 될 뿐 아니라 어른이 된다
개봉과 동시에 책도 발간한다
→ 개봉하면서 책도 함께 낸다
→ 영화가 나오면서 책도 함께 나온다
→ 영화와 책이 함께 나온다

'-ㅁ과 동시에' 꼴을 보면, 앞말과 뒷말을 부드럽게 잇지 않고, 앞말을 억지로 이름씨꼴(명사형)로 끝맺습니다. 이는 번역 말투라 할 텐데, 번역 말투와 일본 말투가 섞인 말투라고도 할 만합니다. 이름씨(명사)를 '-와/-과 동시에' 꼴로 이을 적에도 똑같이 번역 말투입니다.

한국 사람은 예부터 이런 말투로 말을 한 적이 없습니다. 이 말투는 일제 강점기 언저리부터 한국말에 스며들었습니다. 학교에서 영어를 가르칠 적에 '직역'으로 들려주면서 이러한 말투를 자꾸 쓰고 맙니다.

한자말 '동시(同時)'는 "같은 때"를 뜻합니다. '-ㅁ과 동시에'는 '-ㅁ과 같은 때에'나 '-ㅁ과 함께'를 가리킵니다. 그런데 '-ㅁ과 동시에'를 '-ㅁ과 함께'로 손질하더라도 어설픈 말투입니다. "독서와 동시에 휴식을 즐긴다"를 "독서와 함께 휴식을 즐긴다"로 손질해도 번역 말투예요. 한국 말투가 되도록 하자면 "독서하면서 휴식을 즐긴다"나 "책을 읽으면서 즐겁게 쉰다"처럼 더 손질해야 합니다.

　한국말은 이름씨꼴로 억지로 묶지 않습니다. 한국말은 마치 물이 흐르듯이 부드럽게 이어지도록 합니다.

보 기 글 --

● 수행 중의 불타의 소식을 전해 주는 많지 않은 설화 중의 하나임과 동시에 불타의 출신인 사캬 족에 관한
→ 수행을 하던 불타 이야기를 들려주는 많지 않은 설화 가운데 하나이면서, 불타를 낳은 사캬 족에 얽힌

　　　　　　　　　　　『불교경전입문』(불교연구회 지음, 지양사, 1986년) 21쪽

● 성인이 된 어니스트 스윈턴은 장교가 됨과 동시에 전쟁 역사학자가 되었다
→ 어른이 된 어니스트 스윈턴은 장교가 되면서 전쟁 역사학자도 되었다

　　　　　　　　　『파괴를 위한 과학: 무기』(제이슨 리치 지음, 전대호 옮김, 지호, 2002년) 114쪽

● 사회적 불안을 해소함과 동시에
→ 사회 불안을 풀어 주면서

　　　　　　『왜 지금 한나 아렌트를 읽어야 하는가』(나카마사 마사키 지음, 김경원 옮김, 갈라파고스, 2015년) 56쪽

● 출산과 동시에 육아가 시작된다
→ 출산하면서 육아를 함께 한다
→ 아기를 낳으면서 아기 돌보기도 함께 한다

● 2학년으로 오름과 동시에 누나가 된다
→ 2학년으로 오르면서 누나가 된다
→ 2학년으로 오르니 누나도 된다

-ㅁ에 따라 / -함에 따라:
손보아 써야 할 낯선 말투 '-에 따라'

먹음에 따라 → 먹으면서 / 먹자

입음에 따라 → 입으면서 / 입자

경청함에 따라 → 귀여겨들으면서 / 귀담아들으면서

주시함에 따라 → 지켜보면서 / 살펴보면서

생각함에 따라 → 생각하면서 / 생각하자

사랑함에 따라 → 사랑하면서 / 사랑하자

외국말을 한국말로 옮기면서 생긴 수많은 번역 말투 가운데 하나인 '-ㅁ에 따라 / -함에 따라'입니다. "나이를 먹자"나 "나이를 먹으면서"로 써야 올바른데, "나이를 먹음에 따라"처럼 얄궂게 쓰고, "서로 사랑하면서 미움이 사라졌다"나 "서로 사랑하자 미움이 사라졌다"처럼 써야 알맞지만, "서로 사랑함에 따라 미움이 사라졌다"처럼 잘못 씁니다.

번역 말투는 한국말이나 한국 말투가 아닙니다. 이런 말투는 낯섭니다. 낯설면서 한국말과 안 어울립니다. 그런데, 어떤 사람은 '낯선 외국말'이나 '낯선 번역 말투'를 '새롭다'고 여깁니다. 그래서, 이 번역 말투를 쓰면 '마치 새로운 한국말을 쓸 수 있는' 듯이 여깁니다.

새로운 말투는 '외국 말투'를 흉내 내거나 '번역 말투'를 아무렇게나 쓴다고 해서 태어나지 않습니다. 새로운 말투는, 말 그대로 마음 깊이 새로운 숨결로 새로운 생각을 들려줄 때에 태어납니다.

새롭게 거듭난 사람을 보면 잘 알 수 있습니다. 사람은 늘 그대로이지만, 마음을 스스로 새롭게 바꾸어서 생각을 스스로 새롭게 짓기에 새로운 사람으로 거듭나요. 옷을 바꿔 입기에 새로운 사람이 되지 않아요. 번역 말투가 '새로운 말투'라도 되는 듯이 잘못 생각하는 일이 없기를 빕니다. 번역 말투를 아무리 받아들여서 써도 한국말은 발돋움할 수 없다는 대목을 깨닫기를 빕니다. 한국말이 발돋움하거나 새롭게 거듭나려면, 한국말에 담는 넋을 슬기롭게 빚고 가꾸면서 보듬어야 합니다.

보기글 --

- 사랑에 빠진 자동차 구매자들이 자동차에 부정적인 이야기를 계속 무시함에 따라, 1920년대는 미국에서 특히 거셌던 자동차 붐으로 인해 수백만 대의 새로운 내연기관이 포효하는 소리로 들끓었다
→ 자동차와 사랑에 빠진 사람들이 자동차와 얽힌 궂은 이야기에 아예 귀를 닫자, 1920년대는 미국에서 더욱 거셌던 자동차 바람이 불어 수백만 대나 되는 새로운 내연 기관이 내뿜는 소리로 들끓었다

『당신의 차와 이혼하라』(케이티 앨버드 지음, 박웅희 옮김, 돌베개, 2004년) 38쪽

- 2개의 큰 섬과 89개의 작은 섬으로 이루어짐에 따라
→ 큰 섬 두 곳과 작은 섬 여든아홉 곳으로 이루어졌으니
→ 큰 섬 두 군데와 작은 섬 여든아홉 군데가 있으니

- 얼마나 잘 실천함에 따라 달라진다
→ 얼마나 잘 실천하느냐에 따라 달라진다
→ 얼마나 잘하느냐에 따라 달라진다

-ㅁ으로써:
'말함으로써'보다 '말하면서'가 매끄러워요

이 자료에 의해 뒷받침됨으로써
→ 이 자료로 뒷받침되니
→ 이 자료가 뒷받침하니
우리의 소득을 향상시킴으로써
→ 우리 소득을 향상시키면서
→ 우리 소득을 향상시켜서
→ 우리 소득을 늘려 주면서
→ 우리 소득을 늘리면서

'-로써/-으로써'는 '-으로'를 힘주어서 말하려 할 적에 씁니다. "콩으로 메주를 쑨다"를 "콩으로써 메주를 쑨다"처럼 말하고, "이런 생각으로 한 일"을 "이런 생각으로써 한 일"처럼 말하며, "오늘로 닷새째이다"를 "오늘로써 닷새째이다"처럼 말해요.

그런데, 이름씨꼴(명사형)로 앞말을 끝맺으면서 '-ㅁ으로써'를 붙이는 사람이 차츰 늘어납니다. 잘못 쓰는 말투입니다. 이 말투가 쓰이는 자리를 보면 '서'가 아닌 '써'를 붙이면서 어쩐지 힘주어 말한다는 느낌을 나타내려 했구나 싶습니다만, '-으로서'와 '-으로써'는 쓰는 자리가 달라요. '-으로서'는 "사람으로서 하는 일"이나 "학생으로서 지킬 일"처럼 '사람'이 어떤 자리에 서서 무엇을 하느냐 하는 대목을 밝힙니다. '-으로써'는 어떤 것(사물)을 어떻게 다루려 하느냐 하는 대목을 밝혀요.

'써'는 '서'를 힘주어서 쓰는 말투가 아닙니다. 이 대목을 잊은 채 '발언함

으로써'나 '생각함으로써'나 '늦음으로써'나 '실패함으로써'처럼 쓰는 말투
는 올바르지 않아요. '말하면서'나 '생각하면서'나 '늦으면서'나 '실패하면서'
로 바로잡아야 합니다.

보기글 --

● 체제의 지배자 측도 교육 통제를 강화함으로써
→ 체제 지배자 쪽도 교육을 더 단단히 통제하면서

『교육사상사』(야나기 히사오 지음, 임상희 옮김, 백산서당, 1985년) 19쪽

● 사람의 눈이 눈동자를 열고 닫음으로써 빛의 감도를 조절하는 것과 같이, 뱀의 피
트 기관도 감도를 조절할 수 있는 기능을 갖추고 있다
→ 사람 눈이 눈동자를 열고 닫으면서 빛을 맞추듯이, 뱀도 피트 기관으로 빛을 맞출
수 있다

『뱀』(백남극·심재한 지음, 지성사, 1999년) 35쪽

● 진보의 미래 비전이라도 되는 양 떠들어댐으로써
→ 진보가 앞으로 갈 길이라도 되는 양 떠들어대면서

『B급 좌파』(김규항 지음, 야간비행, 2001년) 151쪽

● 부드러운 잎 속에 단단한 실 줄기를 함께 갖고 있음으로써
→ 부드러운 잎에 단단한 실 줄기가 함께 있기에

『풀들의 전략』(이나가키 히데히로 지음, 최성현 옮김, 도솔오두막, 2006년) 23쪽

● 고조된 기분을 안겨 줌으로써
→ 들뜬 느낌이 들게 하면서

『평행 현실, 양자 장의 요동』(람타 지음, 손민서 옮김, 아이커넥, 2014년) 82쪽

● 사람의 몸에 개입하는 수단으로 사용함으로써
→ 사람 몸에 끼어드는 수단으로 쓰면서

『공기, 신비롭고 위험한』(피터 에디 지음, 임지원 옮김, 반니, 2015년) 175쪽

보다: 어찌씨로 쓰이지 않는 말 '-보다'

보다 높게 → 더 높게
보다 빠르게 → 더 빠르게
보다 나아지려는 → 더 나아지려는

'보다'는 토씨(조사)입니다. "네가 나보다 빠르구나"라든지 "내가 너보다 크구나"라든지 "우리가 너희보다 세구나"처럼 쓰는 '보다'입니다. 그런데 요즈음에는 '보다'를 토씨가 아닌 어찌씨(부사)로 엉뚱하게 쓰는 일이 퍽 잦습니다. 왜 이런 엉터리 말투가 퍼지는가 하고 고개를 갸우뚱했더니, 국립국어원에서 엮은 『표준국어대사전』에 '보다'가 올림말로 나옵니다. 북녘에서 펴내는 『조선말 대사전』도 '보다'를 올림말로 싣습니다.

[보다] 어떤 수준에 비하여 한층 더.

1988년에 한국에서 올림픽을 치른다면서 한창 들뜨던 무렵에 '보다'를 엉터리로 쓰는 말투가 확 퍼졌다고 느낍니다. 그 무렵 학교나 길거리마다 "보다 빠르게 보다 높이 보다 힘차게" 같은 글월을 나무판에 큼직하게 써서 붙이곤 했습니다. 과자 봉지에도 이런 글월이 찍혀서 나왔고, 방송에서도 이런 말을 끝없이 되풀이했어요.

한국말에서 뒷말을 꾸미는 노릇은 '더'가 합니다. '보다'는 앞말에 붙여서 씁니다. '더'라는 낱말 말고도 '더욱'이 있으며, '더더욱'이나 '더욱더' 같은 낱말이 있습니다. 나라에서 엉터리 말투를 퍼뜨리고 말았어도, 우리는 언제나 슬기롭고 아름다운 넋을 튼튼하게 지키면서, 우리가 쓰는 말과 글도 슬기롭고 아름답게 가꿀 수 있기를 바랍니다.

보 기 글--

● 이러한 살인적인 저임금과 말할 수조차 없이 나쁜 근로 조건을 개선해, 보다 인간
   다운 대접을 받고자 하는 몇몇 사람들의 움직임이
→ 이렇게 끔찍이 낮은 일삯과 말할 수조차 없이 나쁜 일터를 고쳐서, 조금이나마 사
   람답게 대접을 받고자 하는 몇몇 사람들 움직임이

『뛰는 맥박도 뜨거운 피도』(편집부 엮음, 미래사, 1985년) 17쪽

● 생활 교육은 보다 근본적으로 인간 해방의 교육인 것이다
→ 삶 교육은 모름지기 사람 살리기 교육이다

『교육사상사』(야나기 히사오 지음, 임상희 옮김, 백산서당, 1985년) 22쪽

※ '더'를 넣을 자리에 '보다'를 쓰다 보니, '보다'는 차츰 쓰임새를 넓힙니다. 그래서 '조금이나마'
   라든지 '모름지기' 같은 낱말을 넣을 자리에까지 스멀스멀 끼어들고 맙니다.

● 보다 바람직한 시나리오는 현명하고 인도적인 경제 및 사회 정책에 의해 인구가 안
   정되는 것이다
→ 더 바람직한 그림은, 슬기롭고 아름다운 경제 · 사회 정책으로 인구가 제자리를 잡
   는 길이다

『맬서스를 넘어서』(레스터 브라운 지음, 이상훈 옮김, 따님, 2000년) 24쪽

● 질 좋은 초콜릿을 보다 저렴한 가격으로 즐길
→ 질 좋은 초콜릿을 더 싼 값으로 즐길
→ 질 좋은 초콜릿을 더 값싸게 즐길

『스위스 방명록』(노시내 지음, 마티, 2015년) 416쪽

뿐: 글 첫머리에 나올 수 없는 말 '-뿐'

뿐만 아니라
　→ 이뿐만 아니라
　→ 그뿐만 아니라
　→ 그럴 뿐만 아니라

'뿐'은 매인 이름씨(의존 명사)이거나 토씨(조사)입니다. '뿐'은 이음씨(접속 부사)가 아닙니다. 그래서 이 보기글처럼 글 첫머리에 나올 수 없습니다. 다른 낱말이 앞에 나와야 비로소 '뿐'이 나올 수 있습니다.

먼저 '뿐'은 "밥을 먹었을 뿐이에요"라든지 "가만히 있었다 뿐이지"라든지 "내 가슴에는 사랑이 있을 뿐입니다"처럼 쓰는 낱말입니다. 다음으로 '뿐'은 "내가 가진 돈은 이것뿐이에요"라든지 "이 책뿐 아니라 저 책도 재미있어요"라든지 "네 머릿속에는 놀 생각뿐이로구나"처럼 쓰는 낱말이지요. "뿐만 아니라"라든지 "뿐 아니라"처럼 글 첫머리에 쓰지 못합니다.

글 첫머리를 열자면 "이뿐 아니라"나 "그뿐 아니라"처럼 적어야 합니다. 또는, "이럴 뿐 아니라"나 "그럴 뿐 아니라"처럼 적든지요.

문학을 하는 이들뿐 아니라, 신문에 글을 쓰는 이들 모두 '뿐'을 올바르게 다룰 수 있기를 바랍니다. 오늘날 두루 퍼지는 글을 살피면, 문학과 신문에서 '뿐'을 너무 잘못 써서 아주 잘못 퍼뜨립니다.

- 저는 착한 시민이 되고 싶어요. 하지만 감옥에 갇히지는 않을 거예요. 뿐만 아니라, 나중에 이곳에 와서 여기 있는 사람 모두를 자유롭게 해 줄 거예요
→ 저는 착한 시민이 되고 싶어요. 그러나 감옥에 갇히지는 않겠어요. 이뿐만 아니라, 나중에 이곳에 와서 여기 있는 사람 모두를 풀어 주겠어요

『치폴리노의 모험』(잔니 로다리 지음, 이현경 옮김, 비룡소, 2007년) 8쪽

- 뿐만 아니라 그와 같은 주거 지역에 사는 사람들은
→ 이뿐만 아니라 그와 같은 곳에 사는 사람들은

『공기, 신비롭고 위험한』(피터 에디 지음, 임지원 옮김, 반니, 2015년) 209쪽

- 뿐더러 여러분은 그런 비굴 속에서 무엇이 되겠는가
→ 이뿐 아니라 여러분은 그렇게 비굴하면 무엇이 되겠는가

『인간 회복의 교육』(성내운 지음, 살림터, 2015년) 120쪽

✿ -었었- / -았었- : 우리말에 없는 말투 '-었었다'

> 작년만 해도 이 저수지에는 물고기가 많았었다
> → 지난해만 해도 이 못에는 물고기가 많았다
> 농구 선수로 활약한 저 선수는 왕년에 배구 선수이었었다
> → 농구 선수로 뛴 저 선수는 예전에 배구 선수였다
> 지난 대회에서 금메달을 땄었다
> → 지난 대회에서 금메달을 땄다

한국말 사전을 보면 '-었었-'을 올림말로 다룹니다. "현재와 비교하여 다르거나 단절되어 있는 과거의 사건을 나타내는 어미"라 하고, 이를 '대과거(大過去)'나 '중과거(重過去)'라고도 합니다.

그러나, 한국말에는 '-었었-'도 없고, '-았었-'도 없습니다. 이런 말을 쓰지 않고, 이런 말을 쓸 까닭이 없습니다. 서양말을 배우거나 서양 문법을 배운 사람이 한국말을 살피면서 '한국말 문법'을 세우려고 하면서 그만 서양 문법 틀에 한국말을 끼워 맞추느라 '-었었- / -았었-' 꼴을 억지로 만들었습니다.

한국말에는 토씨(조사)와 씨끝(어미)이 있습니다. 서양말에는 토씨와 씨끝이 없습니다. 한국말에서 그림씨(형용사)는 '방글방글'이나 '벙글벙글'이나 '방긋방긋'이나 '벙긋벙긋'처럼 말끝을 살짝 달리하거나 홀소리를 바꾸면서 느낌을 다르게 나타냅니다. 그러나 서양말은 이렇게 못 써요.

나라마다 말이 다르기에 말법이 다릅니다. 서양 문법에서는 대과거이든 중과거이든 쓸 수 있겠지요. 그렇지만 한국말에서는 이렇게 쓸 일이 없었으며, 쓸 까닭이 없었어요.

말장난을 하거나 뜻을 힘주어 나타내려 한다면, "들었었었었었어"나 "들
어어어었어"처럼 말할 수 있어요. "너무너무너무너무너무 싫어"나 "너어어
어어무 싫어"처럼 말하듯이, 같은 말을 잇달아 적을 수 있어요. 이처럼 쓰려
는 말투가 아니라면, '-었-'은 꼭 한 차례만 적습니다.

- -

● 언어에 관하여 나는 이렇게 이야기하는 것을 들었었다
→ 말을 두고 이렇게 이야기하는 소리를 들었다
→ 말은 이러하다고 하는 이야기를 들었다

『반달의 노래』(今村秀子 지음, 오영원 옮김, 삼화인쇄출판사, 1978년) 18쪽

● 작은 냄비로 얼마 전까지만 해도 라면을 끓여 먹었었다
→ 작은 냄비로 얼마 앞서까지만 해도 라면을 끓여 먹었다

『책과 인생』(범우사) 1995년 5월호 35쪽

● 어제까지만 해도 아무 사고 없이 그 사실을 증명해 주었었다. 모든 사람들이 믿었
었다
→ 어제까지만 해도 아무 말썽 없이 이를 밝혀 주었다. 모든 사람이 믿었다

『체르노빌의 아이들』(히로세 다카시 지음, 육후연 옮김, 프로메테우스출판사, 2006년) 13쪽

● 심장이 멎었었는데 지금은 매우 건강하시다
→ 심장이 멎었는데 이제는 매우 튼튼하시다

『하루를 마치며 읽고 싶은 책』(나치 미사코 지음, 한나리 옮김, 시공사, 2012년) 27쪽

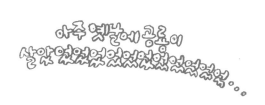

✿ -에로: '-에'와 '-로'는 붙여서 쓰지 않아요

사랑에로 가는 길

→ 사랑으로 가는 길

희망에로의 길

→ 희망으로 가는 길

→ 희망에 닿는 길

'-에로'라는 토씨(조사)는 한국말에 없습니다. 그러나 일본말에는 있습니다. 다시 말하자면, '-에+ -로' 꼴로 쓰는 '-에로'는 일본 말투인 셈입니다. 국립국어원에서 펴낸 『표준국어대사전』은 '-에로'를 올림말로 다루면서 "격을 나타내는 대상과 관련된 말에 붙는 조사. 격 조사 '에'가 위치를 나타낼 때 거기에 방향성을 주기 위하여 부사격 조사 '로'와 결합한 것이다"처럼 풀이하지만, 이렇게 올림말로 다루어 풀이할 까닭이 없습니다. 한국말이 아니기 때문입니다.

한국말 토씨 '-에'나 '-로'는 저마다 "위치+방향성"을 함께 나타낼 수 있습니다. 두 가지 토씨는 하나만 따로 쓰더라도 "위치+방향성"을 얼마든지 나타내요. 이는 한국말 사전에서 '-에'나 '-로'를 다룬 말풀이를 살펴보아도 알 수 있습니다. 그리고, "먼 나라에로 날려" 같은 글월을 "먼 나라에 날려"나 "먼 나라로 날려"로 손질해 보아도 알 수 있어요.

토씨 '-에'와 '-로'를 외따로 쓸 적에 뜻이나 느낌이 넓지 않았다면, 한국 사람은 먼 옛날부터 두 가지 토씨를 붙여서 썼을 테지요. 그러나, 한국 사람은 아스라이 먼 옛날부터 두 토씨를 따로 썼어요. 일본말에 길들거나 젖어들어 엉뚱한 토씨를 쓰는 일은 이제 말끔히 털어야겠습니다.

● 겨울은 가랑잎만 날리는 것인가! 결핵으로 지친 인간과 더불어 어디라도 좋으니 아주 먼 먼 나라에로 날려 주구려

→ 겨울은 가랑잎만 날리는가! 결핵으로 지친 사람과 더불어 어디라도 좋으니 아주 먼 먼 나라로 날려 주구려

『코쟁이네 세퍼트와 판돌이네 똥개』(권정생 지음, 물레, 1987년) 33쪽

● 어떤 것도 실제로 죽지 않는다. 다만 그 모양이 바뀔 따름이다. 죽음 이후의 변형은 다른 공간, 다른 시간에로의 이동이 아니다

→ 어떤 것도 참으로 죽지 않는다. 다만 모양이 바뀔 뿐이다. 죽은 뒤에는 다른 곳이나 다른 시간으로 가지 않는다

『우주 리듬을 타라』(디팩 초프라 지음, 이현주 옮김, 샨티, 2013년) 82쪽

※ '-에+ -로'가 일본 말투이듯이, '-에게+ -로'나 '-한테+ -로'나 '-께+ -로'도 모두 일본 말투입니다. 한국말은 한국말답게 쓸 때에 빛나면서 아름답습니다. 한국말을 제대로 추스르지 않으면, 다음에 드는 보기글처럼 일본 말투(-에게로)하고 번역 말투(애정을 갖고)가 섞인 말투를 함부로 쓰고 맙니다.

● 우리는 여전히 애정을 갖고 초서에게로 되돌아가야 한다

→ 우리는 한결같이 사랑으로 초서한테 되돌아가야 한다

『소로우의 강』(헨리 데이비드 소로우 지음, 윤규상 옮김, 갈라파고스, 2012년) 480쪽

-에 있어 / -에게 있어: 손질해야 할 일본 말투

국어사 시대 구분에 있어서의 제 문제
→ 국어사에서 시대를 가르는 여러 문제
인간에게 있어서 가장 중요한 것은 사랑이다
→ 사람한테 가장 중요한 것은 사랑이다
→ 사람한테는 사랑이 가장 중요하다

한국말 사전을 보면 '-에 있어 / -에게 있어'를 '있다'라는 낱말을 풀이할 적에 다룹니다. "앞에 오는 명사를 화제나 논의의 대상으로 삼은 상태를 나타내는 말. 문어적 표현으로, '에', '에게', '에서'의 뜻을 나타낸다"고 나와요. '문어적 표현'이란 '글에서만 쓰는 말씨'라는 뜻이고, 한국말 사전에도 나오듯이 '-에'나 '-에게'나 '-에서'를 뜻한다고 하는 '-에 있어 / -에게 있어'는 글 흐름을 살펴서 '-에'나 '-에게'나 '-에서'로 바로잡아야 올바릅니다.

'-에 있어 / -에게 있어'는 일본 말투입니다. 한국 말투가 아닙니다. 이런 일본 말투는 일제 강점기 언저리부터 한국말에 스며들었고, 일본 책을 한국말로 옮기던 지식인이 한국 말투로 제대로 가다듬지 못하거나 풀지 않은 탓에 자꾸 퍼지고 퍼져서, 이제는 돌이키기 아주 어려울 만큼 깊이 뿌리를 내렸다고 할 만합니다.

한국 말투로 수수하게 쓰면 됩니다. '문어적 표현'이 아니라 '아름다운 말씨'를 생각하고 '올바른 말결'을 헤아리며 '사랑스러운 말투'를 살필 줄 알면 됩니다. '-에'나 '-에게 / -한테'나 '-에서'뿐 아니라, '-이 / -가'를 넣어서 손질할 수도 있어요. 이를테면, "나한테 있어서 참다운 삶"이라면 "나한테 참다운 삶"을 비롯해서 "내가 참답게 일굴 삶"이나 "내가 참답게 걸어갈 삶"

이나 "내가 누릴 참다운 삶"처럼 손질할 만합니다.

보 기 글 -

● 어떤 사람들은, 김광섭에 있어서의 참다운 시는 병을 앓음으로써 지난날 김광섭 자
  신의 것이 아니었던 모든 교양과 위장과 작품에의 평범한 실험 등을 탈피한 최근의
  시집 『성북동 비둘기』(1969년)로써 평가되어야 한다고 말한다
→ 어떤 사람들은, 김광섭한테 참다운 시는 병을 앓으며 지난날 김광섭 것이 아니던
  모든 교양과 위장과 작품에 쏟은 수수한 실험 모두를 벗어난 요즈막 시집 『성북동
  비둘기』(1969년)로 바라보아야 한다고 말한다

『고여 있는 시와 움직이는 시』(조태일 지음, 전예원, 1980년) 111쪽

● 나에게 있어서는 가족 간의 사랑을 더 절실하게 느낄 수 있게 해 준 일종의 다리 같다
→ 나한테는 우리 식구 사이에 사랑을 더 깊이 느낄 수 있게 해 준 다리 같다

『엄마 힘들 땐 울어도 괜찮아』(김상복 지음, 21세기북스, 2004년) 86쪽

● 채마밭 가꾸기는 사람에게 있어 최상의 기쁨 중 하나이다
→ 텃밭 가꾸기는 사람한테 아주 기쁜 일 가운데 하나이다
→ 밭일을 하면 매우 기쁘다

『헬렌 니어링의 지혜의 말들』(헬렌 니어링 지음, 권도희 옮김, 씨앗을뿌리는사람, 2004년) 111쪽

※ "최상의 기쁨 중 하나"는 잘못 쓰는 번역 말투입니다. "사람을 무척 기쁘게 하는 일이다"나 "우
  리를 아주 기쁘게 한다"로 고쳐 쓸 수 있습니다.

–한(무엇): '–히'로 풀어쓰면 되는 '–한'

　　간단한 회의를 갖고
　　→ 간단히 회의를 하고
　　→ 짧게 회의를 하고
　　→ 살짝 모임을 하고
　　→ 가볍게 이야기를 하고

　회의나 모임은 "간단한 회의"나 "간단한 모임"으로 하지 않아요. 회의나 모임을 "간단히 한다"고 하거나 "짧게 한다"고 하거나 "가볍게 한다"고 하거나 "살짝 한다"고 해야 알맞습니다. 짧거나 가볍거나 살짝 회의나 모임을 한다면 "가볍게 이야기를 나눈다"거나 "몇 마디 이야기를 나눈다"고 할 만합니다.

　　충분한 조사를 하지 못하고
　　→ 충분히 조사를 하지 못하고
　　→ 넉넉히 살피지 못하고
　　→ 제대로 헤아리지 못하고
　　→ 더 꼼꼼히 돌아보지 못하고
　　→ 더 널리 알아보지 못하고

　'–히'로 적어야 할 자리에 '–한'으로 적으면 올바르지 않아요. 번역 말투입니다. 그러나, 이와 비슷한 꼴로 "충분한 연구를 거쳐서"라든지 "충분한 음식 섭취를 하다"처럼 쓰는 사람이 자꾸 늘어납니다. 이러한 말마디는 "충분히 연구를 해서"나 "충분히 음식 섭취를 하다"로 고쳐야 하는데, "연구를 꼼꼼히 해서"나 "밥을 넉넉히 먹다"로 더 손볼 수 있어요.

보 기 글--

● 이러한 목적과 의도에서 본 논문을 구상하였으나 여성 노동 문제나 노동 운동에 관련된 문헌이나 자료가 극히 희소하고 산재되어 있어 충분한 발굴을 하지 못하고

→ 이러한 생각과 뜻에서 이 논문을 쓰려 했으나 여성 노동이나 노동 운동을 다룬 책이나 자료가 매우 적고 그나마 흩어졌기에 제대로 찾아내지 못하고

『여성의 사회의식』(이효재 지음, 평민사, 1978년) 32쪽

● 현명한 에너지의 사용

→ 에너지를 슬기롭게 쓰기

『그린 디자인』(도로시 맥킨지 지음, 이경아 옮김, 도서출판 국제, 1996년) 13쪽

● 대책위 사무실 앞에서 간단한 기자 회견을 갖고 우리들은 넓은 땅을 가로질러 미군 부대 앞까지 걸어갔습니다

→ 대책위 사무실 앞에서 조촐히 기자 회견을 하고 우리는 넓은 땅을 가로질러 미군 부대 앞까지 걸어갔습니다

『사람사랑』(인권운동사랑방, 2005년) 124호, 9쪽

● 각별한 경계를 요하는 사고라고 할 수 있다

→ 각별히 경계해야 하는 생각이라고 할 수 있다

『한국 문학의 거짓말』(정문순 지음, 작가와비평, 2011년) 53쪽

ㅁ

일본 말투

 **땡땡이 ①:**
물방울무늬라면 '땡땡(点点)' 아닌 '방울'로 써요

'てんてん'이라는 일본말이 있습니다. 일본 사람은 '点点(點點)'이라는 한자를 '땡땡'으로 읽는다고 합니다. 이 일본말은 '점과 점'을 가리키는데, 동글동글한 무늬가 있는 모습을 나타낼 적에 흔히 씁니다. 한국에서는 흔히 '물방울'이라고 나타냅니다. 일본 사람은 "땡땡이 스커트"라 말하고, 한국 사람은 "물방울 치마"라 말합니다.

그런데, '빵꾸'나 '만땅'이라는 일본말처럼 '땡땡이'라는 일본말은 한국 사회에 널리 퍼졌습니다. 이런 일본말을 아무렇지 않게 아무 곳에나 쓰고 맙니다. 어린이책이나 대중 노래에도 '물방울'이 아닌 '땡땡이'라는 낱말이 버젓이 튀어나옵니다.

물방울은 동그랗습니다. 그래서 '방울이'나 '동글이' 같은 이름을 새롭게 쓸 수 있습니다. '방울방울'이나 '동글동글'이라고 해도 잘 어울립니다. 옷에 넣은 무늬라면 "물방울무늬"나 "방울 무늬"나 "동글 무늬"나 "동그라미 무늬"라고 할 만합니다.

보 기 글 --

● 외톨이 양말 중 하나는 보라색 물방울무늬가 있어 '땡땡이'라고 불렀습니다. 땡땡이의 짝꿍은 어느 날 세탁기를 향해 날아가다가
→ 외톨이 양말 가운데 하나는 보라빛 물방울무늬가 있어 '방울이'라고 했습니다. 방울이 짝꿍은 어느 날 세탁기로 날아가다가

『나보다 작은 형』(임정진 지음, 푸른숲, 2001년) 75쪽

땡땡이 ②:
우리말처럼 쓰이는 일본말 '땡땡이'와 '농땡이'

'물방울' 무늬를 '땡땡이(てんてん-)'라 잘못 말하기도 하지만, '빼먹다'나 '게으름 피우다'를 '땡땡이'라는 일본말로 잘못 말하기도 합니다.

한국 사전과 일본 사전을 나란히 찾아보면, 한국말 사전에 나온 '땡땡이' 는 일본말 사전에 나온 '땡땡이'와 똑같습니다. 다시 말하자면, 한국말 사전 에 실린 '땡땡이'는 한국말이 아닌 일본말입니다.

'땡땡이치다'는 한국말 사전에 올림말로까지 나옵니다. 그러면 '땡땡이 치다'에서 '땡땡이'는 무엇을 가리킬까요? 바로 '쇠북'인 '종'을 가리킵니다. 일본에서는 쇠북을 치는 소리를 '땡땡'으로 적습니다. 이러면서 '쇠북'을 가 리키는 낱말이 '땡땡이'인 셈이고, 이러한 말밑을 바탕으로 "꾀를 부려서 일 이나 공부를 안 하는 모습"을 가리키는 자리에까지 썼어요.

한편, 일본에서는 '게으름 피우다'를 '사보타주'라는 외국말을 빌어서 '사 보루(サボる)' 꼴로 씁니다. 그런데 이 말투를 한국말로 옮기거나 일본말을 배우는 분들이 '땡땡이치다'로 잘못 쓰거나 옮기기 일쑤입니다. 일본말을 다른 일본말로 옮기는 셈이라고 할까요.

그리고, '땡땡이'와 비슷하게 쓰는 낱말로 '농땡이'가 있습니다. '농땡이' 도 일본말입니다. 그러나 '농땡이'도 한국말 사전에 버젓이 올랐으며, 말밑 이 무엇인지 제대로 못 밝혀요. 일본에서 "기름을 붓는 일을 하다가 노닥거 리기만 한다(油を賣る, あぶらをうる)"는 뜻에서 비롯한 낱말인 '농땡이'예요. '농땡이'나 '땡땡이'는 모두 막일판(공사판)에서 널리 썼다고 합니다. 막일판 을 일본말로 '노가다(土方どかた)판'이라 합니다.

이제 간추려 보자면, 일제 강점기부터 '노가다'가 한국에 들어오면서 '노가다'에서 쓰던 일본말 '땡땡이를 치다'와 '농땡이를 부리다'가 마치 한국말이라도 되는 듯이 스며들어서 퍼진 셈입니다. '노가다'는 '막일'로 바로잡아서 쓴다고 하는데, 아직 '땡땡이'와 '농땡이'는 한국말로 바로잡지 못하는 셈입니다. 이제라도 한국말을 바르게 살펴서 옳게 쓸 수 있기를 빕니다. 굳이 일본말로 '빼먹기'와 '노닥거림'을 나타내야 하지 않습니다.

땡땡이 → 빼먹기
땡땡이를 치다 → 빼먹다
농땡이 → 노닥거림
농땡이를 부리다 → 노닥거리다

(보 기 글)--------------------------------------

● 그 녀석 농땡이 피우는 거 아냐?
→ 그 녀석 노닥거리지 않냐?

『고교 야구선수 자와 씨 3』(미시마 에리코 지음, 강동욱 옮김, 미우, 2012년) 84쪽

● 어제 오후에 책방을 땡땡이치고
→ 어제 낮에 책방 문을 닫고

『소소책방 책방일지 1』(조경국 지음, 소소문고, 2015년) 146쪽

❀ 며느리배꼽 / 며느리밑씻개: 한겨레 풀이름을 되찾자

일제 강점기 무렵부터 잘못 옮긴 이름이 퍼지는 바람에 아직 제대로 바로잡히지 못한 풀이름으로 '며느리배꼽'하고 '며느리밑씻개'가 있습니다. 나라와 겨레마다 숱한 이야기가 있기에 일본에서는 '의붓자식의 밑씻개(ママコノシリヌグイ)' 같은 이름을 쓰는지 모르나, 한국에서는 이를 굳이 '며느리밑씻개'로 쓸 까닭이 없고, 이 풀과 비슷하면서 다른 풀을 놓고 '며느리배꼽'으로 쓸 일이 없습니다. 처음부터 이 나라에 없던 일본 풀이름인 만큼 억지스레 '며느리가 밑을 씻는 이야기'라든지 '며느리 배꼽하고 얽힌 이야기'를 지어야 하지도 않습니다.

한겨레는 한겨레대로 오랜 나날 이 땅에서 흙을 일구고 살면서 수많은 풀에 다 다른 이름을 붙였습니다. 일본 식물학자가 붙인 풀이름을 따서 '며느리배꼽'처럼 쓸 까닭이 없이 '사광이풀'이나 '참가시덩굴여뀌' 같은 이름을 고이 물려받아서 쓰면 됩니다. '며느리밑씻개' 같은 이름을 우악스레 쓸 일이 없이 '사광이아재비'나 '가시덩굴여뀌' 같은 이름을 살뜰히 이어받아서 쓰면 돼요. 어른이 보는 식물도감이든 어린이가 보는 그림책이나 동화책이나 동시집이든, 제 이름을 제대로 적어 넣을 수 있어야지 싶습니다. 어린이가 읽을 글을 쓰는 어른은 생각을 슬기롭게 키우고 살찌우도록 말밑과 말결을 잘 살펴야 합니다.

보 기 글

- 말도 풀이라고 생각할래요 / 며느리배꼽이나 노루귀 같은 예쁜 말만 키워
→ 말도 풀이라고 생각할래요 / 사광이풀이나 노루귀 같은 예쁜 말만 키워

『프라이팬을 타고 가는 도둑고양이』(김륭 지음, 문학동네, 2009년) 42쪽

부락 / 자연 부락: 우리가 사는 곳은 '마을'이에요

> 이웃 부락에서는 매달 5일에 장이 선다
> → 이웃 마을에서는 달마다 5일에 장이 선다

일본말 사전에서 '部落'(부락)을 찾아보면 "부락, 촌락, 취락"으로 풀이를 합니다. '部落'을 '부락'으로 풀이하니, 일본말 사전도 참으로 엉뚱합니다. 이는 말풀이도 번역도 아니니까요. 'thank you'를 '쌩큐'나 '땡큐'로 적는다면, 이는 말풀이도 번역도 아닙니다. 그리고, '촌락(村落)'이나 '취락(聚落)'도 올바르지 않습니다. 이런 말마디는 한국 사람이 쓰지 않습니다. 일본 사람이 쓰고, 더러 중국 사람이 쓸 테지요.

한국말은 '마을'입니다. 한국 사람은 먼 옛날부터 '마을을 이루며' 삽니다. 마을은 저절로 이루어집니다. 나라님이 마을을 지으라고 해서 마을을 짓지 않아요. 사람들이 스스로 저마다 보금자리를 지어서 가꾸기에, 이러한 보금자리가 하나둘 모여서 저절로 마을이 됩니다.

마을은 저절로 생깁니다. 마을은 스스로 생깁니다. 마을은 저절로 이룹니다. 마을은 스스로 이룹니다.

한국과 이웃한 일본에서는 '部落'을 'ぶらく(부라쿠)'로 읽습니다. 그리고, 이 일본말은 일제 강점기에 한국에 들어옵니다.

그러면, 일본 사람은 왜 한국에 이 일본말을 퍼뜨렸을까요? 일본에서는 'ぶらく(부라쿠)'를 'ひさべつぶらく(被差別部落)'와 같은 자리에서 썼어요. 일본에는 '피차별 부락'이 있고, '부락 해방 운동'이 있습니다. 다시 말하자면, 한국에 널리 있는 '마을'을 짓밟으면서 괴롭히려는 뜻으로 이런 '부라쿠(ぶらく, 部落)'를 한국에 끌어들여서 퍼뜨립니다. '村落'이나 '聚落'은 무엇일까

요? 이런 낱말은 한국에 있는 마을을 '학술 조사'를 해서 '식민지 조선'에서 곡식하고 자원을 빼앗으려고 하면서 퍼뜨렸어요.

한국 사람이 쓰는 말을 제대로 짚어야 합니다. 먼저 '집'이 있습니다. 저마다 '집'을 이루어 살림을 가꿉니다. 집이 모여서 '마을'이 됩니다. 마을이 모이면 '고을'이 됩니다. 고을이 모이면 '고장'이 됩니다. 여러 고장은 저마다 흙을 일구면서 손수 삶을 짓는 터전입니다. 이리하여 이 모두를 크게 아울러서 '시골'이라 합니다. '시골'이라는 낱말은 사람들이 손수 삶을 짓는 터전을 가리키고, 더 크게 헤아리면 옛날에 사람들이 '지구 별'을 바라보면서 쓰던 낱말입니다. 숲과 들과 봉우리와 골짜기와 냇물이 골고루 어우러진 곳을 '시골'이라는 낱말로 가리켰거든요. 문학을 하거나 학문을 하는 모든 분들이 한국말을 잘 살펴서 알맞게 가려 쓸 수 있기를 빕니다.

보 기 글 -

● 나라 안에 자연적으로 형성된 모든 마을들을 내 발걸음으로 찾아보고 적어도 하룻밤씩은 머물고 싶다는 것이었다 (…) 그 꿈은 다시 한 번 우리나라의 모든 자연 부락들을 찾아보고 그 마을들의 삶과 사랑과 꿈의 생채기를, 그 기침 소리를 듣고 싶은 것이다

→ 나라 안에 저절로 생긴 모든 마을을 내 발걸음으로 찾아보고 적어도 하룻밤씩은 머물고 싶다는 꿈이었다 (…) 그 꿈은 다시 한 번 우리나라 모든 마을을 찾아보고 그 마을과 얽힌 삶과 사랑과 꿈이 스민 생채기를, 그 기침 소리를 듣고 싶다는 마음이다

『참 맑은 물살』(곽재구 지음. 창작과비평사, 1995년) 121~122쪽

※ 이 보기글을 보면 '마을'이라고 쓰다가 '자연 부락'이라고도 써요. 오락가락하고 맙니다. 한국말로 알맞고 바르게 쓸 수 있기를 바랍니다.

빵꾸 / 펑크:
한국말은 '빵꾸(パンク)'가 아닌 '구멍'이에요

펑크를 때우다 → 구멍을 때우다
양말에 펑크가 나다 → 양말에 구멍이 나다
일이 엉뚱한 데서 펑크가 났다 → 일이 엉뚱한 데서 틀어졌다
저번 학기에도 펑크를 냈던 → 저번 학기에도 바닥을 친

'빵꾸(パンク)'는 일본말입니다. 한국말 사전을 보면 '펑크(puncture)'로 고쳐 쓰라고 나오는데, '펑크'는 영어입니다. 이 말도 저 말도 한국말이 아닙니다. 한국말은 '구멍'입니다. 한국말 사전을 보면, '펑크'를 풀이하며 "1. 고무 튜브 따위에 구멍이 나서 터지는 일 2. 의복이나 양말 따위가 해져서 구멍이 뚫리는 일 3. 일이 중도에 틀어지거나 잘못되는 일 4. 낙제에 해당하는 학점을 받음을 이르는 말"처럼 적어요. 그러니까, '구멍'이나 '틀어지다'나 '낙제'로 고쳐 쓸 노릇이에요.

일제 강점기부터 스며든 얄궂은 일본말 가운데 하나가 '빵꾸'입니다. 아직 꽤 많은 한국 사람은 이 일본말을 스스럼없이 씁니다. 게다가 이 일본말을 털거나 고쳐야 한다고 여기는 사람은 한국말 '구멍'이 아닌 영어 '펑크'를 써야 하는 줄 잘못 압니다. 일제 강점기가 끝난 뒤에 미국이 이 나라로 들어왔기 때문일까요.

한국말을 다루는 슬기로운 한국말 사전이라면, 일본말 '빵꾸'뿐 아니라 영어 '펑크'도 모두 털어 내거나 씻어 낼 수 있도록 말풀이를 새롭게 달아야 한다고 느낍니다. 아니면, 이런 외국말은 모두 한국말 사전에서 덜어야지요. 한국말은 '구멍'입니다. "모임에 펑크를 냈다"는 "모임에 바람을 맞혔다"나 "모임을 깼다"나 "모임에 빠졌다"로 고쳐 쓰면 됩니다. "펑크를 냈던 과목"은 "바닥을 친 과목"이나 "낙제점을 받은 과목"이나 "바닥 점수를 받은 과목"이나 "떨어진 과목"으로 고쳐 쓰면 돼요. "펑크가 난 양말"은 "구멍이 난 양말"이거나 "뜯어진 양말"입니다.

보 기 글 -

● 애 펠리야, 너무 상심하지 마라. 우리 운전사는 자동차 타이어에 난 빵구를 잘 고치니까, 네 부리의 구멍도 금방 땜질해 줄 거다
→ 애 펠리야, 너무 걱정하지 마라. 우리 운전사는 자동차 바퀴에 난 구멍을 잘 고치니까, 네 부리에 난 구멍도 곧 땜질해 줄 테니

『창문닭이 삼총사』(로알드 달 지음, 김연수 옮김, 시공주니어, 1997년) 86쪽

● 길에서 그만 타이어 펑크가 나 버렸어요
→ 길에서 그만 바퀴에 구멍이 나 버렸어요

『비나리 달이네 집』(권정생 지음, 낮은산, 2001년) 40쪽

※ 일본말은 '구루마(くるま)'이고, 영어는 '리어카(rear car)'입니다. 일본말 '구루마'를 쓰지 말자고 하면서, 영어로 '리어카'로 써야 한다고 생각하는 사람이 제법 많은데, 한국말은 '손수레' 입니다. 오늘날 한국 사회를 보면, '일본말(또는 일본 한자말)'하고 '영어'하고 '한국말'을 세 가지로 섞어서 쓰는 일이 퍽 잦습니다. 다른 외국말을 받아들여서 쓰는 일이 나쁘지는 않습니다만, 한국말로 나타내면 될 여러 가지를 굳이 일본말이나 일본 한자말이나 영어로 나타내야 하는가를 곰곰이 돌아볼 수 있기를 빌어요.

삐까번쩍: '번쩍'으로 손질해 쓸 말 '삐까(ぴか)'

삐까번쩍하게 마루를 닦았다
 → 번쩍거리도록 마루를 닦았다
네 자전거가 삐까삐까하구나
 → 네 자전거가 번쩍번쩍하구나

'삐까삐까(ぴかぴか)'는 일본말입니다. 한국말로는 '번쩍번쩍'입니다. 일본 만화 가운데 한국에 널리 알려진 '피카츄(ピカチュウ)'에서 '피카'는 '삐까'하고 같은 일본말이고, 이 '피카츄'라는 이름은 한국말로 옮기면 '번쩍돌이'나 '번쩍이'입니다. 또는 '번개돌이'라 할 수 있어요.

일제 강점기 언저리부터 스며든 숱한 일본말 가운데 '삐까'는 한국말 '번쩍'하고 만나서 '삐까번쩍'처럼 쓰이기도 하는데, '번쩍번쩍'처럼 손질하면 됩니다. 흐름을 살펴서 '반짝반짝'으로 쓸 수 있고, '반들반들'이라든지 '번들번들'이라든지 '번드르르'라든지 '반드르르'로 쓸 수 있어요.

마루를 닦는다면 "환하게 빛나도록 마루를 닦았다"처럼 써도 잘 어울립니다. 새로 마련한 자전거가 번쩍거린다면 "네 자전거가 눈부시구나"라든지 "네 자전거가 아주 빛나는구나"처럼 쓸 만해요.

보기글 --

● 도시에는 삐까번쩍한 건물들이 즐비합니다
→ 도시에는 번쩍번쩍한 건물들이 가득합니다
→ 도시에는 으리으리한 건물들이 넘칩니다

『곤충들의 수다』(정부희 지음, 상상의숲, 2015년) 175쪽

🌸 시작: '처음'으로 읊을 말 '시작'

> 논두렁길을 걷기 시작했다 → 논두렁길을 걸었다
> 회의가 시작되다 → 회의를 하다
> 곧 학기가 시작하면 → 곧 새 학기가 되면
> 날이 어둡기 시작했다 → 날이 어두워진다

한국 사람은 '시작(始作)'이라는 한자말을 안 쓰며 살았습니다. 일제 강점기에 이 한자말이 널리 퍼졌기에 오늘날처럼 씁니다. 한국 사람은 "천 리 길도 한 걸음부터"라고 했을 뿐, "천 리 길도 한 걸음부터 시작한다"라 하지 않았습니다. "하다가 그치면 아니함만 못하다"라 했을 뿐, "중간에 포기하면 아니 시작함만 못하다"라 하지 않았어요. 일본에서는 '始め'나 '始まり'처럼 쓰고 한국에서는 '始作'으로 쓰는데, "시작이 반이다", "시작이 중요하다", "처음부터 다시 시작하다", "시작이 좋으면 끝이 좋다", "또 시작이군", "무엇부터 시작할까요", "아직 시작에 불과하다", "사업을 시작하다", "새로 시작하다", "걷기 시작하다", "꽃이 피기 시작하다" 같은 말마디는 모두 일본말을 번역하면서 퍼졌어요. 한국말로는 "처음이 반이다", "처음이 중요하다", "처음부터 다시 하다", "처음이 좋으면 끝이 좋다", "또 하는군 / 또 저러는군", "무엇부터 할까요", "아직 맛보기이다 / 아직 맛보기일 뿐이다", "일을 하다", "새로 하다", "걷다", "꽃이 피다 / 꽃이 피려 한다 / 꽃이 막 핀다"처럼 적어야 옳아요.

"준비(準備), 시작!"도 일본 말투입니다. "요이, 땅!"을 "준비, 시작!"으로 바꾸었을 뿐이고, "준비, 출발!"도 일본 말투입니다. 한국말로는 "자, 가자!"나 "자, 달려!"나 "자, 하자!"처럼 써야 올바릅니다.

"시작과 끝"이란 "처음과 끝"을 가리킵니다. "공연이 시작되었어"는 "공연을 해"를 가리킵니다. "수업 시작을 알리는 종소리"나 "시작도 끝도 없다"는 "수업을 알리는 종소리"나 "처음도 끝도 없다"처럼 손질하면 됩니다.

보 기 글 --

● 조금씩 환해지기 시작했다 (…) 병원으로 가는 논두렁길을 걷기 시작했다
→ 조금씩 환해진다 (…) 병원으로 가는 논두렁길을 걸었다

『세상에서 가장 수명이 짧은 나라』(야마모토 토시하루 / 문종현 옮김, 달과소, 2003년) 20쪽

● 내가 뒤늦게 글쓰기라는 걸 시작하여
→ 내가 뒤늦게 글쓰기랍시고 해서

『B급 좌파』(김규항 지음, 야간비행, 2001년) 179쪽

● 아르헨티나의 여러 지방을 떠돌아다니기 시작한다 (…) 유년 시절부터 기타와 노래를 배우기 시작했다
→ 아르헨티나 여러 곳을 떠돌아다닌다 (…) 어릴 적부터 기타와 노래를 배웠다

『노동하는 기타 천일의 노래』(배윤경 지음, 이후, 2000년) 61, 63쪽

● 모집에 응한 아이들과 처음으로 합숙을 시작했다
→ 모인 아이들과 처음으로 함께 묵었다

『키노쿠니 어린이 마을』(호리 신이치로 지음, 김은산 옮김, 민들레, 2001년) 196쪽

● 하루 활동을 시작하기에 알맞은 시각이라는 점
→ 하루를 열기에 알맞은 때라는 대목

『숲 속의 꼬마 인디언』(루터 스탠딩 베어 지음, 배윤진 옮김, 갈라파고스, 2005년) 85쪽

● 시작부터 첫 단추를 제대로 꿰지 못한 데 있습니다
→ 첫 단추부터 제대로 꿰지 못했기 때문입니다

『한국 현대사의 민낯』(김삼웅·장동석 지음, 철수와영희, 2015년) 51쪽

시합 / 진검 승부:
'신켄쇼우부(しんけんしょうぶ眞劍勝負)' 아닌 '한판 겨루기'로

불만 있으면 당장 시합해!
→ 불만 있으면 바로 겨루자!
→ 못마땅하면 곧장 해 보자!
진검 승부 승자는 누구?
→ 외길 싸움서 이긴 쪽은 누구?
→ 죽기 살기로 겨뤄서 이긴 쪽은 누구?

'시합(試合)'이라는 한자말은 "서로 재주를 부려 승부를 겨루는 일"을 뜻한다는데, 한국말 사전을 보면 "'겨루기'로 순화" 같은 말풀이가 더 나옵니다. 일본 한자말이기에 "달리기 시합"이나 "시합을 벌이다"나 "축구 시합을 관람하였다" 같은 말마디는 "달리기 대회", "달리기 겨루기"나 "경기를 벌이다", "겨루기로 하다"나 "축구를 보았다", "축구 경기를 보았다"로 고쳐 써야 올바릅니다.

요즈음은 '진검 승부'라는 말이 무척 널리 퍼집니다. 이 말마디는 한국말 사전에 안 나옵니다. 일본말이기 때문입니다. '신켄쇼우부(しんけんしょうぶ 眞劍勝負)'라고 하며, "1. 진짜 칼을 쓰는 승부 2. 목숨을 건 승부"를 뜻한다고 해요.

'시합'이나 '진검 승부' 같은 일본 한자말을 풀이할 적에 '승부(勝負)'라는 낱말을 쓰는데, 일본 사람이 '쇼우부'라고 하는 이 한자말은 "이김과 짐"을 뜻합니다. 그러니까, '시합 · 진검 승부(신켄쇼우부) · 승부'는 모두 일본 한자말이라고 할 만합니다. 한국말로는 '겨루기'나 '맞서기'입니다.

"우리 시합하자!"는 "우리 겨루자!"나 "우리 한번 해 보자!"로 손질해 주고, "진검 승부가 벌어졌다"는 "외길에서 맞섰다"나 "진땀 나게 겨루었다"나 "죽기 살기로 맞붙었다"로 손질하며, "승부를 벌인다"는 "한판 겨룬다"나 "한판 맞선다"나 "한판 맞붙는다"로 손질합니다.

(보 기 글)--

- 누가누가 빨리 뛰나 시합할까
→ 누가누가 빨리 뛰나 겨룰까
→ 누가누가 빨리 뛰나 해 볼까
→ 누가누가 빨리 뛰나 붙어 볼까
→ 누가누가 빨리 뛰나 맞서 볼까

『동강의 아이들』(김재홍 지음, 길벗어린이, 2000년) 4쪽

- 봄에 무슨 시합이 있다던가
→ 봄에 무슨 경기가 있다던가
→ 봄에 무슨 대회가 있다던가

『도련님의 시대 1』(세키가와 나쓰오 지음, 오주원 옮김, 세미콜론, 2012년) 96쪽

- 하자구, 에누리 없는 진검 승부를!
→ 하자구, 에누리 없는 외나무다리 겨루기를!
→ 하자구, 에누리 없는 외길 싸움을!
→ 하자구, 에누리 없이 죽기 살기로!

『내 마음속의 자전거 4』(미야오 가쿠 지음, 박윤정 옮김, 서울문화사, 2002년) 29쪽

 **십팔번:**
'십팔번(十八番)'이 아닌 네가 '즐기는 노래'를 들려주렴

십팔번을 불러 보자
→ 단골 노래를 불러 보자
→ 잘하는 노래를 불러 보자
→ 좋아하는 노래를 불러 보자
→ 늘 부르는 노래를 불러 보자

'십팔번(十八番)'은 일본말입니다. 일본말인데 사람들이 워낙 잘못 쓰니, 이 낱말은 한국말 사전에도 나옵니다. 다만, 말풀이를 보면, "가장 즐겨 부르는 노래. 일본의 유명한 가부키 집안에 전하여 오던 18번의 인기 연주 목록에서 온 말이다. '단골 노래', '단골 장기'로 순화"처럼 나옵니다. 그러니까, 한국말로는 '단골 노래'나 '즐겨 부르는 노래'로 고쳐서 써야 올바릅니다.

단골 노래 · 사랑 노래 · 즐김 노래

일본에서 들어온 '십팔번'에 앞서 '애창곡(愛唱曲)'이라는 한자말도 여러 모로 쓰입니다. '애창곡'도 "즐겨 부르는 노래"를 뜻합니다. 그러니, 이때에도 한국말로 '단골 노래'를 쓰면 됩니다. 그런데, 아직 '단골 노래' 같은 낱말이 한국말 사전에 실리지 않습니다. '단골집'처럼 '단골 노래'도 곧 한 낱말로 삼아서 한국말 사전에 실을 수 있기를 빌어요. 그래야, 사람들이 이 말을 널리 헤아리면서 쓰도록 이끌 테니까요.

그리고, "즐겨 부르는 노래"를 줄여서 '즐김 노래'처럼 쓸 수 있어요. 노래를 즐겨 부르는 일을 놓고 '즐겨 부르다' 같은 말을 쓸 수 있습니다. 인터넷을 할 적에 '즐겨찾기'를 한다고 하듯이 '즐겨 부르다'나 '즐겨 먹다'나 '즐겨보다'나 '즐겨 읽다' 같은 말도 새롭게 쓸 만합니다.

보기글 --

- 그거 있잖아, 그거. 바다는 어쩌구 하는 노래. 당신 십팔번
→ 그거 있잖아, 그거. 바다는 어쩌구 하는 노래. 자네 단골 노래
→ 그 노래 있잖아, 그. 바다는 어쩌구 하는 노래. 네가 늘 부르는 노래

『하늘이 나눠 준 선물』(하이타니 겐지로 지음, 햇살과나무꾼 옮김, 양철북, 2005년) 115쪽

- 내 18번 따라하기냐?
→ 내가 즐겨 부르는 노래 따라하기냐?

『목소리의 형태 1』(오이마 요시토키 지음, 김동욱 옮김, 대원씨아이, 2015년) 139쪽

※ 더 생각해 보면, "사랑하는 마음을 담은 노래"와 "사랑해서 즐겨 부르는 노래"를 가리키는 낱말로 '사랑 노래'를 쓸 수 있습니다. "즐기는 노래"라는 뜻으로 수수하게 '즐김 노래'처럼 쓸 수 있어요.
'십팔번'이라는 말마디가 일본말이기 때문에 안 써야 한다기보다는, 한국 사람은 한국 사람 나름대로 삶과 이웃을 따사롭게 헤아리면서 한국말을 새롭게 지어서 쓸 수 있을 때에 아름답습니다. 어른들이 새 한국말을 슬기롭게 짓지 못하면, 어린이와 푸름이가 새 한국말을 멋스럽고 알차면서 곱게 지으면 됩니다.
우리는 어떤 노래를 부를 수 있을까요? 노래를 잘 부르는 사람을 보면서 '꾀꼬리' 같다고도 하니, '꾀꼬리 노래' 같은 말을 지어 볼 만합니다. '즐김 노래'와 비슷한 얼거리로 '기쁨 노래'를 부를 수 있어요. 부를 적마다 기쁨이 샘솟는다고 하면 '기쁨 노래'입니다.
'늘푸른나무'가 한 낱말이 되듯이 "늘 부르는 노래"가 '늘부르는노래' 같은 한 낱말이 될 수도 있어요. 굳이 한 낱말로 삼지 않더라도 "늘 부르는 노래"나 "즐겨 부르는 노래"나 "즐기는 노래"나 "좋아하는 노래"처럼 내 뜻과 느낌을 고스란히 실어도 재미있습니다.

🌸 앙꼬 / 소보로(소보루):
'앙꼬(あんこ)'빵이 아니라 '팥빵'이에요

〈도라에몽〉이라는 만화가 있습니다. 먼 앞날에서 로봇으로 살던 도라에몽은 먼 옛날로 거슬러 올라와서는 '먼 앞날에 사는 아이'가 새롭게 잘 살 수 있기를 바라면서 '먼 옛날에 사는 아이'를 도와주지요. 이런 일을 하는 도라에몽은 '팥빵'을 아주 좋아합니다. 로봇으로 태어나서 처음 받은 선물이 바로 팥빵이었거든요.

영어에서는 "크림 없는 케이크" 같은 말을 쓴다고 합니다. 빗대는 말입니다. 일본에서는 "앙꼬 없는 찐빵" 같은 말을 써요. 이 또한 빗대는 말이에요. 찐빵을 한결 맛나게 살리는 팥고물이나 팥소가 없어 밍밍하다든지, 정작 있어야 할 것이 없다는 뜻에서 쓰는 말입니다.

일본 사람이 쓰는 "앙꼬 없는 찐빵"에서 '앙꼬(あんこ[餡こ·餡子])'는 일본말입니다. '앙꼬빵'은 '팥빵'이나 '팥고물빵'이나 '팥소빵'으로 바로잡아서 써야 올바릅니다.

사람들이 즐겨 먹는 빵 가운데 '팥빵' 말고 '곰보빵'이 있습니다. 겉이 오톨토톨하게 튀어나온 모습인 빵을 '곰보빵'이나 '못난이 빵'이라 하는데, '오돌 빵'이나 '오돌이 빵'이라고도 할 수 있겠지요. 그런데, 이 빵을 가리키는 일본말이 훨씬 널리 퍼졌어요. 바로 '소보로빵'입니다. '소보로(そぼろ)'는 "찐 생선을 으깨어서 말린 식품"을 뜻합니다.

가만히 보면 막대기처럼 생긴 '막대 빵'을 놓고 흔히 '바게트(baguette) 빵'이라고 해요. '바게트'는 프랑스말로 '막대'를 뜻하니, 말 그대로 '막대 빵'입니다.

빵집에서 일하는 분부터 빵하고 얽힌 말을 슬기롭게 바라보면서 알맞게 붙이고, 우리도 빵에 제 이름을 알맞게 붙일 수 있기를 빌어요.

보 기 글 --

●   앙꼬 **빵**을 사서 나눠 먹으며
→   단팥빵을 사서 나눠 먹으며

『전쟁 포로』(송관호 지음, 눈빛, 2015년) 46쪽

 애로 사항:
     '애로(隘路)'는 '걸림돌'이나 '어려운 일'로 적어요

그 도로의 남쪽 끝은 암벽으로 이루어진 애로가 되어
  → 그 길 남쪽 끝은 바윗돌로 이루어져 좁고 거칠어
애로가 많다
  → 많이 어렵다 / 많이 힘들다
덕유산까지 들어가기엔 적잖은 애로가 있었다
  → 덕유산까지 들어가기엔 적잖이 어려웠다

한자말 '애로(隘路)'는 "1. 좁고 험한 길 2. 어떤 일을 하는 데 장애가 되는 것"을 가리킨다고 합니다. 그러나 "좁고 거친 길"을 가리켜 '애로'라 말하는 사람은 없습니다. "좁고 거친 길"은 그저 "좁고 거친 길"입니다. 그러면 한국말 사전에 왜 이런 말풀이가 나올까요? 바로 일본말 사전을 그대로 옮겼

기 때문입니다. 일본에서 널리 쓰는 한자말 '애로'는 일제강점기에 한국으로 들어와서 퍼졌습니다. 일본말 사전에 나오는 "販賣上の隘路"를 "판매상의 애로"처럼 적는다고 해서 한국말이 될 수 없습니다. "판매상의 애로가 있다"는 "팔기 어렵다"나 "팔기 힘들다"로 바로잡아야 옳습니다.

한국말로는 어떤 일을 할 적에 걸림돌(장애)이 된다면 '걸림돌'이라 말합니다. 걸림돌이 있다면 어렵거나 힘들다는 뜻이니 '어렵다'나 '힘들다'라 말하기도 합니다. 어렵거나 힘들다면, 이러한 대목을 바로잡거나 고치기를 바라는 만큼 '고쳤으면 하는' 일이나 '바로잡기를 바라는' 일이라고도 말합니다.

'힘들다'와 '어렵다'를 쓰면 되고, 때와 곳을 잘 살펴서 '고단하다'나 '고되다'를 쓸 수 있습니다. '고칠 대목'이나 '바꿀 곳'처럼 쓸 수 있습니다. 윗자리에 있는 분들은 으레 "애로 사항이 있으면 건의하라"고 말합니다만, 이때에는 "힘든 일이 있으면 말하라"로 고치거나 "일하며 어려운 대목은 말하라"로 고쳐서 말해야지 싶어요.

보 기 글 -

● 수련의 4년차인 의국장을 먼저 만나 그쪽 입장도 들어 보고 간호사들의 애로 사항을 전달하거나 항의를 하여 문제를 풀어 나갔다
→ 수련의 네 해째인 의국장을 먼저 만나 그쪽 생각도 들어 보고 간호사들이 겪는 어려움을 알려 주거나 따지며 일을 풀어 나갔다

『김시자 평전, 부르지 못한 연가』(안재성 지음, 삶이보이는창, 2006년) 28쪽

● 애로 사항을 전달하거나
→ 힘든 대목을 알려 주거나
→ 어려움을 말하거나
→ 고쳤으면 하는 얘기를 들려주거나

- 애로 사항을 청취한다
→ 어려움을 귀여겨듣는다
→ 힘든 대목을 듣는다

- 애로 사항을 해결하다
→ 어려움을 풀어 주다
→ 말썽거리를 풀어 주다
→ 골칫거리를 풀어 주다
→ 걸림돌을 풀어 주다

- 애로 사항은 없니?
→ 힘든 일은 없니?
→ 어렵지는 않니?
→ 도와줄 일은 없니?

 에또: '에또(ええと)'를 쓸 자리에는 '에', '그러니까', '에헴', '흠흠'

에, 또……
　→ 저기……
　→ 에헴……
　→ 흠흠……

'에또(ええと)'는 일본말입니다. 일제 강점기에 한국에 들어와서 퍼진 말

투 가운데 하나입니다. 이 말투는 교사나 정치꾼이나 공무원이 흔히 썼고, 지식인도 곧잘 썼습니다. 요즈음에는 이 말투를 쓰는 어른이 거의 사라졌다고 할 만하지만, 일제 강점기 찌꺼기 가운데 하나인 '애국 조회'를 할 적에 교장이나 교감 자리에 서는 어른들은 '에또' 같은 말투를 즐겨 쓰기도 했습니다.

일본말 사전을 보면 '에또'를 "말이나 생각이 미처 나지 않아 좀 생각할 때 내는 소리. 저어. 거시기"로 풀이합니다. 그러니까, 한국말로는 '저'나 '저어'나 '거시기'를 쓰면 됩니다. 이밖에 '음'이나 '으음'이나 '흠'이나 '흠흠'이나 '어험'을 쓸 수 있습니다. '글쎄'를 써도 되고, '그러니까'나 '그러니까 말이지요'를 써도 돼요.

보 기 글 -

● 수염 한 가닥을 뽑아 비비 꼬면서, "에, 또, 그리고요……." 하고 중얼거렸고요
→ 수염 한 가닥을 뽑아 비비 꼬면서, "에헴, 그리고요……." 하고 중얼거렸고요

『쥐돌이 쳇』(미야자와 겐지 지음, 박경희 옮김, 작은책방, 2003년) 41, 43쪽

✿ '—': 긴소리를 적을 때는 '—' 대신 소리를 늘여 적어요

코— 자면서 → 코 자면서 / 코오 자면서
이—슥하여 내리는 → 이슥하여 내리는 / 이스윽하여 내리는

일본에서 나온 책을 보면 '—'를 퍽 자주 씁니다. 말을 늘인다든지 길게 소리 내려고 하는 자리에는 어김없이 '—'를 넣습니다.

한국말에서는 '—'를 넣지 않고 긴소리를 나타냅니다. 영어 같은 서양말에서는 ':' 같은 기호를 써서 긴소리를 나타내기도 하지요. 그러나 한국말을 글로 적을 적에는 ':'도 쓰지 않고 '—'를 쓰지도 않습니다. 말소리를 그대로 받아서 적은 뒤, 입으로 읽을 적에 길게 소리를 냅니다. '부엉'이라 적더라도 이 글을 읽을 적에 '부어엉'이나 '부우엉'처럼 소리를 내지요.

너는 나—리 → 너는 나리 / 너는 나아리
펀—한 들녘 → 편한 들녘 / 퍼언한 들녘

일제 강점기에 글을 쓴 숱한 분들이 '—'를 으레 넣었습니다. 해방이 된 뒤에도 퍽 오랫동안 '—'를 넣지 않으면 글이 안 된다고 여겼습니다. '그녀' 같은 일본말도 일제 강점기에 지식인이 받아들였고, 'の'를 '의'로 옮겨서 적는 글버릇도 일제 강점기에 지식인이 받아들여 퍼뜨렸습니다. 일제 강점기에는 일본 말투나 일본말을 받아들여야 글멋이나 글맛이 산다고 생각하는 지식인이 많았어요. 요새는 영어를 섞어서 써야 글멋이 난다고 여기는 지식인이 많습니다. 그래도 요즈음에는 '—'를 넣어 글을 쓰는 분이 크게 줄었습니다. 한국말하고 어울리지 않는 기호이기도 하고, 입으로 소리를 내어

말을 할 적에는 이런 기호가 덧없기 때문이기도 합니다.

한국말은 '붉다'를 '불그스름하다'라든지 '발그스름하다'라든지 '불그죽죽하다'처럼 새롭게 나타내기도 합니다. 붉은 빛깔이 살짝 옅거나 짙다는 느낌을 나타내려고 말을 늘여서 적습니다. 매미가 우는 소리를 '맴맴'처럼 적기도 하지만 '매앰매앰'처럼 적기도 하고 '매애앰매애앰'처럼 적기도 합니다. 한국말은 '매─앰'처럼 적지 않습니다. 홀소리를 사이에 넣어서 긴소리를 나타냅니다. 개구리가 우는 소리도 '개골개골'을 바탕으로 '개애골개애골'이라든지 '개고올개고올'처럼 적습니다. "야─!"나 "야──!"가 아니라 "야아!"나 "야아아아아!"처럼 적어요.

'살살' 같은 낱말은 '살살살살'처럼 적을 수 있고, '사알사알'이라든지 '스을스을'이나 '사알살사알살'이라 적을 수 있습니다.

보 기 글 --

- 허─참, 요놈들
→ 허참, 요놈들
→ 허허 참, 요놈들

『뭐 하고 놀지?』(이혜경 지음, 도토리숲, 2013년) 28쪽

- 똑─ 똑─ 똑─ 고드름 눈물 떨어질 때마다
→ 똑 똑 똑 고드름 눈물 떨어질 때마다
→ 또옥 또옥 또옥 고드름 눈물 떨어질 때마다
→ 또옥똑 또옥똑 또옥똑 고드름 눈물 떨어질 때마다

『엄마한테 빗자루로 맞은 날』(박일환 지음, 창비, 2013년) 94쪽

 **잉꼬 / 잉꼬부부:**
우리는 '잉꼬(鸚哥)'가 아니라 '사랑'이랍니다

아주 사이가 좋은 부부를 두고 '잉꼬부부' 같은 말을 흔히 씁니다. 한국말 사전을 찾아보면, '잉꼬'라는 새 이름은 일본말 'inko(鸚哥)'에서 왔다고 하면서 '원앙 부부'로 고쳐서 쓰라고 나옵니다. 그런데, 한국에는 예부터 '사랑새'가 있습니다. 서양에서 '펠리컨(pelican)'이라고 일컫는 새를 두고도, 한국에서는 예부터 '사다새'라 했어요. 한국에 없는 새라면 이름이 따로 없을 테지만, 한국에 있는 새이기에 예부터 한국말로 곱게 지어서 가리키는 이름이 있어요.

아주 사이가 좋은 부부라면 한국말로는 '사랑새 부부'처럼 쓰면 됩니다. 굳이 새를 빗대지 않아도 될 테니 '사랑 부부'처럼 써도 잘 어울려요. 부부가 아닌 둘 사이가 아주 좋거나 서로 살뜰히 아끼는 사이라고 하면 '사랑 동무'나 '사랑 벗'이나 '사랑님'처럼 쓸 수 있어요. 그리고, '찰떡 동무·찰떡님·찰떡 부부'라든지 '깨소금 동무·깨소금님·깨소금 부부' 같은 이름을 새롭게 써 볼 만합니다. 또는 '한마음 동무·한마음님·한마음 부부'라든지 '한사랑 동무·한사랑님·한사랑 부부' 같은 이름을 지어 볼 만해요.

보 기 글 --

● 아빠와 엄마는 '잉꼬 부부'였잖니
→ 아빠와 엄마는 '사랑새 부부'였잖니
→ 아빠와 엄마는 '한사랑 부부'였잖니
→ 아빠와 엄마는 '한마음 부부'였잖니

『나도 때론 포르노그라피의 주인공이고 싶다』(서갑숙 지음, 중앙엠엔비, 1999년) 276쪽

✿ 자체: 그 뜻을 바로 알고 쓸 말 '-자체'

  육체 그 자체의 아름다움
  → 몸 그대로 아름다움
  죽음이란 말 자체도
  → 죽음이란 말부터도
  → 죽음이란 말마저도
  → 죽음이란 그 말도
  → 죽음이란 그 말도 바로

  한국말 사전을 보면 '자체(自體)'를 "1. 바로 그 본래의 바탕 2. 다른 것을 제외한 사물 본래의 몸체"로 풀이합니다.
  "네가 하는 그 말 자체가 잘못이야"처럼 쓰는데, "네가 하는 그 말이 바로 잘못이야"나 "네가 그렇게 하는 말이 바로 잘못이야"로 손볼 만합니다. 아니, 아스라한 옛날부터 이렇게 말했어요. "자체 점검을 하다"나 "새로운 기술의 자체 개발에 성공하다"나 "자체의 무게 때문에 무너지고 말았다"는 "스스로 점검을 하다"나 "새로운 기술을 스스로 개발해 내다"나 "제 무게 때문에 무너지고 말았다"로 손볼 만하며, 옛날부터 이와 같이 말했습니다.

  일에 몰두해 있는 모습 자체가 얼마나 아름다운가
  → 일에 온 마음을 쏟는 모습이 얼마나 아름다운가
  → 일에 모두를 바치는 모습 그대로 얼마나 아름다운가
  그의 발상 자체는 특이한 것이었지만
  → 그가 내놓은 생각은 퍽 남다르지만

→ 그 사람 생각은 무척 새롭지만

→ 그이 생각은 꽤 새롭지만

한국말 사전을 보면, '자체'는 '자체의' 꼴로 자주 쓰고, '자체적' 같은 꼴로도 쓴다고 나와요. 그런데, 한국말은 '-의'나 '-적'을 붙여서 쓰지 않습니다. 일제 강점기에 이르러 이런 말투가 물밀듯이 퍼졌어요. '-의'하고 '-적'이 쉽게 달라붙는 '자체' 같은 낱말은 '여느 한자말'이라기보다 '일본 한자말'입니다.

그래서, "조직 개선에는 조직의 자체적 노력이 필요하다"나 "자체적인 기준을 마련하다"나 "이참에 자체적으로 1개 대대를 편성하여" 같은 글월은 "조직 개선은 조직 스스로 노력해야 이룬다"나 "조직을 고치려면 조직 스스로 힘써야 한다", "스스로 기준을 마련하다", "이참에 따로 1개 대대를 편성하여"나 "이참에 스스로 1개 대대를 짜서"로 손질할 만합니다.

이기겠다는 발상 자체가

→ 이기겠다는 생각부터가

→ 이기겠다는 생각이 바로

→ 이기겠다는 생각이야말로

무사히 돌아왔다는 것은 그 자체가 기적이다

→ 아무 일 없이 돌아왔으니 바로 기적이다

→ 잘 돌아왔다니 더없이 놀랍다

'자체'라는 낱말을 넣으면서 뜻이나 느낌을 한결 힘주어 나타낸다고 여길 수 있습니다. 그러나 한국말에서는 '-도'나 '-부터'나 '-조차'나 '-야말로' 같은 말을 뒤에 붙이면서 뜻이나 느낌을 힘주어 나타냅니다. '바로'라는 낱말을 앞에 넣어서 힘주어 말하기도 해요.

"그 모습 자체가 얼마나 아름다운가"가 아닌 "그 모습이 참으로 얼마나 아름다운가"라든지 "그 모습이야말로 얼마나 아름다운가"처럼 말할 때에 비로소 한국말입니다. 껍데기가 아닌 알맹이가 오롯이 한국말이어야 아름답습니다.

보 기 글 --

- 이해하지 못하고 오류에 빠진 것은 그대들 자체였다
→ 제대로 모르고 앞뒤가 어긋난 사람은 바로 그대들이다

  『방황하는 현대』(헤르만 헤세 지음, 김정진 옮김, 경지사, 1962년) 155쪽

- 어느 정도 생존 그 자체조차 보장받지 못하는 혹독한 생활이었다
→ 얼마나 살아남을 수 있는지조차 알지 못하는 모진 나날이었다

  『한국사입문』(가지무라 히데키 지음, 이현무 옮김, 백산서당, 1985년) 131쪽

- 행복을 찾기 위해서이지 재능 그 자체를 위해서가 아닙니다
→ 즐거움을 찾고 싶기 때문이지 재능 때문이 아닙니다

  『철학의 즐거움』(민병산 지음, 신구문화사, 1990년) 273쪽

- 말투 그 자체가 나쁠 것은 없다
→ 그 말투가 나쁠 까닭은 없다
→ 그 말투가 그리 나쁘지는 않다

  『사죄와 망언 사이에서』(카또오 노리히로 지음, 서은혜 옮김, 창비, 1998년) 6쪽

- 이 일에 나는 그다지 성공하지 못했고, 그 점을 잘 알고 있지만, 나는 나의 노력 자체가 기쁘다
→ 나는 이 일을 그다지 잘하지 못했고, 이를 잘 알지만, 나는 바로 내가 애썼기 때문에 기쁘다

  『삶은 기적이다』(웬델 베리 지음, 박경미 옮김, 녹색평론사, 2006년) 71쪽

제군: 군대 말투 '제군(諸君)'이 아닌 '여러분'으로

학생 제군에게
  → 학생 여러분에게
  → 학생 모두한테
  → 학생인 그대들한테
  → 학생들한테

한자말 '제군(諸君)'은 "통솔자나 지도자가 여러 명의 아랫사람을 문어적으로 조금 높여 이르는 이인칭 대명사"라고 합니다. 그러나 이 낱말 풀이는 올바르지 않습니다. 한자말 '제군'은 일제 강점기에 일본 제국주의 군인과 경찰이 으레 쓰던 낱말입니다. 군국주의로 치닫는 일본 사회에서 사람들을 억누르면서 함부로 쓰던 낱말이에요.

오늘날 일본에서는 '諸君'이라는 한자말을 그냥 씁니다. 제국주의나 군국주의 느낌을 풍기려고 이러한 말을 쓰지는 않습니다. 그러나, '제복'을 입는 자리에서는 언제나 '제군'이라는 한자말을 쓰는 일본 사회입니다.

"청년 제군들은 아는가" 같은 말은 "청년 여러분은 아는가"나 "젊은 여러분은 아는가"나 "젊은 그대들은 아는가"로 고쳐 써야 합니다.

학교에서 교사 자리에 선 어른들이 으레 '제군'이라는 말을 쓰고, 학생 한 사람이 여러 학생들 앞에 서서 말할 적에도 흔히 '제군'이라는 말을 쓰기도 하는데, 한국말 '여러분'으로 바로잡아야 올바릅니다.

제국주의와 군국주의 냄새를 물씬 풍기는 이런 한자말을 함부로 쓸 일이 아닙니다. 만화책에 나오는 말이라 하더라도 손질해야 마땅합니다. 학교나 정치나 사회에서도 이런 낱말이 깃들지 않도록 잘 추스르거나 거를 수 있어야 아름답습니다. 우리한테는 '여러분'하고 '그대들'이라는 낱말이 있어요. 우리는 우리가 사랑하고 아낄 말을 즐겁게 쓰면 됩니다.

보 기 글 ---

- 고교생이 된 제군들은 자각을 가지고 하루하루를 면학에 힘쓰며
→ 고교생이 된 여러분은 스스로 생각하고 하루하루를 힘껏 배우며

『아만큐 1』(아마노 코즈에 지음, 김유리 옮김, 학산문화사, 2010년) 84쪽

- 제군, 역시 맥주 한잔 하러 가지 않겠나
→ 자네들, 아무래도 맥주 한잔 하러 가지 않겠나
→ 어이, 아무래도 맥주 한잔 하러 가지 않겠나

『도련님의 시대 1』(다니구치 지로 지음, 오주원 옮김, 세미콜론, 2012년) 40쪽

※ 이 보기글은 어른 한 사람이 여러 손아랫사람을 바라보면서 "제군!" 하고 부르는 말입니다. 이 때에는 "자네들"이나 "여보게"나 "여보게들"이나 "이보게들"이나 "이봐" 같은 말을 넣어야 알맞습니다.

- 제군! 우리는 무엇을 응원하러 왔나
→ 여러분! 우리는 무엇을 응원하러 왔나

『플레이 플레이 소녀 2』(요시즈키 쿠미치 지음, 편집부 옮김, 서울문화사, 2015년) 147쪽

※ 일본에서는 "紳士淑女諸君"(신사숙녀제군)처럼 글을 씁니다. 이 말마디를 살피면 영어로 "ladies and gentleman"을 일본에서 "紳士 淑女"로 옮겼고, 이를 한국에서 "신사 숙녀"처럼 소릿값만 한글로 적는 줄 알 수 있습니다. 그런데, 한국에서 "신사 숙녀"는 한자말 "紳士 淑女"를 일본말 그대로 쓰더라도 '諸君'은 '여러분'으로 고쳐서 쓸 수 있기를 빕니다.

준비 땅(요이 땅): 달리기나 겨루기를 할 적에 자주 쓰는 말 "요이 땅(ようい どん)"

준비, 땅
 → 자, 달려
 → 자, 가자
 → 하나, 둘, 셋

　일본 사람은 총소리를 '땅'으로 적어요. 한국 사람은 '탕'으로 적지요. 일본 사람이 빚은 만화나 문학을 한국말로 옮기다가 으레 '땅'처럼 잘못 적기 일쑤인데, '탕'으로 적어야 올바릅니다. "요이 땅(ようい どん)"은 일본말입니다. '요이(ようい 用意)'와 총소리 '땅'을 더해서 쓰는 말투예요.

　일본말 '요이 땅'을 쓰지 말아야 한다고 하면서, "준비(準備) 땅"으로 고치자고 하는 목소리가 있어서, 요즈음은 으레 "준비 땅"이라 쓰는 사람이 많지만, 이 말마디도 올바르지 않습니다. '땅'이라고 하는 말이 그대로 있고, '用意'만 '準備'로 바꾸었을 뿐이니까요.

　일본말이기에 안 써야 한다고는 생각하지 않습니다. '고구마' 같은 낱말은 일본말입니다. '고무'도 일본말이에요. 일본을 거쳐서 받아들인 문화나 문명이라면 일본말로도 쓸 만합니다. 다만, 한국말로 넉넉히 옮겨서 받아들일 만하다면 한국말을 쓸 때에 아름답습니다.

　달리기를 하든 겨루기를 하든, 한국 사람 스스로 예부터 쓰던 말투가 있습니다. 먼저 "자!" 하고 외칩니다. "자!" 하고 외치면 모두 가만히 멈추어서 다음 말이 떨어질 때까지 기다리지요. 그래서, "자, 가자!"라든지 "자, 달려!"라든지 "자, 뛰어!"라든지 "자, 붙어!"처럼 외칩니다.

다 함께 가만히 멈추어서 어느 때가 되기를 기다리는 몸짓을 가리킬 적에, 뜸을 한 번 들인다면 "자, 달려!"를 쓰면 되고, 뜸을 두 번 들인다면 "하나, 둘, 셋!"을 쓰면 됩니다. 한국 사람은 예부터 이 두 가지를 골고루 썼습니다. "자!"라는 느낌씨(감탄사)를 널리 쓸 뿐 아니라, 한국 사람은 '셋'이라는 숫자를 좋아하기에 뜸을 두 번 들여서 "하나, 둘, 셋!"을 써요.

보 기 글 --

- 감나무까지야. 알았지? 준비, 출발!
→ 감나무까지야. 알았지? 자, 가자!

『장화가 나빠』(오이시 마코토 지음, 햇살과나무꾼 옮김, 논장, 2005년) 51쪽

- 자전거는 달리기 대왕 / 준비, 땅. / 나보다 빨리 출발하지
→ 자전거는 달리기 으뜸이 / 자, 달려. / 나보다 빨리 가지

『차렷이 뽀뽀』(고은 지음, 바우솔, 2011년) 56쪽

- 서로 "요이 땅!" 하면 재빨리
→ 서로 "하나 둘 셋!" 하면 재빨리

『전쟁포로』(송관호 지음, 눈빛, 2015년) 156쪽

※ '준비 땅'은 '요이 땅'을 겉모습만 바꾼 말투입니다. 그래서 '준비 출발'처럼 쓰는 분이 많이 늘었어요. '준비 출발'도 나쁜 말투는 아니라고 느껴요. 그러나, '요이 땅' 얼거리에서 크게 벗어나지는 못한 말투입니다. 한국 사람이 즐겁게 쓸 만한 말투를 한국 사람이 스스로 재미나거나 사랑스럽거나 아름답게 지을 수 있을 때에 가장 알맞으면서 멋스러우리라 생각합니다.
'출발(出發)'이라는 한자말은 "처음으로 나아감"을 뜻해요. 쉽게 말한다면 "가다"입니다. "출발하자!" 하고도 말할 수 있고, "가자!" 하고도 말할 수 있어요. "출발!"이라고 말해도 재미있을 테고, "가자!"라든지 "떠나자!"라든지 "달리자!"나 "달려!"처럼 때랑 곳을 알맞게 살펴서 찬찬히 말할 수 있어도 재미있습니다.

ㅂ

알궂은 말투

0%: '제로'가 아니라 '하나도 없'네

경쟁이 0%인 놀이

→ 경쟁이 없는 놀이

→ 서로 겨루지 않는 놀이

→ 겨루지 않고 즐기는 놀이

건설이나 건축이나 공사를 하는 이들은 으레 "사고율 제로"나 "사고율 0%"를 외칩니다. "사고 없는 일터를 목표로!"나 "사고 없는 나라가 목표로!"를 외치지 않습니다. '0%'가 아니면 '제로(zero)'입니다. 하나도 없거나 바닥이 났을 적에도 '없다'라는 말을 쓰기보다는 '0%'라는 말을 쓰기를 좋아하는 요즈음 한국 사람입니다.

나라에서는 "성장률 0%"를 말하기도 합니다. 숫자를 써야 더 잘 알아듣는다고 여기니, 자꾸 '0%' 같은 말마디를 씁니다만, '0%' 성장이란 없습니다. "성장률 제자리걸음"이나 "성장률 그대로"이지요.

보기글 --

- ● 나는 아이들에게 경쟁이 0%인 놀이를 더 많이 만나게 해 주고 싶다
- → 나는 아이들한테 경쟁이 없는 놀이를 더 많이 보여 주고 싶다
- → 나는 아이들한테 서로 안 겨루는 놀이를 더 많이 알려 주고 싶다
- → 나는 아이들한테 안 겨루고 즐기는 놀이를 더 많이 물려주고 싶다

『아이들은 놀기 위해 세상에 온다』(편해문 지음, 소나무, 2007년) 66쪽

❀ 100% / 100점: '100%'는 '모든' 것을 '빠짐없이'로

100% 감상하지 못한 채
→ 있는 그대로 즐기지 못한 채
→ 제대로 느끼지 못한 채
→ 오롯이 살피지 못한 채
→ 낱낱이 돌아보지 못한 채

'100%'를 말하듯이 '100점'을 말하기도 합니다. 숫자를 따지는 사회이고, 등수나 계급을 가르는 삶이다 보니, 아무래도 '퍼센트(%)'나 '점수'를 빌어서 마음이나 생각을 나타내려고 하는구나 싶습니다.

그러나 숫자는 모든 모습을 보여 주지 못합니다. 숫자로는 숫자를 그릴 뿐, 사람이 어떤 마음이거나 생각이거나 사랑인가를 밝히지 못해요. 학교를 다니는 어린이와 푸름이가 있으나 학교를 안 다니는 동무가 있고, 대학교를 가는 젊은이가 있으나 대학교를 안 가는 젊은이가 있어요. 도시에서 회사를 다니면서 실적을 쌓아야 하는 사람이 있으나, 시골에서 흙을 만지는 사람이 있습니다. 숫자가 아닌 삶을 헤아리면서 말을 가다듬을 수 있을 때에 한결 아름답습니다.

"100점 만점에서 95점이야"나 "100점 만점에서 50점이야"처럼 말할 수도 있으나, 이 같은 말은 시험 점수에 익숙한 삶일 때에 주고받습니다. "100% 마무리를 해야지"나 "100%에 2% 모자라네" 같은 말을 할 수도 있지만, 이 같은 말도 사회와 삶을 숫자로 따질 때에 주고받을 만해요.

하나도 빠지지 않고 잘 한다면 "빈틈없이 잘 하는" 모습입니다. '모두' 잘 하거나 '몽땅' 잘 하거나 '빠짐없이' 잘 하는 셈일 테지요. 100%나 100점에서 살짝 모자라다고 하면 "살짝 아쉽다"고 할 수 있기도 하지만 "훌륭하다"나 "뛰어나다"나 "놀랍다"고도 할 수 있어요. 99%도 99점도 참으로 훌륭하거나 대단하니까요.

보 기 글 --

● 사진기자는 누구이며 신문 사진은 어떤 것인가에 대한 기초적이고 구체적인 정보가 없어 사진을 100% 감상하지 못한 채
→ 사진기자는 누구이며 신문 사진은 무엇인가 같은 정보가 제대로 없어 사진을 제대로 즐기지 못한 채
『사진기자 정경열, 사진을 말하다』(정경열 지음, 조선일보사, 2004년) 머리말

● 어떤 기술에 대해서도 100% 안전하다고 자신할 수 없는 세상이다
→ 어떤 기술을 놓고 늘 안전하다고 말할 수 없는 오늘날이다
→ 어떤 일이 있어도 안전하다고 할 수 없는 오늘날이다
『착한 도시가 지구를 살린다』(정혜진 지음, 녹색평론사, 2007년) 51쪽

※ 그림이나 사진이나 글을 마주할 적에 빈틈없이 바라보면서 즐길 수 있다면 '모든' 모습을 샅샅이 본다고 할 만합니다. '모두' 보고 '다' 본다는 소리입니다. "100% 안전하다"고 한다면, "하나부터 백까지 안전하다"는 이야기입니다. "하나부터 열까지 안전하다"고 하는 셈이기도 하고요. 이만큼 안전할 적에는 "빈틈없이 안전하다"거나 "물샐틈없이 안전하다"고 할 수 있으며, 앞으로 "한결같이" 또는 "언제까지나" 또는 "늘" 안전한 셈이에요.
숫자로 쳐서 '100%'나 '100점'이라 한다면 '빈틈없다'는 뜻입니다. 빈틈없다고 한다면 '오롯하다'거나 '옹글다'는 뜻입니다. 오롯하거나 옹글다면 '제대로' 보거나 느끼거나 살피거나 한다는 뜻입니다. 제대로 어떤 일을 한다면 '낱낱이' 다룬다는 뜻입니다. 낱낱이 다룰 수 있으면 '있는 그대로', 또는 '꾸밈없이' 마주한다는 뜻입니다.

180도 바뀌다: 어느 날 '송두리째'가 바로 '180도'

> 내 인생은 180도로 바뀌었다
> → 내 삶은 확 바뀌었다
> → 내 삶은 크게 바뀌었다
> → 내 삶은 송두리째 바뀌었다

서양 교육 제도와 학문과 수학이 이 나라에 들어오면서 '180도'라는 말마디를 씁니다. 이런 서양 말투가 이 나라에 들어오기 앞서 쓴 말을 살피면 '확'이나 '크게'나 '놀랍게'나 '송두리째'가 있습니다. '180도' 같은 말마디를 쓰면 쓸수록 한국말은 설 자리를 잃습니다.

새로운 말투를 쓰는 일은 나쁘지 않습니다. 그러나 서양 말투를 받아들이는 동안 한국 말투를 스스로 잊거나 가꾸지 못할 적에는, 마음이나 생각을 북돋우는 말결을 잊거나 놓치기 마련입니다.

삶이 확 바뀌거나 송두리째 바뀌었다고 할 적에는, "삶이 '눈부시게' 바뀌었다"든지 "삶은 활짝 꽃이 피었다"든지 "삶은 새롭게 바뀌었다"든지 "삶이 기쁨으로 넘쳤다"는 이야기입니다. "삶이 놀랍도록 바뀌었다"거나 "삶이 온통 기쁨이다"는 이야기예요. "삶이 뒤집혔다"는 이야기지요.

보기글 --

● 그러던 중 직관적 의사소통이라는 것을 알게 되면서 내 인생은 180도 바뀌었다
→ 그러다가 마음으로 이야기하기를 알면서 내 삶은 송두리째 바뀌었다

『당신도 동물과 대화할 수 있다』(마타 윌리엄스 지음, 황근화 옮김, 샨티, 2007년) 18쪽

2%(2퍼센트 / 2프로 / 2% 부족할 때):
‘2%’라는 말은 ‘살짝’ 아쉽구나

> 2퍼센트 부족할 때 → 조금 모자랄 때 / 살짝 모자랄 때
> → 조금 아쉬울 때 / 살짝 아쉬울 때

조금 모자랄 적에는 "조금 모자라다"고 말합니다. 살짝 모자랄 적에는 "살짝 모자라다"고 말합니다. 모자란 모습을 크기나 숫자로 밝혀야 하는 자리가 아니라면 그냥 "모자라다"고만 해도 됩니다.

1999년에 ‘2%(이프로) 부족할 때’라는 이름이 붙은 마실 거리가 나온 적이 있습니다. 이 마실 거리를 내놓은 회사에서는 ‘2%’라는 말마디를 엄청나게 광고를 해서 사람들한테 퍼뜨렸습니다. 이 무렵부터 사람들은 광고에 휩쓸리면서 ‘조금 모자라다’거나 ‘살짝 못 미친다’고 하는 이야기를 ‘2%’라는 말마디로 나타냅니다. 사람들 스스로 얼결에 이 마실 거리를 광고해 주면서 말하는 셈입니다. 유행 말이나 광고 말을 쓴다고 해서 나쁘다거나 잘못이라고 할 수는 없습니다. 그런데, 회사에서 엄청나게 커다란 돈을 들이고 이름난 배우나 연예인을 써서 광고를 하는 까닭을 살짝이라도 헤아릴 수 있다면, ‘2%(이프로) 부족할’이든 ‘2%’이든 우리가 구태여 써야 할 까닭이 없습니다. 그저 조금 모자랄 뿐이고, 살짝 아쉬울 뿐이며, 가까스로 못 미칠 뿐입니다.

보기 글 -

● 감도 안 오는 ‘2퍼센트 부족’의 이유를 찾아 헤매야 하나
→ 잘 모르겠는 ‘살짝 모자란’ 까닭을 찾아 헤매야 하나

『행복하기를 두려워 말아요』(정은혜 지음, 샨티, 2015년) 284쪽

노답 / 노잼:
우리말로 생각날개를 펼치면 'no잼'이 아니에요

애는 정말 노답이다 → 애는 참 답답이다 / 애는 아주 갑갑하다
그 영화 노잼이던데 → 그 영화 재미없던데 / 그 영화 따분하던데

'답(答)'은 '대답'이나 '해답'이나 '회답'을 줄인 외마디 한자말입니다. '노답'이라 할 적에는 "no + 答"일 테고, "해답(解答)이 없음"을 가리킵니다. '해답'은 '풀이'를 뜻합니다. 그러니 한국말로 찬찬히 따지면 "풀어낼 길이 없다"고 할 적에 'no答'이라는 말을 쓰는 셈입니다.

이와 비슷한 꼴로 '노잼'이라는 말을 쓰기도 하는데, "no+재미"입니다. 아무래도 요새는 유치원에서조차 영어를 가르치느라 '노(no)'나 '예스(yes)' 같은 말은 영어라기보다 여느 자리에서 흔히 쓰는 말이라고까지 할 만합니다.

영어 'no'를 붙였을 뿐 '노답'이나 '노잼'처럼 말을 짓는 모습은 재미있습니다. 다만 생각날개를 더 펼치지 못했습니다. 예전에는 "풀어낼 길이 없다"고 할 적에 흔히 '답답하다'거나 '갑갑하다'거나 '깝깝하다'고 말했어요. 답답하기에 '답답이'가 되고 갑갑하기에 '갑갑이'가 됩니다. 그리고, 재미가 없으면 '재미없다'거나 '따분하다'거나 '지겹다'고 하면 됩니다. 영어를 안 쓰기보다는, 한국말로 재미나게 말놀이를 할 수 있기를 빕니다.

보 기 글

● 애는 정말 노답이다. 얼마나 답이 없느냐 하면
→ 애는 아주 답답이다. 얼마나 답답하느냐 하면

『여고생 미지의 빨간약』(김병섭·박창현 지음, 양철북, 2015년) 14쪽

🌸 K씨: 나는 '김 씨'이거나 'ㄱ 씨'란다

L 모 씨 → ㅇ 씨 / 이 씨 / 이 아무개 씨
A 씨와 B 씨 → ㄱ 씨와 ㄴ 씨

한국 사회에서는 한국말로 서로서로 부르기 마련입니다. 그렇지만 한국 말이 아닌 영어로 '미스 김'이라 부르기 일쑤였습니다. 일본을 거쳐서 들어온 서양 말씨 때문입니다. 한국 사람은 '성이 같은 사람'이 많아서 '성으로 부르는 일'이 드뭅니다. '이름으로 부르'지요. 손윗사람이라면 '철수 아저씨'나 '영희 아주머니'처럼 불렀습니다.

입으로 말하는 자리이든 글을 쓰는 자리이든 이름으로 서로 가리키면 됩니다. 다만, 따로 성을 밝혀서 쓰려고 한다면 한글 닿소리를 따면 돼요. 한국 사람한테는 한글이 있으니 'K 씨' 아닌 'ㄱ 씨'라 하면 되고, 'L 씨' 아닌 '이 씨'라 하면 됩니다. 두 사람을 놓고 "A와 B"라 할 까닭이 없이 "ㄱ과 ㄴ"이라 하면 돼요. 회사나 가게나 마을 이름도 'ㄱ·ㄴ·ㄷ'으로 가리키면 됩니다. 그러니까 'A 출판사·B 전자·C 공장'이 아닌 'ㄱ 출판사·ㄴ 전자·ㄷ 공장'이라 하면 됩니다. 'A 시·B 시·C 시'가 아니라 'ㄱ 시·ㄴ 시·ㄷ 시'처럼 적습니다.

사람을 가리키는 이름도 '철수'하고 '영희'를 'CS'나 'YH'가 아니라 'ㅊㅅ'나 'ㅇㅎ'로 적을 수 있을 때에 아름답습니다. 학교를 나타내는 이름도 'ㄱ 초등학교·ㄴ 중학교·ㄷ 고등학교'처럼 쓸 만해요.

- 평소 가깝게 지내던 K출판사 양 주간
→ 여느 때에 가깝게 지내던 ㄱ 출판사 양 주간

『야생초 밥상』(이상권 지음, 다산책방, 2015년) 4쪽

- 내가 번역을 할 수 있을 거라 믿어 준 K, L, B, 늘 양서를 공급해 주는 J, 변함없는 다정함으로 나를 감동시키는 S에게
→ 내가 번역을 할 수 있다고 믿어 준 ㄱ, ㅇ, ㅂ, 늘 좋은 책을 대 주는 ㅈ, 한결같이 살갑게 나를 감동시키는 ㅅ에게

『사는 게 뭐라고』(사노 요코 지음, 이지수 옮김, 마음산책, 2015년) 255쪽

- A라는 권리와 B라는 권리가 충돌했을 때는
→ ㄱ이라는 권리와 ㄴ이라는 권리가 부딪혔을 때는

『인문학이 인권에 답하다』(박경서 외 여덟 사람 지음, 철수와영희, 2015년) 137쪽

- 뭔가 A와 B 중 어느 한쪽만 불러야 한다면
→ 뭔가 이쪽과 저쪽 가운데 어느 한쪽만 불러야 한다면
→ 뭔가 ㄱ과 ㄴ 사이에서 어느 한쪽만 불러야 한다면

『적나라한 결혼 생활, 결혼 편』(케라 에이코 지음, 심영은 옮김, 21세기북스, 2015년) 110쪽

- SKY(대학교 세 곳을 가리키는 이름)
→ 서고연 / ㅅㄱㅇ

 **숫자말: '일이 년'보다 '한두 해'가 알맞아요**

> 사과 이십다섯 개
> → 사과 스물다섯 알

　라디오로 국악방송을 듣던 어느 날, 아무래도 앞뒤가 안 맞는다 싶은 말 한 마디를 듣습니다.

　사과를 셀 적에 이렇게 셀 수 있을까 궁금합니다. 아니, 숫자를 셀 적에 이리 세어도 되는지 궁금합니다. 한자로 된 숫자말을 쓰려면 '이십오'를 쓸 노릇이고, 우리 숫자말을 쓰려면 '스물다섯'을 쓸 노릇입니다. 그리고, 사과나 배 같은 열매는 '개'가 아닌 '알'로 세야 옳습니다.

　한국말로 숫자를 세면, "쉰 살"과 "예순 살"과 "일흔 살"이요, 한자말로 숫자를 세면 "오십 세"와 "육십 세"와 "칠십 세"입니다. 한국말과 한자말은 서로 다른 말입니다.

> 3달째 월급을 제대로 주지 못하고
> → 석 달째 월급을 제대로 주지 못하고

　입으로 말할 적에 '삼' 달째처럼 쓰는 분은 없으리라 봅니다. '석' 달째라 하겠지요. 그런데 요새는 '세'라고 잘못 쓰는 분이 부쩍 늘었습니다. "석 달"과 "넉 달"처럼 적어야 올바른데 "세 달"과 "네 달"처럼 잘못 쓰는 분이 자꾸 늡니다.

　숫자 '3'을 적으면, 이 숫자를 어떻게 읽을까요? 요즈음 어른이나 아이는 이러한 숫자를 어떻게 읽을까요? '3일'이나 '3년'처럼 적으면 한자말로 '三

日'이나 '三年'이 되고, '사흘'이나 '세 해'처럼 적으면 한국말입니다.

숫자 '셋'을 '3'으로 적어서 '삼'으로 읽어야 할 자리라면 알맞게 적어서 읽으면 됩니다. "밥값 3000원"이나 "버스 3번을 타고 가라"처럼요. 그렇지만, 날이나 달이나 해를 가리키는 자리라면, "사흘 · 석 달 · 세 해"처럼 적을 수 있기를 바랍니다.

> 최근 1, 2년 사이
> → 요 한두 해 사이
> → 요즈음 한두 해 사이
> → 요 몇 해 사이

'일 년'하고 '이 년' 사이라는 뜻에서 이처럼 적었구나 싶은데, '일이 년'으로 적든지 '한두 해'로 적어야 알맞습니다. "요 몇 해 사이"라고 할 수도 있어요.

> 1~3일에 한 번
> → 하루나 사흘에 한 번
> → 사흘에 한 번쯤
> → 날마다 하거나 사흘마다 하거나

하루에 한 번 하는 일과 사흘에 한 번 하는 일은 꽤 다릅니다. 그러니 이 보기글처럼 적으면 아무래도 알쏭달쏭합니다. 하루에 한 번은 '날마다'입니다. 그러니까, "날마다 한다"와 "사흘마다 한다"를 함께 말하려는 셈이니까, "1~3일"처럼 날짜를 이야기하자면, 고개를 갸우뚱할밖에 없습니다.

아무튼, 어떤 일을 날마다 해도 되고 사흘에 한 번 해도 된다는 이야기로 받아들인다면, 살짝 뜸을 두고 해도 된다는 이야기일 테니, "사흘에 한 번

쯤"으로 손볼 때가 가장 잘 어울리겠다고 느낍니다. 아니면, "날마다 하거
나 사흘마다 하거나"처럼 적을 수 있어요.

보 기 글 --

● 날씬한 아가씨들이 5, 6명씩 떼 지어 한바탕 소란을 피우며 체조를 하다간
→ 날씬한 아가씨가 대여섯씩 떼 지어 한바탕 떠들썩하게 체조를 하다간

『아쉬움 속의 계절』(송건호 지음, 진문출판사, 1977년) 82쪽

● 아, 난 열여덟 살의 청소년이 아닙니다. 난 40살입니다
→ 아, 난 열여덟 살 청소년이 아닙니다. 난 마흔 살입니다

『존 레논, 신화와 비극 사이』(안토니 포세트 지음, 이해성 편역, 일월서각, 1981년) 164쪽

● 25~30명의 동지들이 더욱더 강고한 대오를 구축하게 되었다
→ 스물다섯에서 서른쯤 되는 동지가 더욱더 튼튼히 무리를 짰다.

『공장은 노동자의 것이다』(민주노총 화섬연맹 금강화섬노동조합 지음, 삶이보이는창, 2006년) 91쪽

● 그 위안소에는 7~8명의 조선 여자들이 있었다
→ 그 위안소에는 조선 여자가 일고여덟 있었다

『가고 싶은 고향 내 발로 걸어 못 가고』(안이정선 지음, 아름다운사람들, 2006년) 41쪽

● 딸도 멀리서 그를 보고는 단숨에 뛰어오더니 팔에 매달려 "아빠 얼굴 3일 만에 본
다." 하면서 깡충깡충 뛰는 것이었다
→ 딸도 멀리서 그를 보고는 한숨에 뛰어오더니 팔에 매달려 "아버지 얼굴 사흘 만에
본다." 하면서 깡충깡충 뛰었다

『길에서 만난 사람들』(하종강 지음, 후마니타스, 2007년) 44쪽

● 1국가당 평균 40명, 1국가에서 1년당 2명에 못 미치는 숫자
→ 한 나라에 줄잡아 마흔, 나라마다 한 해에 두 사람에 못 미치는 숫자

『군부정치론』(김영명 편저, 녹두, 1986년) 142쪽

- ● 야구장의 2, 3배 정도 넓이의 광장이 완전히
- → 야구장보다 두세 갑절 넓은 터가 모두

  『종교와 과학의 접점』(가와이 하야오 지음, 김동원 옮김, 솔밭, 1991년) 113쪽

- ● 총 60명의 아이들을 여섯 개의 모둠으로 나누고, 각 모둠마다
- → 모두 예순 아이들을 여섯 모둠으로 나누고, 모둠마다

  『우리 아이, 책날개를 달아 주자』(김은하 지음, 현암사, 2000년) 79쪽

- ● 어린 시절 나의 용돈은 1년에 두 번, 가을 축제 때와 설날에 부모에게 받는 100엔이 전부였다
- → 어릴 적 내 용돈은 한 해에 두 번, 가을 잔치와 설날에 어버이한테서 받는 100엔이 다였다

  『인생이라는 이름의 여행』(고히야마 하쿠 지음, 양억관 옮김, 한얼미디어, 2006년) 157쪽

- ● 지금은 60을 훌쩍 넘겼을 그때 그 소녀의 모습을
- → 이제는 예순을 훌쩍 넘겼을 그때 그 아이 모습을

  『그때 그곳에서』(에드워드 김 지음, 바람구두, 2006년) 39쪽

- ● 모내는 날 직접 들에 나가서 4, 50년 만에 처음으로 그것도 최신식 현대 농법(?)으로 모내는 장면을 보셨으니
- → 모내는 날 몸소 들에 나가서 거의 쉰 해 만에 처음으로 게다가 가장 새롭다는 농법(?)으로 모내는 모습을 보셨으니

  『똥꽃』(전희식 지음, 그물코, 2008년) 65쪽

시간 읽기: '여섯 시 오 분 전'은 언제를 가리킬까

여섯 시 오 분 전이었다
　→ 다섯 시 오십오 분이었다
　→ 여섯 시가 거의 다 되었다
　→ 여섯 시까지 오 분 남았다
　→ 오 분 더 있으면 여섯 시였다
　→ 오 분만 있으면 여섯 시였다

　한국말로 '여섯 시 오 분 전'이라 할 적에는, "여섯 시를 지난 때에서 '여섯 시 오 분'이 아직 안 되었다"는 뜻입니다. 그러니까 여섯 시 삼 분이나 여섯 시 사 분이라 할 적에 '여섯 시 오 분 전'인 셈입니다. 이와 달리, 서양 사람은 "다섯 시 오십오 분"을 가리키려고 '여섯 시 오 분 전'처럼 말합니다. 서양 사람은 "아직 여섯 시가 안 된 때"를 가리키려고 '여섯 시 오 분 전'이나 '오 분 전 여섯 시'처럼 말합니다.

아직 여섯 시가 안 됐다
조금 있으면 여섯 시이다
막 여섯 시를 넘으려 한다
이제 여섯 시를 넘으려 한다
바야흐로 여섯 시가 되려 한다

　여섯 시가 조금 안 되었다면 "여섯 시가 조금 안 되었다"고 하면 됩니다. 여섯 시를 막 넘겼다면 "여섯 시를 막 넘겼다"고 하면 됩니다. 언제나 있는

그대로 주고받는 말입니다. 내가 느끼는 그대로 옆 사람도 그대로 느낄 수 있도록 나누는 말이에요.

> 2분 전 두 시여서
> → 한 시 오십팔 분이어서
> → 두 시가 거의 되어서
> → 2분 뒤면 두 시여서
> → 두 시까지 2분이 남아서

영어를 쓰는 서양 사람 말투대로 시간을 읽으면 영 어설플 뿐 아니라 엉성하고 얄궂어요. 영어 말투로는 '열두 시 오십팔 분'을 '이 분 전 한 시'처럼 적을는지 모르나, 한국 말투로는 이처럼 안 적습니다.

게다가, 한국말로 시간을 나타낼 적에는 온갖 말투를 씁니다. 똑똑하게 몇 시 몇 분이라고 적을 수 있고, 어느 때가 다 되었다고 적으며, 몇 분 뒤에 어느 때가 된다고 적습니다. 어느 때까지 몇 분이 남았다고 적기도 합니다.

보기글 --

● 2분 전 한 시여서 나는 서둘러 갔다
→ 열두 시 오십팔 분이어서 나는 서둘러 갔다
→ 2분 뒤면 한 시여서 나는 서둘러 갔다

『행복이 찾아오면 의자를 내주세요』(미리암 프레슬리 지음, 유혜자 옮김, 사계절, 1997년) 169쪽

● 이것만 끝냈는데도 시계를 보니 다섯 시 오 분 전이었다
→ 이것만 끝냈는데도 시계를 보니 네 시 오십오 분이었다
→ 이것만 끝냈는데도 시계를 보니 다섯 시가 다 되었다

『다슬기 한 봉지』(강무지 지음, 낮은산, 2008년) 108쪽

이름씨꼴로 쓴 말:
'ㅁ'을 붙여서 이름씨로 삼을 적에는

하나씩 줄어듦과 동시에
→ 하나씩 줄어들면서
→ 하나씩 줄어들기도 하면서
→ 하나씩 줄어들 뿐 아니라
→ 하나씩 줄어드는 데다가
→ 하나씩 줄어들고, 게다가

'살다'는 '삶'이나 '살이'나 '살기'처럼 씁니다. '살다'를 '삶'처럼 쓸 적에는 '삶터'나 '삶짓기'나 '삶말'이나 '삶노래'처럼 여러모로 쓰임새를 넓힙니다. '살다'를 '살이'처럼 쓸 적에는 '시골살이'나 '드난살이'나 '한살이'나 '겨우살이'처럼 차근차근 쓰임새를 넓혀요. '살다'를 '살기'처럼 쓸 적에는 '죽기 살기'나 '함께 살기'나 '바르게 살기'처럼 쓰임새를 새롭게 넓히지요. 한국말 사전에 오르는 낱말이 아니어도 즐겁게 새 낱말로 삼아서 씁니다.

그런데, 이 보기글처럼 "줄어듦과 동시에"처럼 적는 이름씨꼴(명사형) 말투는 얄궂습니다. 왜냐하면, 이러한 글에서는 명사형 말투로 쓸 까닭이 없기 때문입니다. 이를테면, "나는 너와 삶과 동시에"처럼 쓰면 얄궂지요. "나는 너와 살면서"처럼 써야 합니다. "아기는 눈을 감음과 동시에 잠들었다" 같은 말마디도 얄궂어요. "아기는 눈을 감으면서 잠들었다"나 "아기는 눈을 감자마자 잠들었다"처럼 써야 해요.

영어를 한국말로 잘못 옮기면서 이러한 말투가 자꾸 불거집니다. 한국말을 옳게 바라보지 못하기에 이러한 말투가 자꾸 나타납니다. 한국말을 옳

고 바르게 익히지 못한 채 영어를 섣불리 배우니, 영어를 한국말로 옮길 적
에 자꾸 얄궂게 쓰고 말아요.

보 기 글--

● 그가 노래를 끝마쳤을 때, 이제 겨우 시작한, 많은 미숙함이 있는 그를 보면서, 그가
  곧 새로운 연극의 대지에 입문해 큰 배우로서 성장하길 기대하는 박수를 보냈다
→ 그가 노래를 끝마쳤을 때, 이제 겨우 첫발을 뗀, 많이 서툰 그를 보면서, 그가 곧 새
  로운 연극밭에 들어서서 큰 배우로 자라기를 바라면서 손뼉을 쳤다

『추송웅 연구』(안치운 지음, 예니, 1995년) 머리말

● 굳이 가족을 데려온 데에 대한 미안함 때문에
→ 굳이 식구를 데려와서 미안했기 때문에

『아기 사슴 플랙 1』(마저리 키난 롤링즈 지음, 이희재 옮김, 시공주니어, 1998년) 114쪽

● 우리네가 그동안 바쁘게 살아오느라 잊어버리고 말았던 더불어 살아 나감에 있어
  서의 소박한 감동들이 어찌 그리 크게 느껴지는지
→ 우리네가 그동안 바쁘게 살아오느라 잊어버리고 말았던 더불어 사는 수수한 기쁨
  을 어찌 그리 크게 느끼는지

『캄보디아에서 한일을 보다』(우수근 지음, 월간 말, 2003년) 39쪽

● 그곳에서부터 이런 향기와 소리가 우리에게 날아옴을 알려 주는 것일지 모른다
→ 그곳에서부터 이런 냄새와 소리가 우리한테 날아온다고 알려 주는 셈일는지 모른다

『소로우의 강』(헨리 데이비드 소로우 지음, 윤규상 옮김, 갈라파고스, 2012년) 488쪽

임자말 자리(우리는／나는／저는)：
'임자가 되는 말'은 맨 앞으로

이러한 곳에서 우리는 학교를 다닌다
　→ 우리는 이러한 곳에서 학교를 다닌다
　→ 이러한 곳에서 학교를 다닌다

　이 보기글을 보면 임자말(주어) '우리는'이 글 사이에 끼어들었습니다. 서양말이나 서양 말법이라면 임자말(주어)을 홀가분하게 이곳저곳에 넣을 만할는지 모르나, 한국말에서는 주어가 되는 말을 아무 자리에나 끼워 넣지 않습니다. 한국말에서는 주어를 글월 첫머리에 넣거나 아예 뺍니다. 이 보기글에서는 '우리는'을 맨 앞으로 옮기거나 아예 **빼야** 올바릅니다.

빵집으로 가는 길을 나는 알아
　→ 나는 빵집으로 가는 길을 알아
　→ 빵집으로 가는 길을 알아

　이 보기글은 '내'가 임자가 되어 이야기를 이끄니까, 굳이 '나는'이라는 말을 안 넣어도 됩니다. 굳이 '나는'을 넣고 싶으면 글월 첫머리로 옮겨 줍니다.

선물을 받을 수 있어서 저는 기뻐요
　→ 선물을 받을 수 있어서 기뻐요
　→ 저는 선물을 받을 수 있어서 기뻐요

'저는'도 '우리는'이나 '나는'하고 똑같습니다. 글월 사이에 함부로 넣지 않아요. 아예 빼거나 글월 첫머리로 옮겨야 올발라요.

보기글 --

- 저는 라디오 방송을 처음 하는 사람입니다. 이것이 야외의 낭독회는 아닙니다만, 그래도 어느 정도의 해방감을 저는 느낍니다
→ 저는 라디오 방송을 처음 하는 사람입니다. 이 자리가 밖에서 하는 낭독회는 아닙니다만, 그래도 이럭저럭 홀가분하다고 느낍니다

『퓨리턴의 초상』(김수영 지음, 민음사, 1976년) 212쪽

- 취미가 직업이 되고 취향이 삶이 되는 시대에 우리는 살고 있다
→ 우리는 취미가 직업이 되고 취향이 삶이 되는 시대에 산다

『너, 행복하니?』(김종휘 지음, 샨티, 2004년) 72쪽

- 비밀 정원으로 가는 길을 나는 알고 있다. 골목과 골목 사이, 사람과 사람 사이를 지나 나는 그곳으로 간다. 그러다 활처럼 휘어지는 언덕길을 올라가면 초록 대문이 나오고, 나는 두근거리는 마음으로 비밀 정원에 들어선다 (…) 교문을 들어서며 별이에게 내가 물었다
→ 나는 숨은 뜰로 가는 길을 안다. 골목과 골목 사이, 사람과 사람 사이를 지나 그곳으로 간다. 그러다 활처럼 휘어지는 언덕길을 올라가면 푸른 대문이 나오고, 두근거리는 마음으로 숨은 뜰에 들어선다 (…) 나는 교문을 들어서며 별이한테 물었다

『청소년 백과사전』(김옥 지음, 낮은산, 2006년) 158, 162쪽

입음꼴로 쓴 말 '— 하게 되다':
한국말에 없는 피동형 말투

> 먹을 수 있게 되었어요
> → 먹을 수 있었어요
> → 먹었어요

시골에서 사는 할머니와 할아버지는 '하게 되다' 같은 말투를 안 씁니다. 책이나 교과서에 흔히 나오고, 학교나 방송이나 신문에서는 '하게 되다' 같은 말투를 흔히 써요.

"일자리를 얻어 밥을 먹게 되다"가 아닌 "일자리를 얻어 밥을 먹을 수 있다"처럼 써야 올바릅니다. "이런 용어가 사용되면서"가 아닌 "이런 말을 쓰면서"처럼 써야 올발라요.

어린이가 글을 익혀서 처음으로 편지를 쓰는 일을 가리키는 자리에서는 "아이는 편지를 쓸 수 있습니다"처럼 말해야 알맞습니다. "아이는 이제 편지를 쓸 수 있습니다"라든지 "아이는 이제 편지를 씁니다"처럼 말해야 맞지요.

가만히 헤아려 보면, '한국말 문법'에 '입음꼴(피동형)은 없다'고 할 수 있습니다. 이러한 말투를 쓸 일이 없으나, 서양말인 영어를 가르치고 배워야 하면서, 억지로 '문장 구조를 짜느라' 피동형 같은 말투가 나타나요.

한국은 일본 식민지를 거쳤고, 서양말과 서양 문법을 하나도 못 거른 채 받아들였어요. 한국말 문법이 제대로 서기 앞서 일본말과 서양말이 잔뜩 들어왔고, 외국말을 옮기는 분들은 한국말을 제대로 익히거나 살피지 못한 채, 일본 문법과 서양 문법을 잘못 받아들이기까지 했어요. 게다가, 일본말이나 서양말에는 '피동형'이 있어요. 한국말에 피동형이 없더라도 외국 글을 옮기는 사이에 '잘 번역하려는 뜻'으로 그만 피동형이 엄청나게 들어왔어요.

보 기 글 --

- 내게 있다는 것을 알게 된 것은 그리 오래되지 않는다
→ 내게 있는 줄 안 때는 그리 오래되지 않는다

『김포행 막차』(박철 지음, 창작과비평사, 1990년) 163쪽

- 무엇보다 아카네는 편지를 쓸 수 있게 되었어요
→ 무엇보다 아카네는 편지를 쓸 수 있어요

『안녕 모모, 안녕 아카네』(마쓰타니 미요코 지음, 햇살과나무꾼 옮김, 양철북, 2005년) 65쪽

- 시인들이 한 가지 어려움을 만나게 되었습니다
→ 시인들이 한 가지 어려운 일을 겪었습니다

『몽당연필에도 주소가 있다』(신현득 지음, 문학동네, 2010년) 4쪽

- 경호원 여우 아저씨들은 그림을 그리는 동안 순찰을 돌게 되는데, 물감을 쓰거나 어른이 도와주는 그림은 다 **빼앗아서** 찢어 버립니다
→ 경호원 여우 아저씨들은 그림을 그리는 동안 돌아보는데, 물감을 쓰거나 어른이 도와주는 그림은 다 **빼앗아서** 찢어 버립니다

『미술왕』(이정록 지음, 한겨레아이들, 2014년) 11쪽

- 서로 뗄 수 없는 역동적인 관계로 얽혀 있다는 걸 깨닫게 된다
→ 서로 뗄 수 없이 힘차게 얽혔구나 하고 깨닫는다

『공기, 신비롭고 위험한』(피터 에디 지음, 임지원 옮김, 반니, 2015년) 18쪽

- 목줄을 잡고 끌고 가면 그냥 따라가게 되어 있어요
→ 목줄을 잡고 끌고 가면 그냥 따라가요

『밥은 묵고 가야제』(류상진 지음, 봄날의책, 2015년) 239쪽

人

이런 말 저런 말

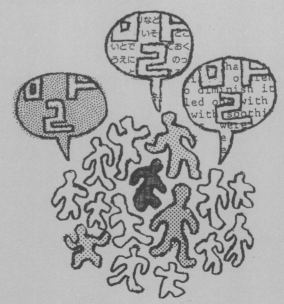

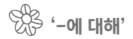

'-에 대해'

지적해 주신 데 대해 감사합니다
- 국립국어원 누리집

　한국말을 다루는 정부 기관인 국립국어원 누리집에서 흔히 쓰는 말투로 "지적해 주신 데 대해 감사합니다(감사드립니다)"가 있습니다. 국립국어원에서 일하는 분들은 국립국어원에 어떤 이야기를 묻는 사람이 있으면, 으레 글 끝에 이 같은 말을 붙입니다. 이러한 말투는 국립국어원뿐 아니라 다른 공공 기관에서도 흔히 쓰고, 여느 회사에서도 자주 씁니다. 공무원이나 회사원이라면 누구나 이러한 말투를 쓴다고 할 만합니다.

　"(무엇)하는 데 대해"는 번역 말투입니다. '감사(感謝)하다'는 한자말입니다. 번역 말투는 마땅히 한국 말투로 바로잡아야 합니다. 한자말이기에 안 써야 하는 말은 아니지만, 한국말이 있다면 구태여 한자말을 써야 할 까닭이 없습니다. 한자말을 즐겨 쓰는 분들은 으레 '다양성을 살리려면 한자말도 써야 한다'고 말하지만, 다양성을 살리려 한다면 영어도 일본말도 다 쓸 노릇이고, 번역 말투나 일본 말투도 다 쓸 노릇일 테지요.

　번역 말투나 일본 말투를 왜 바로잡아서 '한국 말투'로 쓰려 하는지 생각해야 합니다. 한국말이 버젓이 있는데, 굳이 공공 기관에서 '땡큐'나 '아리가또' 같은 외국말을 써야 할 까닭이 없듯이, '고맙습니다'라는 한국말이 있으니 '감사합니다' 같은 외국말(중국말 또는 한자말)을 써야 할 까닭이 없습니다.

　　ㄱ. 짚어(가르쳐) 주셔서 고맙습니다
　　ㄴ. 알려(말씀해) 주셔서 고맙습니다

ㄷ. 말씀 고맙습니다

ㄹ. 말씀 잘 들었습니다

ㅁ. 말씀 고맙게 듣겠습니다

 ## '관계자 외 출입금지'

관계자 외 출입하지 마십시오

– 서울 상암동 축구경기장

"관계자 외 출입금지" 같은 푯말이 꽤 오랫동안 쓰였습니다. 참으로 오랫동안 '출입금지'라는 푯말로 사람들이 억눌렸습니다. 한자말로 붉게 적는 '금지(禁止)'는 매우 무섭거나 무시무시하다 할 만합니다. 그런데, 이 한자말은 어느새 '마십시오'로 바뀝니다. 사회에 민주가 흐르면서 '딱딱한 관공서 말투'가 조금 누그러집니다.

그런데, '출입(出入)'이라고 하는 한자말도 한국말이 아닙니다. 한국말은 '드나들다'입니다. '들고 나다'라든지 '나고 들다'처럼 쓰는 한국말입니다. '출입문'은 한국말로 '나들문'입니다. 전철을 타고 내리려고 드나드는 길목이라든지, 고속도로에서 이곳과 저곳을 잇는 길목을 가리킬 적에 으레 '나들목'이라는 낱말을 씁니다.

ㄱ. 드나들지 마십시오

ㄴ. 아무나 들어오지 마셔요

ㄷ. 이곳 관계자만 들어오는 곳입니다

ㄹ. 이곳 일꾼만 드나드는 곳입니다

ㅁ. 이곳에 오지 마셔요

‘出入’을 한글로 ‘출입’처럼 적더라도 한국말이 되지 않습니다. ‘출구’와 ‘입구’는 ‘나가는 곳’과 ‘들어오는 곳’으로 손보고, ‘출입구’는 ‘드나드는 곳’으로 손질합니다. “관계자 외 출입금지”를 “관계자 외 출입하지 마십시오”로 한 번 손질했다면, 더 손질해서 “관계자 말고 드나들지 마십시오”로 적을 만합니다. 더 손질해서 “아무나 드나들지 마십시오”나 “함부로 들어오지 마셔요”처럼 적을 수 있어요.

 **‘필요시’**

필요시 누구나 사용할 수 있습니다
– 모래를 쌓은 곳

겨울철에 눈이 많이 오면 찻길에 뿌려서 자동차가 미끄러지지 않도록 하려고 ‘모래를 쌓은 곳’이 있습니다. 어느 곳에는 모래주머니를 놓고, 어느 곳에는 모래상자를 놓습니다. 이렇게 ‘모래를 쌓은 곳’에 적은 알림글을 문득 들여다보다가 고개를 갸우뚱합니다.

ㄱ. 눈이 오면 누구나 쓸 수 있습니다

ㄴ. 길이 미끄러우면 누구나 쓸 수 있습니다
ㄷ. 눈길에 누구나 뿌릴 수 있습니다
ㄹ. 미끄러운 길에 누구나 뿌릴 수 있습니다
ㅁ. 이 모래는 누구나 쓸 수 있습니다

'필요시(必要時)'는 공공 기관에서 무척 널리 쓰는 말투라 할 텐데, 이 말투는 일제 강점기부터 이 땅에 퍼졌다고 할 만합니다. 요새는 '필요시'보다는 '필요하면'처럼 '-時'를 손질해서 쓰는 분이 많습니다만, '必要'라는 한자말까지 손질할 수 있기를 바라요. "要 냉장"이나 "要 주의"처럼 '要'를 넣은 말투는 모두 일본 말투입니다. '必히'라든지 '必讀'처럼 쓰는 말투도 죄다 일본 말투예요. 그러니, 이처럼 얄궂게 퍼지는 말투인 '필요'도 털 수 있어야 한다고 느낍니다.

한국말은 '쓰다'이고, 이를 한자말로 옮기니 '사용(使用)'입니다. 한국말 사전에서도 '사용'이라는 한자말은 '부리다'나 '쓰다'로 고쳐 써야 한다고 밝힙니다. 그렇지만, 공공 기관에서든 학교에서든 한국말 사전을 제대로 살피지 못하는 듯하고, 나라에서 알려 주는 '순화 용어'를 찬찬히 헤아리지 못하는 듯해요.

 **"아래 번호로 전화하세요"**

전화로 알려 주실 분은 아래 전화를 이용해 주십시오
  - 전철에서

　전철에 "고객의 소리"를 받는다고 하는 엽서가 곳곳에 있습니다. 전철을 탄 어느 날 문득 궁금해서 이 엽서를 꺼내 보았습니다. "고객의 소리" 엽서에는 전화로 알려 주어도 된다고 하면서 전화번호를 밝혀 놓기도 합니다. 그런데, 엽서에 적힌 글을 보니 "아래 전화"로 걸라고 나옵니다.

　"아래 전화"가 있으면 "위 전화"도 있을까요? 일본 사람이 글을 쓰면서 원고지 위쪽과 아래쪽을 갈라 '위'나 '아래'처럼 쓰던 버릇이 한국에 잘못 퍼져서 이 말투가 생겼습니다. 무엇을 알리려 하면서 뒷자리에 더 밝혀 적는다고 할 적에는 "다음 전화"나 "이 전화"처럼 적어야 올바릅니다.

　줄이 모자라서 다음 쪽으로 넘어갈 적에 "아래 전화"처럼 적을 수 없겠지요. 다음 쪽으로 넘어가니 "위 전화"처럼 적지 않아요. '다음'이라는 낱말을 넣습니다. 또는 '바로 이어지는 자리'를 가리키는 '이'라는 낱말을 넣어요. 그리고, 전화는 '겁'니다. 전화는 '이용(利用)'하지 않습니다.

전화로 알려 주실 분은 다음 번호로 걸어 주십시오
전화로 알려 주실 분은 이 번호로 걸어 주십시오
다음 번호로 전화하여 알려 주십시오
이 번호로 전화하여 알려 주십시오

　그나저나 '고객(顧客)'은 누구를 가리킬까요? 한국말 사전에서 이 한자말을 찾아보면 "'단골손님', '손님'으로 순화"로 풀이합니다. '단골·단골손님·손님'으로 고쳐 써야 한다는 뜻입니다. 전철을 타는 사람은 '단골'이 아닐 테니 '손님'으로 고쳐 써야 올바르리라 봅니다. 이리하여, "고객의 소리"는 "손님 목소리"로 고쳐 쓰면 됩니다.

 '스틱'

스틱을 입에 물고 장난하면 다칠 우려가 있습니다
— 얼음과자 막대기

막대기 손잡이가 있는 얼음과자가 있습니다. 흔히 '하드(hard)'라는 영어로 가리키는데, 한국말 사전에서 '하드'를 찾아보면 "'얼음과자'를 부드러운 아이스크림에 상대하여 이르는 말"이라고 나옵니다. 그러니까, 한국말로는 '얼음과자'인 셈입니다. 북녘에서는 '얼음보숭이'라는 낱말을 널리 쓴다고 하는데, 남녘에서는 '얼음과자'로 쓴다고 할 만합니다. 다만, 요새는 남북녘 모두 '얼음과자·얼음보숭이'보다는 '하드·아이스크림' 같은 영어를 훨씬 널리 씁니다.

ㄱ. 막대 손잡이를 입에 물고 장난하면 다치니 잘 살피셔요
ㄴ. 막대기를 입에 물고 장난하면 다칠 수 있습니다
ㄷ. 손잡이를 입에 물고 장난하다가는 다쳐요

막대기 손잡이가 있는 얼음과자를 싼 비닐을 보면, "스틱을 입에 물고 장난하면 다칠 우려가 있습니다" 같은 알림글이 있습니다. 얼음과자는 아이들이 많이 먹을 텐데, 이 알림글을 아이들이 읽어 낼 만할까요?

이 알림글에서 '스틱(stick)'은 영어이고, '막대기'나 '지팡이'를 뜻한다고 합니다. 그러니, 한국말은 '막대기'나 '지팡이'입니다. "다칠 우려(憂慮)가 있습니다"라는 말마디가 나오는데, 한자말 '우려'는 "근심하거나 걱정함"을 뜻합니다. 그러니, 한국말은 '근심'이나 '걱정'입니다. 이리하여, "막대기를 입에 물고 장난하면 다칠까 걱정스럽습니다"라는 소리입니다. 그리고, 이 글월을 다시금 손질해서, "막대기를 입에 물고 장난하면 다칠 수 있습니다" 처럼 부드럽게 쓸 수 있습니다.

❀ "환승 시 하차 태그하세요"

환승 시에는 반드시 하차 태그해야 합니다

- 서울시 시내버스

서울처럼 커다란 도시에서는 버스끼리 갈아타거나 버스에서 전철로 갈아타거나 전철에서 버스로 갈아타기에 수월합니다. 이때에 교통카드를 쓰면 찻삯을 줄일 수 있다고 합니다. 이리하여 버스나 전철에서는 '갈아탈' 적에 '교통카드를 잘 대라'고 알리는 글을 붙입니다.

그런데, 한쪽에서는 '갈아타기·갈아타다'를 말하지만, 다른 한쪽에서는 '환승(換乘)'이라는 한자말을 씁니다. 버스나 전철은 어린이도 함께 타는 만큼, 어린이도 함께 알아들을 수 있도록 한국말로 쉽게 '갈아타기 · 갈아타다' 같은 낱말로 써야 할 테고, '환승역'이 아닌 '갈아타는 역'이라고 말해야지 싶습니다. '갈아타는 역'이라고 할 때에 글잣수가 길다면 '길목역'처럼 새로운 낱말을 지을 만해요. 이쪽 길(찻길)과 저쪽 길(찻길)을 잇는 목이 '갈아타는 역'이기에, '길목역' 같은 이름을 붙일 수 있어요.

> ㄱ. 갈아탈 때에는 반드시 카드를 대야 합니다
> ㄴ. 갈아타면서 반드시 카드를 댑시다
> ㄷ. 갈아타면서 반드시 카드를 대셔요

'하차(下車)'라고 하는 한자말은 "차에서 내림"을 뜻합니다. 버스나 전철 같은 탈거리는 서양에서 일본을 거쳐서 들어왔습니다. 이러다 보니 일본에서 흔히 쓰는 한자말도 함께 들어왔어요. 차에 탈 적에는 '타다'라 말하고, 차에서 내릴 적에는 '내리다'라 말하면 됩니다. '승차(乘車) · 하차(下車)'가 아닙니다. 그리고, '태그(tag)'는 영어입니다. '꼬리표'나 '꼬리표를 붙이다'를 뜻한다고 해요. 이런 영어를 써야 한다면 쓸 노릇이지만, 교통카드를 판에 대는 일은 '대다'라고 말하면 됩니다.

✿ '개봉 시 주의 사항'

개봉 시 주의

- 병마개

    지난날에는 병마개가 모두 병따개로 따도록 나왔으나, 이제는 병따개를 따로 안 쓰더라도 돌려서 열 수 있도록 나오기도 합니다. 병따개를 써서 뽕 하고 따는 마개에는 따로 글이 안 적히기 마련인데, 돌려서 여는 병마개에는 으레 '돌리세요'와 '개봉 시 주의' 같은 글이 적힙니다.

    한자말 '개봉(開封)'은 "봉하여 두었던 것을 떼거나 엶"을 뜻하고, '주의(注意)'는 "마음에 새겨 두고 조심함"을 뜻한다고 합니다. '조심(操心)'은 "잘못이나 실수가 없도록 말이나 행동에 마음을 씀"을 뜻한다고 해요. 그러니까, 한자말 '주의'는 "마음에 새겨 두고 마음을 씀"을 가리키는 셈입니다. 여러모로 엉뚱하다 싶은 말풀이요, 겹말풀이입니다.

    ㄱ. 딸 때 마음을 쓰도록
    ㄴ. 딸 때 잘 살피도록
    ㄷ. 딸 때 잘 살피셔요

    병마개를 옆으로 돌려서 열 적에 자칫하면 손가락을 다칠 수 있습니다. 그러니, '잘 살피라'는 뜻으로 알림글을 적는다고 할 만합니다. 그러면, 사람들이 잘 알아볼 수 있도록 "잘 살피셔요"나 "잘 살피세요" 같은 말마디를 적을 노릇입니다. 왜냐하면, 술병이라면 어른이 딸 테지만, 물이나 탄산음료를 담은 병이라면 어린이가 딸 테니, 어린이가 잘 알아보도록 글을 적어야 올바릅니다.

　그리고 보면, 예부터 한국 사람은 만난 뒤 헤어지는 자리에서 으레 "살펴 가셔요" 하고 말하면서 절을 했습니다. 돌아가는 길에 다치거나 넘어지지 말고 잘 들어가라는 뜻을 밝혔습니다.

"잘못 만들어진 책은 구입처에서 바꾸어드립니다"

> 잘못 만들어진 책은 구입하신 곳에서 바꾸어 드립니다
> 잘못된 책은 교환해 드립니다
> – 책에 있는 간기

　책마다 '간기(刊記)'가 있습니다. 책을 펴낸 날짜나 책을 펴낸 곳이나 책을 펴낸 사람 들을 적은 곳을 가리킵니다. 그래서 이 말은 '펴낸말'로 고쳐서 쓸 수 있습니다. 왜냐하면, '발행인(發行人)·발행일(發行日)·발행처(發行處)'를 '펴낸이·펴낸날·펴낸곳'으로 고쳐서 쓰기 때문입니다. 이제는 '필자(筆者)'를 '글쓴이'로 바로잡아서 쓰고, '작가(作家)'는 '지은이'로 손질해서 씁니다.

　'펴낸말'에 적는 말을 보면 "잘못 만들어진 책"이나 "잘못된 책"처럼 두 가지로 쓰곤 합니다. 얼핏 보아서는 둘 다 맞는구나 싶을 테지만 "잘못 만들어진 책"에서 '만들어진'이 올바르지 않습니다. '만든'으로 바로잡아야 합니다. 책을 출판사 아닌 다른 곳에서 '만들어서 내놓지' 않을 테니 "잘못 만든 책"으로 적어야 올바릅니다. '구입(購入)'이라는 한자말을 한국말 사전에서

찾아보면, "물건을 사들임. '사들이기', '사들임'으로 순화"처럼 풀이합니다. 그러니, "책을 사들이신 곳"이나 "책을 사신 곳"으로 손질합니다. "처음 산 곳"이나 "장만하신 곳"으로 손질해도 됩니다.

그리고, 펴낸말을 보면 "바꾸어 드립니다"와 "교환(交換)해 드립니다" 두 가지가 나타나는데, 한국말 '바꾸다'로 적어야지 싶어요. 한자말 '교환'은 "서로 바꿈"을 뜻합니다.

  ㄱ. 잘못 만든 책은 처음 산 곳에서 바꾸어 줍니다
  ㄴ. 잘못 나온 책은 처음 산 곳에서 바꾸어 줍니다
  ㄷ. 잘못된 책은 바꾸어 줍니다
  ㄹ. 잘못 만든 책은 바꾸어 줍니다

 ## "작가와의 협의에 따라 인지는 붙이지 않습니다"

작가와의 협의에 따라 인지는 붙이지 않습니다
가격은 뒤표지에 적혀 있습니다
– 책에 적힌 말

책을 보면 으레 두 가지 말을 적어 넣습니다. 하나는 인지 이야기이고, 다른 하나는 책값 이야기입니다. 요즈음은 책에 인지를 붙이는 일이 무척 드뭅니다. 그래서 인지를 붙이지 않을 적에 "인지는 붙이지 않습니다"처럼 글을 적어 넣는데, 으레 "작가(作家)와의 협의(協議)에 따라" 같은 말투를 씁니다. '작가'는 '지은이'를 가리키고, '협의'는 '이야기'를 가리켜요. 그러니, "지은이와 이야기하여"처럼 손보면 돼요. 이 글월처럼 '(누구)와의 (무엇)에 따라'처럼 쓰는 말투는 일본 말투입니다. 이를테면 "선생님과의 상담에 따라"나 "부모님과의 상의에 따라"나 "친구와의 계획에 따라" 같은 말은 "선생님과 상담하여"나 "부모님과 상의하여"나 "친구하고 계획하여"처럼 적어야 올발라요.

다음으로 '가격(價格)'을 살펴봅니다. 한국말은 '값'입니다. 책은 책값입니다. "적혀 있습니다"는 번역 말투이니 "적혔습니다"로 바로잡아야 하는데, "값은 뒤에 적혔습니다"처럼 쓰기보다는 "값은 뒤에 적었습니다"처럼 적어야 알맞습니다. 한국말은 피동형이 아닌 능동형으로 쓸 때에 느낌이 제대로 살고 매끄러워요.

지은이와 얘기하여 인지는 붙이지 않습니다
이 책에는 인지를 안 붙이기로 지은이와 이야기했습니다
값은 뒤에 적었습니다
값은 뒤에 적어 놓았습니다

✿ '희망 소비자 가격'

희망 소비자 가격 / 권장 소비자 가격

'소비자 가격(消費者價格)'이라는 말이 있습니다. "소비하는 사람(소비자) 이 어떤 것을 살 적에 내는 값(가격)"을 가리키는 낱말입니다. 과자 봉지부터 자동차나 집까지 '소비자 가격'이 붙는다고 합니다. 그런데 과자나 빵이나 물건을 보면 '희망 소비자 가격'이나 '권장 소비자 가격'이라는 말이 붙기도 해요. 말뜻 그대로 "희망하는 소비자 가격"이요, "권장하는 소비자 가격"인 셈입니다.

'희망(希望)하다'는 "바라다"를 뜻합니다. '권장(勸奬)하다'는 "권하여 장려 하다"를 뜻하고, '권하다'는 "어떤 일을 하도록 부추기다"를 뜻하며, '장려(奬 勵)하다'는 "좋은 일에 힘쓰도록 북돋아 주다"를 뜻해요. '희망 소비자 가격' 이라면 "이만큼 받고 싶은 값"을 가리킬 테고, '권장 소비자 가격'은 "이만큼 받도록 하려는 값"을 가리키는 셈입니다.

우리가 읽는 책에는 '희망 소비자 가격'이나 '권장 소비자 가격'이라는 이 름이 거의 안 붙습니다. 한번 책을 살펴보셔요. 바코드 아래쪽에 '값'이라 고만 나오기 마련입니다. 책방마다 책값을 다르게 매겨서 어느 책방에서는 책값이 싸다고 하더라도 책에는 '값'만 붙어요. "바라는 값"이나 "받도록 하 려는 값"이라 하지 않아요.

다른 모든 물건에도 '값'이라고만 붙이면 되리라 생각합니다. 행정이나 공공 기관이나 공장에서 쓰는 전문 낱말로 꼭 '소비자 가격 · 희망 소비자 가격 · 권장 소비자 가격'이라고 써야 하지 않습니다. '받을 값'이나 '제값'이 나 '공장 값'처럼 쓸 수 있어요. 쉽게 말하려 할 적에 쉬운 말이 태어납니다.

✿ "거동이 불편하세요?"

거동이 불편해서 외출을 못 한다
→ 몸을 움직이기 힘들어 외출을 못 한다
→ 몸을 쓰기 힘들어 밖에 못 나간다

한자말 '거동(擧動)'은 "몸을 움직임"을 뜻한다고 합니다. 한국말 사전에 실린 보기글로 "거동이 불편하다"와 "거동이 수상하다" 두 가지가 있습니다. 한자말 '불편(不便)'은 "1. 어떤 것을 사용하거나 이용하는 것이 거북하거나 괴로움 2. 몸이나 마음이 편하지 아니하고 괴로움 3. 다른 사람과의 관계 따위가 편하지 않다"를 뜻한다고 합니다. 그러니까, '거동'은 한국말로 '움직임'을 가리키는 셈이고, '불편'은 '괴로움'이나 '거북함'을 가리키는 셈입니다. "거동이 불편하다"고 할 적에는 "움직이기 괴롭다"나 "움직이기 힘들다"는 소리입니다. "거동이 수상하다"라면 "움직임이 수상하다"나 "움직임이 아리송하다"는 소리가 될 테지요.

움직이기 힘들다고 한다면, 몸을 쓰기 힘듭니다. 몸을 쓰기 힘들다고 한다면, 일을 제대로 못 합니다. 일을 제대로 못 하는 몸이라면, 잘 다니지 못할 테지요. 말결에 따라 어떤 몸짓이나 모습인가 하고 하나하나 헤아립니다.

보 기 글 --

● 산에서 나무 베는 작업을 하던 도중 다쳐 거동이 불편한 상태다
→ 산에서 나무 베는 일을 하다가 다쳐 움직이기 힘들다
→ 산에서 나무를 베다가 다쳐 몸을 쓰기 힘들다

『인권』(국가인권위원회) 2005년 7월호 32쪽

✿ "거론할 이유 없다"

이 문제는 더 거론할 이유가 없어
 → 이 문제는 더 말할 까닭이 없어
 → 이 일은 더 들먹일 까닭이 없어
 → 이 얘기는 더 다룰 까닭이 없어

한자말 '거론(擧論)'은 "어떤 사항을 논제로 삼아 제기하거나 논의함"을 뜻한다고 하는데, '논제(論題)'는 '이야깃감'을 가리키고, '제기(提起)'는 '내어 놓음'을 가리키며, '논의(論議)'는 '이야기함'을 가리킵니다. 말풀이를 여러 가지 한자말로 붙인 '거론'이지만, 말뜻을 하나하나 따지면, "이야깃감을 내 놓아 이야기를 나눔"을 나타낼 뿐입니다. '거론하다'는 '이야기하다'를 가리 키는 셈이에요.

보기글을 돌아봅니다. 어떤 이야깃감을 툭 던지듯이 내놓는다고 한다 면, '들먹이다'나 '들추다' 같은 낱말을 쓸 수 있습니다. 어떤 이야깃감을 함 께 다루어야 하는 자리라면 '다루다' 같은 낱말을 쓰면 됩니다.

이야기 흐름을 살펴서 "이 얘기는 더 나눌 까닭이 없어"나 "이 얘기는 더 할 까닭이 없어"나 "이 얘기는 더 주고받아야 할 까닭이 없어"나 "이 얘기는 더 건드릴 까닭이 없어"처럼 말할 수 있습니다.

● 스크린쿼터는 GATT는 물론 그 후신인 WTO에서도 인정하고 있는 '문화적 예외 조항'으로 볼 때, 현재로선 어떤 '경제 논리'로도 축소나 폐지를 거론할 이유가 없기 때문이다

→ 스크린쿼터는 GATT를 비롯하여, 나중에 생긴 WTO에서도 받아들이는 '문화 예외 조항'으로 볼 때, 아직까지 어떤 '경제 논리'로도 줄이거나 없애자고 할 까닭이 없기 때문이다

『B급 좌파』(김규항 지음, 야간비행, 2001년) 89쪽

"거칠게 말하자면"

거칠은 대로 정리하자면
→ 모자란 대로 정리하자면
→ 이럭저럭 정리하자면
→ 엉성하지만 정리하자면
→ 살짝이나마 정리하자면
→ 수박 겉핥기 같지만 정리하자면

'거칠다'라는 낱말은 "거칠은 대로"가 아니라 "거친 대로"처럼 적어야 올바릅니다. 한국말 '거칠다'는 "살갗이 거칠다"나 "옷감이 거칠다"나 "땅이 거칠다"나 "일솜씨가 거칠다"나 "거친 물살"이나 "거친 세상"이나 "거친

말"처럼 써요. "거칠게 말하다"는 마구잡이로 하는 말이나, 사납게 하는 말을 가리킵니다.

"거칠게 말하다" 꼴로 적는 글투는 영어 'tough'나 'rough'를 어설피 옮겨서 잘못 퍼진다고 여길 만합니다. 새롭게 쓰는 한국말이 아니라 엉성하게 잘못 쓰는 말투예요. 그런데, 학문을 밝히거나 어떤 사상이나 철학을 펼치는 자리에서 '거칠게 말하다' 같은 말투를 곧잘 씁니다.

찬찬히 시간과 품을 들여서 깊고 또렷하게 말하고 싶으나, 이렇게 할 만한 틈이 없고 자리가 모자라서 하는 말이 '거칠게 하는 말'일까요? 이러한 뜻으로 쓰려는 말이라면 '어설프나마'나 '모자라나마'나 '살짝이나마' 같은 말을 넣어야 알맞습니다. 깊이 살피지 못하는 말이라면 '수박 겉핥기' 같은 말로 나타낼 수 있습니다.

보 기 글 --

● 거칠은 대로 문학 일반에 대한 고찰은 이쯤 해 두고
→ 엉성한 대로 문학 일반은 이쯤 살펴보기로 하고

『삶·문학·교육』(이오덕 지음, 종로서적, 1987년) 132쪽

 "이런 결과를 낳았다"

바보 같은 결과를 낳는다
→ 바보 같은 짓이 된다

→ 바보스러운 짓이 된다

→ 바보처럼 된다

→ 바보가 된다

한자말 '결과(結果)'는 '열매'를 뜻합니다. "결과를 낳는다"는 "열매를 낳는다"는 소리입니다. 열매는, 풀이나 나무에서 꽃이 피고 나서, 이 꽃이 질 때에 나옵니다. 그러니, '열매'는 "마무리"나 "끝"을 나타낸다고 할 만합니다. 어떤 일이 마지막에 어떻게 된다고 하는 모습을 가리켜요.

"네 행동 때문에 이런 결과가 낳았어" 같은 말은 "네 행동 때문에 이런 결과가 되었어"나 "네 행동 때문에 이렇게 되었어"로 손질해 줍니다. "우리 행동이 좋은 결과를 낳았다"는 "우리 행동이 좋은 결과로 나타났다"로 손질하면 됩니다. "최악의 결과를 낳았다"는 "최악이었다"나 "최악이 되었다"로 손질할 수 있어요.

가만히 보면, "어떻게 된다"는 뜻을 나타내려고 한자말 '결과'를 씁니다. "생물종을 멸종케 하는 결과를 낳는다"고 한다면 "수많은 생물을 죽여 없애는 짓이 된다"는 이야기입니다. 그러니, 내가 어떤 말을 하고 싶은가를 찬찬히 돌아보면서 알맞고 올바로 나타내면 됩니다. "생물종이 사라졌다"나 "생물을 죽음으로 내몰았다"처럼 말해야 알맞습니다.

보 기 글 --

- 수많은 생물종을 멸종케 하는 결과를 낳고 있다
→ 수많은 생물종을 멸종으로 내몰았다
→ 수많은 생물종이 사라지게 했다
→ 수많은 생물을 죽음으로 내몰았다

『소비 사회의 극복』(앨런 타인 더닝 지음, 구자건 옮김, 따님, 1997년) 49쪽

'그럼에도 불구하고'

그럼에도 웃음을 잃지 않는다
→ 그런데도 웃음을 잃지 않는다
→ 그러한데도 웃음을 잃지 않는다
→ 그런 일이 있어도 웃음을 잃지 않는다
그럼에도 불구하고 마음에 안 들어
→ 그렇지만 마음에 안 들어
→ 그렇다고 하더라도 마음에 안 들어

한자말 '불구(不拘)'는 "얽매여 거리끼지 아니하다"를 뜻한다고 하는데, 외따로 쓰지 않습니다. "─에도 불구하고"나 "그럼에도 불구하고" 꼴로 씁니다. 한국말 사전에 나오는 보기글을 살피면 "몸살에도 불구하고"나 "끝내는 도달할 수 없음에도 불구하고"나 "농사를 지을 수 있는 땅인데도 불구하고" 같은 글월이 있습니다. 이 글월은 모두 "몸살이 났지만"이나 "끝내는 닿을 수 없는데에도"나 "농사를 지을 수 있는 땅인데도"로 다듬으면 됩니다.

'그럼에도 불구하고'는 일본 말투입니다. 이제는 이 말투를 안 쓰는 사람이 부쩍 늘고, '불구하고'를 덜어내어 '그럼에도 / ─ㅁ에도'만 쓰는 분도 있어요. 그러나 '그럼에도 / ─ㅁ에도'만 쓰더라도 얄궂습니다. '그런데도'나 '그러한데도'나 '그렇지만'으로 손질해야지요.

'그럼에도 불구하고'를 쓰건 안 쓰건 그리 대수롭지 않습니다. 다만 한 가지를 생각해 봅니다. 이 말을 구태여 써야 할 까닭이 있을까요? 잘못 들어와서 잘못 퍼진 말인 줄 환하게 드러났다면 즐겁게 손질해야 하지 않을까요? 입이나 손에 너무 굳어서 고치기 어려운 사람은 어른들입니다. 어린이와 푸름이는 새로운 말을 새롭게 배워서 새로운 꿈과 사랑을 북돋울 수 있어야 합니다.

보 기 글 --

● 부모와 교사의 소원은 완전히 일치한다. 그럼에도 불구하고
→ 어버이와 교사는 똑같은 것을 바란다. 그런데

『스승은 없는가』(성내운 지음, 진문출판사, 1977년) 42쪽

● 그는 자기감정을 놀랄 정도로 잘 통제하는 사람이지만, 그럼에도 불구하고 나는 혼자서 울고 있는 그를 본 적이 있다
→ 그는 제 마음을 놀랄 만큼 잘 다스리는 사람이지만, 나는 혼자서 우는 그를 본 적이 있다

『행운아』(존 버거·장 모르 지음, 김현우 옮김, 눈빛, 2004년) 121쪽

● 그러나 그럼에도 불구하고 지금 제 눈과 마음에는
→ 그러나, 참말 그러나, 오늘 제 눈과 마음에는

『초록의 공명』(지율 지음, 삼인, 2005년) 204쪽

● 당신은 신이다. 그럼에도 당신은 그런 일을 하고 있다
→ 그대는 하느님이다. 그런데 그대는 그런 일을 한다

『람타, 현실 창조를 위한 입문서』(람타 지음, 유리타 옮김, 아이커넥, 2012년) 229쪽

● 아들이 이스라엘군의 총격에 희생당했다. 그럼에도 불구하고
→ 아들이 이스라엘군이 쏜 총에 맞았다. 그렇지만

『생명의 릴레이』(가마타 미노루 지음, 오근영 옮김, 양철북, 2013년) 53쪽

● 2009년 일본 사회의 지금을 겨냥한 것임에도 2015년 한국 사회의 지금과
→ 2009년 일본 사회를 겨냥했으나 2015년 오늘날 한국 사회와

『왜 지금 한나 아렌트를 읽어야 하는가』(나카마사 마사키 지음, 김경원 옮김, 갈라파고스, 2015년) 257쪽

✿ '기타 등등'

감이랑 배랑 기타 등등을 장만했다
→ 감이랑 배랑 여러 가지를 장만했다
→ 감이랑 배랑 이밖에 여러 가지를 장만했다
→ 감이랑 배에다가 여러 가지를 장만했다
수건, 속옷, 기타 등등 알아서 챙기렴
→ 수건, 속옷 들을 비롯해서 알아서 챙기렴
→ 수건, 속옷, 이밖에 알아서 챙기렴
→ 수건, 속옷, 여기에 더 알아서 챙기렴

한자말 '기타(其他)'는 "그 밖의 또 다른 것"을 뜻하고, 한자말 '등등(等等)'은 "그 밖의 것을 줄임을 나타내는 말"을 뜻한다고 합니다. 그러니까, '기타'이든 '등등'이든 똑같은 것을 가리키는 셈입니다. 한국말로 '그밖에'를 쓰거나 '그것밖에'를 쓰면 됩니다. '이밖에'나 '이것밖에'를 쓸 수 있고, '그리고'나 '여기에'나 '여기에다가'를 쓸 수 있습니다. '여러 가지'를 넣어야 어울리는 자리가 있고, "이밖에 여러 가지"라 해야 알맞을 자리가 있으며, 사람이라면 '여러분'이라고 이야기합니다.

때때로 사람을 가리키면서 "철수 씨와 영희 씨, 그리고 기타 등등 많이 오셨습니다"처럼 말하기도 하는데, 사람을 가리킬 적에 '기타 등등' 같은 말을 쓰면, 다른 사람을 깎아내리는 말씨처럼 들을 수 있습니다. "철수 씨와 영희 씨, 그리고 여러분이 오셨습니다"처럼 말해야 합니다.

● 나 자신의 경험에 비추어 두세 가지의 도구, 작은칼, 도끼, 괭이, 손수레, 기타 등등
그리고 공부를 하는 사람에게는 등불, 문방구

→ 내 지난 삶에 비추어 두세 가지 연장, 작은칼, 도끼, 괭이, 손수레, 이밖에 공부를 하
는 사람한테는 등불, 문방구

『숲속의 생활』(헨리 데이비드 소로우 지음, 정성호 옮김, 샘터, 1987년) 30쪽

✿ '낙엽이 지는 계절'

낙엽이 지는 철
→ 잎이 지는 철
→ 나뭇잎이 지는 철
→ 가을잎이 지는 철
→ 가랑잎이 지는 철

"낙엽이 지다"라는 말은 '낙엽(落葉)'이라는 한자말이 들어온 뒤부터 썼겠
지요. 그러나, '낙엽'이라는 한자말은 한자를 쓰던 지식인이나 권력자를 빼
고는 쓸 일이 없던 낱말이라고 느껴요. 왜냐하면, 먼먼 옛날부터 여느 한국
사람이라면 '나뭇잎'이나 '잎'이라는 낱말을 썼으니까요.

한국말 사전에서 '낙엽'을 찾아보면, "1. 나뭇잎이 떨어짐 2. 말라서 떨어
진 나뭇잎. '진 잎'으로 순화"처럼 뜻풀이를 적습니다. 그러니까, "낙엽이 지

다"처럼 글을 쓰면 "진 잎이 지다"나 "나뭇잎이 떨어짐이 지다" 꼴이 됩니다. 말이 안 되지요. 엉터리예요.

나무에 달린 잎이 떨어지는 만큼 "나뭇잎이 지다"나 "잎이 지다"라 하면 됩니다. 첫눈이 내리기 앞서 잎이 진다면 "가을 잎이 지다"라 해도 어울립니다. 그리고, "나무에 달린 마른 잎"을 뜻하는 '가랑잎'을 써서 "가랑잎이 지다"라 하면 됩니다.

● 보 기 글 --

● 낙엽이 지고, 첫눈이 내렸습니다
→ 잎이 지고, 첫눈이 내렸습니다

『암탉 엄마가 되다』(김혜형 지음, 낮은산, 2012년) 196쪽

● 떨어지는 낙엽만 봐도
→ 떨어지는 잎만 봐도

『내 안의 자유』(채지민 지음, 사계절, 1999년) 50쪽

"다름 아니라"

> 너는 안 하겠다는 말에 다름 아니다
> → 너는 안 하겠다는 말과 같다
> → 너는 바로 안 하겠다고 하는 말이다

일본말 'に ほかならない'를 '다름 아니다'나 '다름 아닌'으로 잘못 쓰는 사람이 제법 많습니다. '다르다'를 이름씨꼴(명사형)으로 한 뒤 '아니다·아닌'을 붙인 셈인데, "예쁨 아니다"나 "같음 아니라"처럼 말하는 사람은 없습니다. "예쁜 것이 아니다"나 "같은 것이 아니라"처럼 말할 수는 있어요.

곰곰이 생각해 보면, "다른 것(다름)이 아니다"고 할 적에는 "같다"를 뜻합니다. 처음부터 "같다"라 말하면 될 노릇입니다. 말끝에서는 '마찬가지'나 '매한가지'라는 말마디를 넣을 수 있습니다. 이야기를 여는 첫머리에서는 '그러니까'나 '그러니까 말이야'나 '바로'를 넣으면 됩니다.

"다름 아닌 너로구나?"는 "바로 너로구나?"나 "그러니까 너로구나?"로 바로잡고, "다름 아닌 그 일 때문에 말인데요"는 "바로 그 일 때문에 말인데요"나 "그러니까 그 일 때문에 말인데요"로 바로잡지요. "다름이 아니오라"나 "다름이 아니라"처럼 '-이'를 붙이는 말씨도 똑같이 얄궂습니다. 이 말씨는 "그러니까"나 "다른 말(말씀)이 아니라"로 바로잡습니다.

보 기 글 --

- 어느 날부터인가 여행이란 또 다른 일상에 다름 아니다는 느낌을 받았고
→ 어느 날부터인가 여행이란 또 다른 삶과 같다는 느낌을 받았고

『가만히 거닐다』(전소연 지음, 북노마드, 2009년) 25쪽

 **"얼른 답을 주세요"**

아침에는 답을 준다고 해서
→ 아침에는 말해 준다고 해서
→ 아침에는 얘기해 준다고 해서
→ 아침에는 알려 준다고 해서

'답(答)'이라는 한자말은 '말'이나 '대꾸'를 뜻합니다. "말을 준다"거나 "대꾸를 준다"고 하지 않아요. "말을 하다(말하다)"나 "대꾸를 하다(대꾸하다)"처럼 이야기를 주고받아요.

한자말 '답'을 쓰려 한다면 쓸 수 있습니다. 이 한자말을 쓰려 한다면 "답해 준다고 해서"나 "답한다고 해서"처럼 적어야 합니다. '말(대꾸)'이든 '답(대답)'이든 '주다'라는 낱말로는 가리킬 수 없다는 대목을 잘 헤아려야겠습니다.

보 기 글 --

● 오후 3시 배는 12시 넘어서 확실한 답을 준다고 해서
→ 낮 세 시 배는 열두 시 넘어서 똑똑히 알려 준다고 해서
→ 낮 세 시 배는 열두 시 넘어서 뜰지 안 뜰지 알 수 있다고 해서

『자전거 전국일주』(박세욱 지음, 선미디어, 2005년) 86쪽

❀ "대담은 2014년 초에 있었다"

> 그 사람과의 접촉은 얼마 앞서 있었다
> → 그 사람과 얼마 앞서 만났다
> 교류는 최근에 있었다
> → 교류는 최근에 했다
> → 교류는 요즈음에 했다

한국말에서는 '있다'라는 낱말을 무척 자주 씁니다. 다만, 무척 자주 쓰기는 하되 아무 곳에나 쓰지는 않습니다. 이를테면, "접촉이 있었다"라든지 "교류가 있었다"처럼 쓰지 않습니다. 왜 그러한가 하면, '접촉'이나 '교류'는 '하다'라는 낱말로 가리키기 때문입니다.

"그 사람과의 접촉은 얼마 앞서 있었다" 같은 글월에서 한자말 '접촉'은 한국말 '만남'을 가리킵니다. 그래서 이 글월에서 '만남'으로 고쳐서 다시 살피면 "그 사람과 만남은 얼마 앞서 있었다" 꼴이 되는데, 겉보기로는 한글이어도 알맹이로는 한국말이 아닙니다. "만남은 있었다"나 "만남이 있었다" 같은 말은 한국말이 되지 않습니다. "만났다"처럼 적어야 비로소 한국말입니다. 한자말 '접촉'을 꼭 쓰고 싶다면 "그 사람과 얼마 앞서 접촉했다"처럼 써야 올바릅니다.

"대담은 2014년 초에 있었다" 같은 말마디는 얼핏 보기에는 딱히 말썽이 없다고 여길 수 있으나, '대담(對談)'은 '이야기'를 가리켜요. 이야기는 '하다'나 '나누다'로 가리킵니다.

● 대담은 2014년 초에 있었다
→ 대담은 2014년 초에 했다
→ 이야기는 2014년 첫머리에 했다
→ 2014년 첫 무렵에 이야기를 나누었다

『저항하는 평화』(전쟁없는세상 엮음, 오월의봄, 2015년) 106쪽

 # "뜨거운 태양이 지구를 달구네"

뜨거운 태양이 두터운 종이를 뜨겁게 달구었다
→ 해가 두꺼운 종이를 뜨겁게 달구었다
→ 햇볕이 두꺼운 종이를 뜨겁게 달구었다
→ 이글이글 타는 해가 두꺼운 종이를 뜨겁게 달구었다

해는 뜨거울까요? 알 수 없습니다. 달은 차가울까요? 알 수 없습니다. '해'라고 하는 별에서 뿜는 '볕'을 놓고는 뜨겁다고 할 수 있습니다. 그래서, 우리는 따로 '해 · 햇볕'이라는 낱말을 씁니다. 해는 눈부실까요? 알 수 없습니다. 해는 온갖 빛깔일까요? 알 수 없습니다. '해'라고 하는 별에서 나오는 '살'을 놓고는 눈부시다고 할 수 있습니다. 그래서, 우리는 '해 · 햇살'이라는 낱말을 쓰고, 곳곳에 퍼지는 햇살을 가리켜 '햇발'이라고 따로 쓰며, 해가 처음 솟을 적에 나오는 빛줄기(햇살)를 '햇귀'라고 따로 씁니다. 그리고,

해에서 나오는 '빛'을 놓고 따로 '햇빛'이라고 합니다. 뜨겁다고 하려면 "뜨거운 햇볕"처럼 써야 올바릅니다. 이와 함께 "밝은 햇빛"과 "눈부신 햇살"처럼 써야 올발라요. 이를 헤아리지 않는다면, 이 보기글에 나오듯이 "뜨거운 태양"처럼 잘못 쓰기 마련입니다.

눈부신 햇살 (○) / 눈부신 햇볕 (×) / 눈부신 햇빛 (×)
따스한 햇볕 (○) / 따스한 햇살 (×) / 따스한 햇빛 (×)
밝은 햇빛 (○) / 밝은 햇볕 (×) / 밝은 햇살 (×)

'태양'이라는 낱말을 쓰면서 '볕·빛·살'을 모두 아우른다고 여길 수도 있을 테지만, 그리 알맞지 않습니다. 하늘에 있는 해를 놓고 세 가지로 가르는 말마디를 제대로 살펴서 써야겠습니다. 화살처럼 퍼지는 빛줄기인 '햇살'이기에 눈부시고, 온 목숨을 살리는 '햇볕'이기에 따스하며, 저마다 어떤 빛깔이고 모습인지 헤아리도록 하는 '햇빛'입니다.

또한 '두텁다'는 "의리, 믿음, 관계, 인정 들이 굳고 깊다"를 뜻합니다. 종이는 두터울 수 없습니다. 믿음이나 마음이나 사랑을 두고 '두텁다'나 '도탑다' 같은 낱말을 씁니다. 종이를 놓고는 '두껍다'라고만 합니다.

두터운 마음 (○) / 두터운 종이 (×)
두꺼운 마음 (?) / 두꺼운 종이 (○)

그러면 "두꺼운 마음"처럼 쓸 수 있을까요? 이때에는 이야기 흐름에 따라 다릅니다. "마음이 두껍다" 같은 말은 거의 안 쓰고, 이러한 말은 어딘가 아리송합니다. 다만, "내 마음에 어둠이 두껍게 깔렸어"나 "네 마음에 그늘이 두껍게 드리웠구나"처럼 쓸 수 있어요.

"지금 생각하니 만감이 교차하는군요"

만감이 교차했을 것이다
  → 온갖 생각이 들었으리라
  → 이 생각 저 생각 들었을 테지
  → 씁쓸하셨으리라
  → 한숨만 나왔을 테지

한자말 '만감(萬感)'은 "솟아오르는 온갖 느낌"을 가리키고, '교차(交叉)'는 "서로 엇갈리거나 마주침"을 가리킨다고 합니다. 그러니, "온갖 느낌이 엇갈린다"나 "온갖 생각이 든다"처럼 말하면 될 노릇입니다.

한국말 사전을 보면, "만감이 교차하다"와 "만감의 교차" 같은 보기글이 나옵니다. "만감의 교차"는 "엇갈리는 온갖 느낌"이나 "샘솟는 온갖 생각"으로 손질할 만합니다.

그러니까, "이 생각 저 생각이 든다"는 소리이고, "이런 생각과 저런 생각이 든다"는 소리입니다. "수많은 생각이 엇갈린다"거나 "갖가지 생각이 샘솟는다"는 소리이기도 해요.

온갖 느낌이나 생각이 들 적에는 기쁨과 슬픔이 엇갈릴 수 있고, 씁쓸한 마음이 될 수 있습니다. 한숨이 포옥 나온다든지, 아쉽다거나 서운한 마음이 될 수 있어요. 이럴 때에는 "수많은 생각이 밀려든다"라든지 "수많은 생각이 얼크러졌다"라든지 "수많은 생각이 얽혔다"처럼 말할 수 있습니다.

- '민관 공동 점검팀'의 기사를 보며 문자 그대로 만감이 교차하는 착잡한 심경을 금할 수 없습니다
→ '민관 공동 점검팀' 기사를 보며 말 그대로 온갖 생각이 들며 어지러운 마음을 어찌할 수 없습니다

『초록의 공명』(지율 지음, 삼인, 2005년) 146쪽

- 두 가지 만감 교차
→ 두 가지 생각 엇갈려
→ 두 생각 엇갈려
→ 두 생각이 싱숭생숭

- 만감이 교차하는 오늘
→ 온갖 생각이 드는 오늘
→ 숱한 생각이 흐른 오늘
→ 갖은 생각이 떠오른 오늘
→ 수많은 생각이 스친 오늘

- 화도 나고 만감도 교차하고
→ 성도 나고 씁쓸하기도 하고
→ 부아도 나고 온갖 생각도 들고
→ 골도 나고 마음도 어지럽고

✿ '매일같이 / 매일처럼'

매일처럼 하는 말
  → 날마다 하는 말
  → 언제나 하는 말

한자말 '매일(每日)'은 한국말로 '날마다'나 '하루마다'를 가리킵니다. 그러니까, 처음부터 '날마다'나 '하루마다'로 적으면 됩니다. '매일같이'라든지 '매일처럼'처럼 쓸 일이 없습니다. 조금만 생각해 보면 됩니다. '날마다처럼'이나 '하루마다같이'와 같은 꼴로 말을 하는 일은 없습니다. "백 년을 하루같이"라든지 "천 년을 하루처럼"과 같은 꼴로 말을 할 뿐입니다.

날마다 듣기에 '날마다'로 적습니다. 날마다 듣지는 않고 자주 듣는다면 '자주'로 적습니다. 자주 듣되 거의 날마다 듣는다면 '거의 날마다'로 적습니다. 어떤 말은 '자꾸' 들을 수 있고, '으레' 할 수 있습니다. 어떤 일은 '하루도 빠지지 않고' 할 수 있으며, '하루가 멀다 하고' 겪을 수 있어요. '수없이' 하는 놀이가 있고, '끝없이' 하는 놀이가 있습니다.

보기글 --

- 그 말을 매일같이 들을 무렵엔 그 말을 온전히 이해할 수 없었다
- → 그 말을 날마다 들을 무렵엔 그 말을 제대로 헤아릴 수 없었다

『B급 좌파』(김규항 지음, 야간비행, 2001년) 67쪽

- 밤새 안녕한지를 묻는 소리가 매일처럼 나를 맞이한다
- → 밤새 잘 잤는지를 묻는 소리가 날마다 나를 맞이한다

『나는 매일 숲으로 출근한다』(남효창 지음, 청림출판, 2004년) 머리말

✿ "많은 관심 부탁합니다"

많은 관심 부탁합니다
 → 널리 지켜봐 주시기 바랍니다
 → 마음을 크게 써 주시기 바랍니다
많은 관심과 뜨거운 성원에 감사드립니다
 → 지켜보고 사랑해 주셔서 고맙습니다
 → 널리 지켜보고 뜨겁게 사랑해 주셔서 고맙습니다

'관심(關心)'은 "마음을 기울임"을 뜻합니다. 관용구로 곧잘 쓰는 "많은 관심"은 "마음을 많이 기울임"을 가리킨다고 할 만합니다. "관심을 기울이다"처럼 쓰면 겹말이에요. "마음을 기울이다"라고만 써야 올바릅니다. 그리고, "관심을 모으다"나 "관심을 가지다"나 "관심이 쏠리다"처럼 쓰는 말마디도 알맞지 않습니다. '관심'은 "마음을 기울임"을 뜻하기 때문입니다. "눈길을 모으다"나 "눈길을 두다"나 "눈길이 쏠리다"처럼 바로잡아야 알맞아요.

"많은 무엇" 꼴로 쓰는 말마디는 얄궂습니다. "많은 찬성이 있다"나 "많은 동의가 있다"나 "많은 소원이 있다"처럼 말할 수 없어요. "찬성이 많다"나 "많이 동의한다"나 "소원이 많다"처럼 말해야 올발라요. "많은 이견이 있을 것이다" 같은 말마디는 "이견이 많으리라 본다"나 "달리 생각하는 사람이 많다"처럼 손질해 줍니다.

"많은 마음을 기울이다"가 아닌 "마음을 많이 기울이다"여야 알맞고, "많은 눈길을 기울이다"가 아닌 "눈길을 많이 기울이다"여야 알맞아요.

❀ "매분마다 바뀐답니다"

매분마다 선택을 하고
→ 1분마다 고르고
→ 1분마다 한 번씩 고르고

한국말 사전을 살피니 '매분(每分)'이라는 낱말이 실립니다. "일 분 일 분"이나 "일 분마다"를 뜻한다고 해요. 그러니, 이 보기글처럼 "매분마다" 꼴로 적으면 겹말입니다. '每'를 넣는 한자말 '매일·매월·매년'을 '매일마다·매월마다·매년마다'처럼 쓰는 분이 꽤 많은데, 이러한 말투도 모두 겹말입니다. 한자말을 쓰고 싶다면 '매일·매월·매년'처럼 쓸 노릇이고, 한국말을 쓰려 한다면 '날마다(나날이)·달마다(다달이)·해마다'처럼 쓸 일입니다.

이 보기글에서는 "1분마다 한 번씩"이나 "1분에 한 번씩"처럼 쓸 수 있어요. 더 힘주어 말하고 싶기 때문에 겹말이 나타나기 일쑤이니, 이렇게 한결 또렷하게 적어 볼 수 있습니다.

한자말을 쓰든 한국말을 쓰든, 일본말이나 영어를 쓰든 그리 대수롭지는 않습니다. 다만, 한국말을 제대로 살피지 못하기 때문에 '매분마다' 같은 말투를 쓰고 맙니다.

보기글 ──────────────────────────────────

● 앨리스와 밥은 각자 자신의 상자 앞에 앉아서 매분마다 자유롭고 독립적으로 선택을 하고
→ 앨리스와 밥은 저마다 제 상자 앞에 앉아서 1분마다 마음대로 스스로 고르고

『양자우연성』(니콜라스 지생 지음, 이해웅·이순칠 옮김, 승산, 2015년) 58쪽

❀ "무임승차하지 마세요"

역무원 몰래 기차에 무임승차하려다 들켰다
→ 역무원 몰래 기차에 그냥 타려다 들켰다
→ 역무원 몰래 기차에 타려다 들켰다

한국말 사전에서 '무임승차(無賃乘車)'를 찾아보면 "차비를 내지 않고 차를 탐"으로 풀이합니다.

찻삯을 안 치르고 몰래 차를 타려 한다면 '몰래 타기'나 '거저 타기'나 '얌체 타기' 같은 말을 새로 지어서 써도 잘 어울립니다. 내가 어떤 일을 잘 할줄 모르지만, 다른 사람이 잘 하기에 넌지시 '묻어서 함께 갈' 수 있다면 '묻어가기'라 할 만하고, 이러한 모습은 '곁살이'나 '얹히기'나 '업히기'나 '도움받기'나 '거저먹기' 같은 낱말로 나타낼 수 있어요.

주머니에 돈이 없으니 '얻어 타기'를 합니다. 나한테 힘이나 슬기나 연장이 없으니 '도움받기'를 합니다. '얹혀 가기'나 '업혀 가기'를 하기도 합니다. 곁에 붙어서 냠냠 받아먹으니 '곁살이'입니다.

보기글 --

● 사회의 어떤 분야에든 무임승차는 있다
→ 사회 어떤 자리에든 곁살이는 있다
→ 사회 어떤 곳에든 묻어가기는 있다
→ 사회 어떤 구석에든 얻어 타기는 있다
→ 사회 어떤 데이든 끼워 살기는 있다

『생각, 장정일 단상』(장정일 지음, 행복한책읽기, 2005년) 8쪽

✿ '불특정 다수의 의견'

불특정 다수를 대상으로 한 방화
  → 아무한테나 저지르는 방화
  → 아무 집에나 지르는 불

한자말 '불특정(不特定)'은 "특별히 정하지 아니함. '임의의'로 순화"를 뜻한다 하고, '다수(多數)'는 "수효가 많음"을 뜻한다 하며, '임의(任意)'는 "대상이나 장소 따위를 일정하게 정하지 아니함"을 뜻한다 합니다. 그러니까, '불특정 다수'는 "특별히 정하지 않은 많은 수효"나 "일정하게 정하지 않은 많은 수효"를 가리키는 셈입니다.

누가 누구인지 모를 만한 사람을 가리키고, 낯선 사람이나 모르는 사람을 가리킵니다. 한마디로 간추린다면 '아무개'나 '아무'나 '모두'입니다.

그런데 '불특정 다수'라고만 하면 어떤 사람인지 종잡기 어렵습니다. 어느 때에는 "낯선 이"나 "모르는 이"를 가리키고, 어느 곳에서는 "누구나"나 "아무나"를 가리켜요. 어느 자리에서는 "얼굴을 모르는 이"나 "알지 못하는 이"나 "알 수 없는 이"를 가리키고, 어느 흐름에서는 "숨은 이"나 "모든 사람"을 가리킵니다.

"불특정 다수에게 전파를 통해 음성 신호를 방송하는 것" 같은 자리에서는 '누구한테나'나 '아무한테나'를 가리킵니다. "불특정 다수의 고객을 대상으로 하느냐, 특정 다수의 고객을 대상으로 하느냐" 같은 말은 "모든 사람을 손님으로 삼느냐, 몇몇 사람을 손님으로 삼느냐"라든지 "누구나 손님으로 삼느냐, 몇몇을 골라 손님으로 삼느냐"를 이야기하지요.

● 불특정 다수라는 제3자의 벽을 부수려는

→ 서로를 모르는 제3자라는 벽을 부수려는

→ 누가 누구인지 모르는 외딴 이라는 벽을 부수려는

『발바닥 내 발바닥』(김곰치 지음, 녹색평론사, 2005년) 262쪽

✿ '삼시 세끼'

삼시 세끼를 먹기 힘들다

→ 세끼를 먹기 힘들다

→ 세 끼니를 먹기 힘들다

→ 하루 세 끼를 먹기 힘들다

'삼시(三時)'라는 한자말은 "아침, 점심, 저녁의 세 끼니"를 뜻하고, '세끼'
라는 한국말은 "아침 · 점심 · 저녁으로 하루에 세 번 먹는 밥"을 뜻합니다.
두 낱말은 뜻이나 쓰임새가 같습니다. 그러니 '삼시 세끼'처럼 나란히 쓴다
면 겹말입니다.

신문이나 방송에서 '삼시 세끼' 같은 겹말을 쓰면 사람들은 이런 말을 겹
말인 줄 모르고 그냥 따릅니다. 거꾸로 보면, 사람들이 겹말인 줄 못 느끼며
잘못 쓰기에 신문이나 방송에서도 이 말을 쓴다고 할 만합니다.

'세끼'는 "하루에 세 번 먹는 밥"을 뜻하는 낱말로 한국말 사전에 오르는

데, "하루에 한 번 먹는 밥"이나 "하루에 두 번 먹는 밥"을 가리킬 '한 끼'나 '두 끼'는 아직 한국말 사전에 못 오릅니다. 그러나 '일식(一食)'이나 '이식(二食)' 같은 한자말은 한국말 사전에 오릅니다. 아무래도 국어학자부터 한국말을 안 사랑하는구나 싶습니다.

'세끼'는 "하루에 세 번 먹는 밥"을 가리키니 붙여서 씁니다. "하루 세 끼(끼니)"처럼 쓸 적에는 '하루'를 앞에 넣으니 띄어서 씁니다. 하루에 네 끼니를 먹는다면 "하루 네 끼"나 '네 끼'처럼 쓸 수 있습니다. '다섯 끼'나 '여섯 끼'처럼 쓸 수도 있어요.

보 기 글 --

● 옆 사람의 며느리는 삼시 세끼를 가져다 날랐습니다
→ 옆 사람 며느리는 세끼를 가져다 날랐습니다
→ 옆 사람 며느리는 하루 세 끼를 가져다 날랐습니다
→ 옆 사람 며느리는 날마다 세끼를 가져다 날랐습니다

『사는 게 뭐라고』(사노 요코 지음, 이지수 옮김, 마음산책, 2015년) 91쪽

❀ "서로 상대에게 힘이 되자"

서로 상대에게 힘을 준다
→ 서로가 서로한테 힘이 된다
→ 서로 힘이 된다
→ 서로서로 힘이 된다

한자말 '상대(相對)'는 "서로 마주 대함. 또는 그런 대상"을 뜻한다고 합니다. 그러니까, 한국말로는 '서로'입니다. 이 보기글에 나오는 "서로 상대에게"는 "서로 서로에게"처럼 쓴 꼴이면서, 얄궂은 겹말입니다. 그러니, "서로가 서로한테"처럼 고쳐 쓰든 "서로서로"처럼 손질하든 "서로"처럼 단출하게 적든 해야 올발라요.

이 글월은 "서로가 서로한테 힘을 준다"처럼 손볼 수 있습니다만, "힘을 준다"고 하는 말마디가 아리송합니다. "배움이 진행되는 동안"이라고 하는 말마디도 알쏭달쏭합니다.

배움은 '진행된다'고 하지 않고, 그저 '배운다'고 해야겠지요. "배우는 동안" 서로 "힘이 된다"고 해야겠지요. 함께 배우면서 서로 기댈 만한 사이가 되어 서로 힘이 된다고 해야 할 테지요.

보 기 글 --

● 배움이 진행되는 동안 서로 상대에게 힘을 준다
→ 배우는 동안 서로서로 힘이 된다
→ 배우는 사이에 서로 힘이 된다

『배움의 도』(파멜라 메츠 지음, 이현주 옮김, 민들레, 2003년) 28쪽

❀ '선망의 눈 / 선망의 대상'

　선망의 대상이 되다
　→ 부러워하는 사람이 되다
　→ 부럽게 바라보는 사람이 되다
　→ 남들이 부러워하다

　한자말 '선망(羨望)'은 "부러워하여 바람"을 뜻한다고 해요. "선망의 눈"
이란 "부러워하는 눈"이고, "선망의 대상"이란 "부러운 대상"인 셈입니다.
　한국말 '부럽다'는 "나도 그렇게 하거나 얻거나 바라는 마음이 들다"를
뜻합니다. 그러니까, "선망의 눈으로 바라본다"고 한다면 "나도 그렇게 되
고 싶다"라든지 "나도 그렇게 하고 싶다"라든지 "나도 그러하기를 바란다"
를 가리킨다고 할 만합니다. 아니, 이렇게 손봐야지요. "너는 그러하니까
좋겠다"나 "너는 그렇게 하니 부럽다"로 손볼 수도 있어요.
　부러우니 부러운 눈으로 바라봅니다. 부럽기에 가슴에 꿈을 품고 앞으
로 더욱 기운을 내자고 다짐합니다. 부러운 사람을 바라보면서 내가 이제
부터 일굴 삶을 한결 씩씩하게 마주합니다.

보 기 글 --

● 그 제도를 통해 시단에 나온 시인들을 선망의 눈으로 바라보고 있는 터였지만, 선
　생님의 이 말씀에는 그저 당황하기만 했다
→ 그 제도로 시단에 나온 시인을 부러운 눈으로 바라보는 터였지만, 선생님이 들려준
　이 말씀에는 그저 멍하기만 했다

『한밤중에 눈을 뜨면』(신경림 지음, 나남, 1983년) 108쪽

✿ "시도 때도 없이 와요"

시도 때도 없이 찾아온다
→ 아무 때나 찾아온다
→ 언제나 내키면 찾아온다
→ 툭하면 찾아온다

'時'라는 한자는 '때'를 나타냅니다. 한국말 '때'를 한자로 옮기면 '時'가 됩니다. 그러니까, "시도 때도 없다"는 한국말과 한자말(또는 중국말)을 섞어서 쓴 셈입니다.

한국말로 하자면 '늘'이나 '노상'이나 '언제나'나 '언제라도'나 '언제든지'입니다. 살짝 살을 붙여서 "언제 어디에서나"라 할 수 있고, "아무 때나"라 할 수 있습니다. 한 마디로 아주 단출하게 할 수 있는 말이니, 굳이 한자말(또는 중국말)을 빌어서 겹말처럼 써야 할 까닭이 없습니다.

이야기 흐름을 살펴서 "툭하면"이나 "심심하면"이나 "때만 되면" 같은 말마디를 넣어서 "때를 가리지 않고"를 잘 나타낼 수 있습니다. "시도 때도 없이 초콜릿을 찾는다" 같은 말은 "버릇처럼 초콜릿을 찾는다"나 "으레 초콜릿을 찾는다"처럼 손질할 만합니다.

보 기 글 --

● 책을 가까이 하는데 시와 때를 달리 가릴 것이 있을까만
→ 책을 가까이 하는데 때와 곳을 달리 가릴 까닭이 있을까만

『북새통』 2002년 11월호 18쪽

 **'시시때때로'**

시시때때로 생각이 변한다 → 때때로 생각이 바뀐다
→ 곧잘 생각이 달라진다
시시때때로 나를 부르는 소리 → 때때로 나를 부르는 소리
→ 자꾸 나를 부르는 소리

'시시때때로(時時−)'는 '시시(時時)로'와 '때때로'가 더한 말이라고 합니다. '시시로'는 '때때로'하고 뜻이나 쓰임이 똑같은 한자말입니다. '時'라는 한자가 "때 시"입니다. 이리하여 '시시때때로'는 '때때로+때때로'인 얼거리이니, '때때로'를 힘주어 이르는 말이에요.

'때때로'는 '때로'를 힘주어 이르는 말입니다. '시시때때로'는 '때'라는 낱말을 네 차례 잇달아 적은 꼴이라고 할 만합니다.

그런데 '때로'는 잦지 않을 만큼 되풀이하는 모습을 가리킵니다. '때때로'는 아주 잦지는 않으나 아주 드물지 않은 모습을 가리켜요. 그래서 '때때로'를 넘어서 자주 되풀이하는 모습이라면, '자꾸'나 '곧잘' 같은 낱말을 써야 알맞습니다. 말 그대로 '자주'를 넣어야 할 때도 있어요. '때로 · 때때로'하고 '자꾸 · 자주'를 제대로 가려서 써야 합니다.

보 기 글 --

● 전화 건다 시시때때로 건다
→ 전화 건다 때때로 건다

『시절 하나 온다, 잡아먹자』(이경림 지음, 창작과비평사, 1997년) 15쪽

✿ "식사하셨어요?"

> 저녁 식사를 마치다
> → 저녁밥을 다 먹다
> → 저녁을 다 먹다

　'식사(食事)'라는 한자말은 "끼니로 음식을 먹음"을 뜻합니다. '음식(飮食)'이라는 한자말은 "사람이 먹을 수 있도록 만든, 밥이나 국 따위의 물건"을 뜻합니다. 쉽게 말하자면 '밥 먹기'를 한자말로 '식사'라 합니다.

　그런데 어느 때부터인가 "밥 먹었니?"처럼 묻는 말이 사라지고, "식사했니?"처럼 묻는 말이 퍼집니다. "진지 드셨어요?"처럼 묻는 말도 사라지고, "식사하셨어요?"처럼 묻는 말이 높임말인 듯 여깁니다.

　"식사를 하다"나 "식사를 마치다"는 알맞게 쓰는 한국말이 아닙니다. "밥을 먹다"나 "밥을 다 먹다"라 해야 알맞게 쓰는 한국말입니다. '아침 식사 · 점심 식사 · 저녁 식사'가 아니라 '아침밥 · 점심밥 · 저녁밥'이나 '아침 · 점심 · 저녁'이라고 해야 올발라요.

　숨을 쉬기에 "숨을 쉰다"고 합니다. 물을 마시기에 "물을 마신다"고 합니다. 길을 걷기에 "길을 걷는다"고 해요. 이런 말을 구태여 한자말을 빌어서 "공기를 호흡한다"라거나 "식수를 음용한다"라거나 "도로를 보행한다"처럼 말해야 하지 않습니다. "잠을 잔다"나 "살짝 쉰다"처럼 말하면 될 뿐, "취침을 청한다"나 "휴식을 취한다"처럼 말할 까닭이 없어요.

　아이도 어른도 함께 둘러앉아서 밥을 먹습니다. 아침에는 아침밥을 먹고, 낮에는 낮밥을 먹으며, 저녁에는 저녁밥을 먹어요. 새벽에 먹으면 '새벽밥'이고, 밤에 먹으면 '밤밥'입니다.

● 나가서 점심 식사부터 하자
→ 나가서 점심부터 먹자
→ 나가서 낮밥부터 먹자
→ 나가서 밥부터 먹자

『내 안의 자유』(채지민 지음, 사계절, 1999년) 99쪽

 "우려가 있습니다"

우려가 있다
→ 걱정이 된다
→ 걱정스럽다
→ 근심스럽다

"근심하거나 걱정함"을 뜻하는 '우려(憂慮)'는 한국말이 아닙니다. 한국말은 '근심'이나 '걱정'입니다. '워리(worry)'는 영어입니다. '돈 워리 비 해피'라고 하는 노래가 아무리 한국에 널리 퍼져서 여러 사람이 부른다고 하더라도 '워리'는 한국말이 아닌 영어입니다. 한문으로 문학을 하거나 책을 쓴 사람이 꽤 많았다고 하더라도 여느 한국 사람은 '여느 수수한 한국말'인 '근심'과 '걱정'이라는 낱말을 오랫동안 썼어요.

그런데, '우려'만 '걱정'이나 '근심'으로 바꾸어도 말씨가 얄궂습니다. 한

국말로는 "네가 잘못될까 봐 걱정이 있다"처럼 쓰지 않아요. "네가 잘못될까 봐 걱정스럽다"처럼 씁니다.

"원자력 발전소의 안전에 대한 우려가 있다"는 "원자력 발전소가 안전한지 걱정스럽다"로 손질하고, "파일이 손상될 우려가 있다"는 "파일이 다칠까 걱정스럽다"로 손질하며, "산사태의 우려가 있다"는 "산사태가 날까 걱정스럽다"로 손질합니다.

"기대보다 우려가 크다"는 "기대보다 걱정이 크다"로 손볼 만하고, "아직은 우려가 크다"는 "아직은 몹시 걱정스럽다"로 손봅니다.

보 기 글 --

● 그것은 그것으로 훌륭하게 교양의 역할을 다하는 독서임에는 틀림없겠으나, 그것으로는 통일된 독서가 저해될 우려가 있다
→ 이는 이대로 훌륭하게 마음을 살찌우는 노릇을 하는 책읽기일 터이나, 이렇게 해서는 책 읽기를 제대로 못할 수 있다

『독서법』(김규동 지음, 한일출판사, 1961년) 30쪽

"의견 충돌이 있습니다"

> 아버지와의 의견 충돌이 있었기 때문에
> → 아버지와 의견이 엇갈렸기 때문에
> → 아버지와 의견이 맞섰기 때문에
> → 아버지와 생각이 달랐기 때문에
> → 아버지와 생각이 어긋났기 때문에

'의견(意見)'은 "어떤 대상에 대하여 가지는 생각"을 뜻합니다. 쉽게 말하자면 한국말 '생각'을 한자로 옮겨서 '의견'이 되는 셈입니다. '충돌(衝突)'은 "서로 맞부딪치거나 맞섬"을 뜻합니다. 그러니까, 한국말 '맞부딪치다'나 '맞서다'를 한자로 옮겨서 '충돌하다'가 되어요. "의견이 충돌한다"는 "생각이 맞선다"는 뜻입니다. "아버지와의 의견 충돌"이란 "아버지 생각과 내 생각이 맞선다"는 이야기입니다.

보기글을 보면 "충돌이 있다"와 같은 꼴입니다. 이 비슷한 꼴로 "사귐이 있다"나 "만남이 있다"나 "부딪침이 있다"나 "즐거움이 있다" 같은 말투가 자꾸 나타납니다. 한자말을 쓰려고 한다면 "충돌하다"라 할 노릇이고, 한국말을 쓰려고 한다면 "맞부딪치다"나 "부딪치다"를 쓸 노릇입니다. 그리고, 번역 말투처럼 이름씨꼴(명사형)로 쓰지 말고, "사귀다"와 "만나다"와 "부딪치다"와 "즐겁다"처럼 쓸 일입니다.

더 살펴보면, 서로 생각이 맞선다고 할 적에는 "생각이 엇갈린다"거나 "생각이 다르다"거나 "생각이 어긋난다"는 이야기도 됩니다.

● 정간, 압수 등이 밥 먹듯 일어나는 상황에서 국장과 일선 기자와의 대립이랄까, 의견 충돌이 자주 있었던 것이다

→ 정간 · 압수가 밥 먹듯 일어나니, 국장과 일선 기자가 자꾸 맞선다고 할까, 생각이 엇갈리는 일이 잦았다

→ 정간 · 압수가 밥 먹듯 일어나니, 국장과 일선 기자가 자꾸 대립한달까, 생각이 부딪히는 일이 잦았다

『화첩에 담긴 조선일보 풍경』(김정 지음, 예경, 2005년) 34쪽

 ## "그 이상도 이하도 아닙니다"

그 이상도 이하도 아니다
→ 그뿐이다
→ 그러할 뿐이다
→ 그뿐, 더도 덜도 아니다
→ 그렇다 뿐, 이도 저도 아니다

한자말 '이상(以上)'은 더 많을 때를 가리키고, '이하(以下)'는 더 적을 때를 가리킵니다. 한자말 '이상'과 '이하'를 쓰고 싶으면 쓸 일이지만, 많으면 '많다'고 하면 되고, 넘치면 '넘친다'고 하면 됩니다. 높으면 '높다'고 하면 되고, 위이면 '위'라고 하면 됩니다. 적으면 '적다' 하면 되고, 모자라면 '모자라다'

고 하면 됩니다. 낮으면 '낮다'고 하고, 아래이면 '아래'라고 하면 될 뿐입니다. 있는 그대로 말하면 됩니다.

"이상도 이하도 아니다"는 무엇을 가리킬까요? "크지도 작지도 않다"는 뜻이요 "많지도 적지도 않다"는 뜻이며 "더도 덜도 아니다"라는 뜻일 테지요. 그러니, 처음부터 이 뜻대로 적어야 알맞고 쉬우며 바릅니다. 때와 곳에 따라 "넘치지도 모자라지도 않다"라든지 "높지도 낮지도 않다"라든지 "더하지도 덜하지도 않다"로 적을 수 있습니다.

"이도 저도 아니다"라든지 "이것도 저것도 아니다"로 적어도 되고, "그뿐이다"나 "그렇다 뿐이다"로 적어도 잘 어울립니다.

보 기 글 -

● 두 개였던 고민 덩어리가 좀 더 커진 한 덩어리가 되었다는 것 이상도 이하도 아니었다
→ 둘이었던 걱정덩어리가 좀 더 커진 한 덩어리가 되었다 뿐이다
→ 둘이었던 근심 덩어리가 좀 더 커진 한 덩어리가 되었을 뿐이다

『우리 곁에 살다 간 성자』(김은식 지음, 장기려, 봄나무, 2006년) 86쪽

✿ "이해가 되나요?"

자, 너희들 이해했니? → 자, 너희들 알겠니?
                        → 자, 너희들 알아듣겠니?
애야, 이해가 안 되니? → 애야, 잘 알지 못하겠니?
                        → 애야, 잘 모르겠니?

'이해(理解)'는 "잘 살핌"과 "잘 앎"을 뜻합니다. 곰곰이 생각해 봅니다. "이해가 가다"라 한다면 "'잘 살핌'을 가다"나 "'잘 앎'을 가다"처럼 말하는 셈입니다. "이해가 되다"라 한다면 "'잘 살핌'이 되다"나 "'잘 앎'이 되다"처럼 말하는 셈이에요.

이렇게 말을 하거나 글을 쓸 수도 있다고 할 테지만, 어쩐지 앞뒤가 어긋난 말을 잘못 쓰는 셈이로구나 싶습니다. "앎이 간다"나 "앎이 된다" 꼴로 엉성하게 말을 하지 말고, "잘 알다"나 "잘 알겠니?"나 "잘 모르겠니?"처럼 또렷하고 알맞게 쓰면 됩니다.

"아, 이해가 가는군요" 같은 말은 "아, 알겠군요"나 "아, 그렇군요"나 "아, 알 만하군요"나 "아, 그래요"나 "아하"로 손질해 줍니다.

보 기 글 -

● "아, 이해가 되는군요. 무슨 말인지 알겠어요. 맞아요, 우리는 성장하면서 추억과 상처를 갖게 되지요."

→ "아하. 무슨 말인지 알겠어요. 맞아요, 우리는 자라면서 이야기와 상처가 생기지요."

『미술왕』(이정록 지음, 한겨레아이들, 2014년) 54쪽

❀ "자타가 공인하는 실력입니다"

자타가 공인하는 실력이다
→ 다 아는 실력입니다
→ 모두 아는 재주입니다
→ 누구나 아는 솜씨입니다
→ 우리 모두 아는 재주입니다
→ 모든 사람이 아는 솜씨입니다

한자말 '자타(自他)'는 "자기와 남을 아울러 이르는 말"입니다. 한국말 사전은 이처럼 풀이합니다. 그러나 '자타'는 "자기(自己)와 남"이 아닙니다. "나와 남"이나 "나와 너"라고 풀이해야 올바릅니다. 한자말 '공인(公認)'은 "국가나 공공 단체 또는 사회단체 등이 어느 행위나 물건에 대하여 인정함"을 뜻한다고 합니다. "공공에서 인정함"이 '공인'인 셈인데, 한자말 '인정(認定)'은 "확실히 그렇다고 여김"을 뜻하고, '공공(公共)'은 "국가나 사회의 구성원에게 두루 관계되는 것"을 뜻한다고 해요. 그러니까 '공인'은 "여러 사람이 두루 그렇다고 여김"을 가리키는 셈입니다.

언제부터인가 말버릇처럼 굳은 '자타가 공인하다'라 할 텐데, 이 말마디는 "너와 내가 두루 그렇다고 여기다"를 나타낸다고 하겠습니다. "우리 모두 그렇다고 여기다"라든지 "모든 사람이 그렇다고 여기다"를 나타낸다고 할 테지요. 이런 한자말을 쓰려면 '자타공인'처럼 붙여서 써야 한다는데, "다 알듯이"나 "모두 알듯이"나 "누구나 알듯이"처럼 쉽게 쓰면 한결 낫습니다.

● 　수업 중에 수다스러운 건 자타가 공인하는 바입니다

→ 　수업할 적에 수다스러운 줄 우리 모두 압니다

→ 　수업할 적에 수다스러운 줄 너도 나도 압니다

→ 　수업을 하며 수다스러운 줄 누구나 압니다

→ 　수업을 하며 수다스러운 줄 참으로 잘 압니다

『아들아 너는 세상 모든 것을 시로 노래하는 사람이 되어라』(스나가 시게오 지음,
외문기획실 옮김, 가서원, 1988년) 79쪽

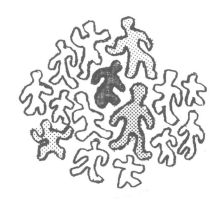

"좋은 질문이에요"

좋은 질문이다 → 잘 물어봤다

궁금하니까 묻습니다. 모르기에 묻습니다. 알고 싶어서 묻습니다. 묻는
말에는 좋고 나쁨이 없습니다. 궁금함을 풀거나 새롭게 알려고 물어요.

할아버지나 할머니한테 여쭐 적에 할아버지나 할머니가 아이한테 "좋은
질문을 했구나" 하고 대꾸할는지 궁금합니다. '질문(質問)'이라는 한자말
은 "알고자 하는 바를 얻기 위해 물음"을 뜻한다고 합니다. 그러니까, 한국말
은 '묻다'일 뿐이요, "좋은 물음을 했다"라든지 "좋은 여쭘을 했다" 같은 꼴
인데, 이처럼 말하는 한국 사람은 없습니다. 한국말 '묻다'이든 한자말 '질
문'이든, 이러한 낱말 앞에 '좋다·나쁘다' 같은 말을 붙이지 않습니다.

또래 사이나 여느 자리에서는 '묻다'를 씁니다. 손윗사람한테는 '여쭈다
(여쭙다)'를 씁니다. 누군가 "잘 물어봤다"고 한다면, 이때에는 "많이 궁금했
구나"라든지 "참 궁금하지?"라든지 "물을 줄 알았다"라든지 "왜 안 묻나 했
다" 하고 비슷하게 말할 수 있습니다.

보기글 --

● "엄마는 왜 세 발로 걸어 다니게 되었어요?" "그래, 좋은 질문을 했다."
→ "어머니는 왜 세 발로 걸어 다니셔요?" "그래, 잘 물어봤다."

『세발강아지』(이준연 지음, 창비, 1984년) 193쪽

❁ '지속 가능한 미래'

지속 가능한 미래
→ 오래갈 앞날
→ 오래 이어질 앞날
→ 한결같이 흐를 앞날
→ 한결같은 앞날

한자말 '지속(持續)'은 "어떤 상태가 오래 계속됨. 또는 어떤 상태를 오래 계속함"을 가리키고, '가능(可能)'은 "할 수 있거나 될 수 있음"을 가리킵니다. 그러니, '지속 가능'이란 "오래 할 수 있음"이나 "오래갈 수 있음"을 나타내는 셈입니다.

'오래가다'는 한 낱말입니다. '오래 하다'는 아직 한 낱말이 아닙니다. 앞으로 '오래 하다'도 한 낱말로 삼아서 쓸 만하리라 봅니다.

이 땅에서 아주 오랫동안 살던 옛사람이 오늘 우리한테 물려준 '오래가다'라는 낱말이 있다는 대목을 가만히 돌아봅니다. 오래가는 삶을 생각합니다. 오래가는 꿈을 헤아립니다. 오래가는 사랑과 오래가는 숨결을 곱씹습니다. 오래가는 말이란 무엇일까요. 오래가는 글이란 어떤 글일까요.

보 기 글 -

● 하지만 이것이 지속 가능한 것이 아니라는 것을 우리는 알고 있다
→ 그러나 우리는 이 일이 오래갈 수 없는 줄 안다
→ 그렇지만 우리는 이 일이 한결같을 수 없는 줄 안다

『9월이여 오라』(아룬다티 로이 지음, 박혜영 옮김, 녹색평론사, 2004년) 8쪽

"맡은 바 직무를 수행합니다"

직무를 수행한다
 → 일을 한다
 → 일을 맡는다
 → 맡은 일을 한다
 → 일한다

'직무(職務)'를 한국말 사전에서 찾아보면, "직책이나 직업상에서 책임을 지고 담당하여 맡은 사무. '맡은 일'로 순화"로 풀이합니다. '수행(遂行)'은 "생각하거나 계획한 대로 일을 해냄"으로 풀이합니다. 그러니까, "직무를 수행하다"는 "맡은 일을 계획한 대로 일을 해내다"인 꼴입니다. "맡은 일을 해내다"나 "맡은 일을 하다"로 고쳐 써야 올바릅니다.

'업무(業務)'라고 하는 한자말을 넣어서 "업무를 수행하다"처럼 쓸 적에도 겹말입니다. 그저 "일을 하다"나 "맡은 일을 하다"처럼 쓰면 돼요. '작업(作業)'이라는 한자말을 넣어서 "작업을 수행하다"처럼 쓸 적에도 겹말이에요. 이때에도 "일을 하다"라고만 하면 됩니다.

보 기 글 --

● 그는 불가사의한 직무를 수행한다
→ 그는 알쏭달쏭한 일을 한다
→ 그는 아리송한 일을 맡아서 한다
→ 그는 수수께끼 같은 일을 맡는다

『자발적 가난』(슈마허 지음, 이덕임 옮김, 그물코, 2003년) 116쪽

# "적을 향해 포문을 열었다"

상대편이 주장한 내용의 허점을 지적하며 반론의 포문을 열었다
　→ 상대편이 말한 내용에서 빈틈을 짚으며 반론을 했다
　→ 저쪽에서 말하는 이야기에서 허술한 대목을 받아쳤다
　→ 저쪽에서 내세우는 이야기에서 잘못된 곳을 꼬집었다

'포문(砲門)'이라는 한자말은 '대포 구멍'을 가리킵니다. 그러니까, 대포라고 하는 전쟁 무기가 이 땅에 깃들기 앞서까지 "포문 열다" 같은 낱말을 쓸 일은 없습니다. 가만히 헤아리면, "포문 열다"는 일제 강점기 언저리에 스며들었고, 한국 전쟁을 거치면서 널리 퍼졌다고 할 만합니다. 제국주의 일본 사회와 군대에서 쓰는 말투입니다.

"포문(을) 열다"라고 하는 말마디는 한국말 사전에 관용구로 나오기도 합니다. "1. 대포를 쏘다 2. 상대편을 공격하는 발언을 시작하다"를 뜻한다고 합니다. 그러니, 말뜻 그대로 "공격하는 말을 하다"나 "내쏘는 말을 하다"처럼 말하면 넉넉합니다. 글 흐름을 살펴서 "팔을 걷고 나섰다"나 "맞받아 말하다"처럼 쓸 수도 있습니다.

보 기 글 --

● 야당은 합법적으로 반대 운동을 펴 달라는 등의 7개 항의 성명을 내고 본격적으로 개헌 추진의 포문을 열었다
→ 야당은 법에 맞게 반대 운동을 펴 달라는 뜻을 담은 일곱 가지 항의 성명을 내고 바야흐로 헌법을 고치려는 첫발을 뗐다

『호외 100년의 기억들』(정운현 지음, 삼인, 1997년) 172쪽

 **"그랬으면 하는 바람입니다"**

올해에는 모든 일이 잘 되었으면 하는 바람입니다
→ 올해에는 모든 일이 잘 되기를 바랍니다
→ 올해에는 모든 일이 잘 되었으면 하고 바랍니다
→ 올해에는 모든 일이 잘 되었으면 합니다

'하다'라는 낱말은 여러 가지 뜻으로 널리 씁니다. 요즈음 흔히 나타나는 말투 '−했으면 하는 바람입니다.' 꼴에서 '했으면' 자리에 넣은 '하다'는 "어떠하게 되도록 움직이거나 이끌다"를 뜻하고, '하는' 자리에 넣은 '하다'는 "어떻게 되기를 바라다"를 뜻합니다. 그러니까, '했으면 하는 바람입니다'는 "했으면 바라는 바람입니다"라든지 "했으면 하고 합니다" 같은 얼거리가 되어, 여러모로 엉뚱하게 쓰는 겹말입니다.

이 말투는 "−했으면 하고 바랍니다"로 바로잡을 수 있습니다. "−했으면 하고 바랍니다"에서 '하고'는 '했으면'을 받는 구실을 합니다. "나는 '좋아' 하고 말했습니다" 같은 글월에 넣은 '하고'와 같은 구실이에요.

그리고, "−했으면 합니다"나 "−하기를 바랍니다"로 바로잡을 수 있어요. 이때에는 말끝에 '바라다'를 그대로 적거나, '바라다'를 뜻하는 '하다'만 넣은 셈입니다.

'−했으면 하는 바람'이라는 말투를 누가 언제 어디에서 처음으로 썼는지 알기는 어렵습니다. 다만, 이 말투를 방송이나 신문에서 매우 자주 씁니다. 학교나 공공 기관에서도 인사말로 이러한 말투를 으레 씁니다. 이 말투가 올바르지 않거나 잘못인 줄 아직 못 깨닫기 때문일 텐데, 앞으로는 슬기롭고 알맞게 다스릴 수 있기를 바랍니다.

● 일제 잔재가 남아 있는 풀꽃 이름을 대대적으로 정리했으면 하는 바람이다
→ 일제 찌꺼기가 남은 풀꽃 이름을 크게 손질하기를 바란다
→ 일제 찌꺼기가 남은 풀꽃 이름을 모두 손질할 수 있기를 빈다

『창씨개명된 우리 풀꽃』(이윤옥 글, 인물과사상사, 2015) 9쪽

 ## "행복 지수가 올라갑니다"

행복 지수는 그만큼 올라갈 겁니다
→ 그만큼 더 행복합니다
→ 그만큼 더 즐겁습니다
→ 그만큼 더 기뻐합니다
→ 그만큼 더 즐거울 수 있습니다

'지수(指數)'는 "물가나 임금 따위와 같이, 해마다 변화하는 사항을 알기 쉽도록 보이기 위해 어느 해의 수량을 기준으로 잡아 100으로 하고, 그것에 대한 다른 해의 수량을 비율로 나타낸 수치"를 가리킵니다. '행복 지수'라는 말은 '행복(幸福)'을 그림표로 그려서 숫자로 크기를 나타내는 셈입니다. 즐거움이나 기쁨도 숫자로 크기를 나타낼 수 있을 테지만, 여러 가지를 골고루 즐기는 삶이 아름답다고 말하는 글에서 '행복 지수'와 같은 숫자 놀이를 빗대어 말해야 하는지 아리송합니다.

"빨래하기 좋은 날"이나 "집 옮기기 좋은 날"이나 "나들이하기 좋은 날"이나 "자전거 타기 좋은 날"이나 "김매기 좋은 날"이나 "김장하기 좋은 날"을 떠올립니다. 좋으면 좋다고 말합니다. 즐거우면 즐겁다고 말합니다. 사랑하면 사랑한다고 말합니다. 기쁘면 기쁘다고 말합니다.

'행복 지수가 올라간다'가 아니라 '한결 즐겁다'입니다. '더 기쁘다'입니다. '아주 즐겁다'요 '매우 기쁘다'입니다. '활짝 웃으며 즐겁다'이고 '노래를 부르며 기쁘다'입니다.

보기글 --

- 한 가지의 최고만이 아닌 백 가지의 최선이 함께 어우러질 수 있다면, 분명 '우리 아이들'의 행복 지수는 그만큼 올라갈 겁니다
- → 한 가지만 잘하지 않고 백 가지가 함께 아름답게 어우러질 수 있다면, '우리 아이들'은 틀림없이 더 즐거울 수 있습니다
- → 한 가지만 잘하지 않고 백 가지를 함께 아름답게 어우를 수 있다면, '우리 아이들'은 틀림없이 더 즐겁게 지냅니다

『아버지 당신은 산입니다』(안재구·안영민 지음, 아름다운사람들, 2003년) 48쪽

✿ "희색이 만면합니다"

희색이 만면했습니다
→ 기뻐했습니다
→ 기쁜 얼굴이었습니다
→ 얼굴에 기쁨이 감돌았습니다
→ 얼굴에 기쁨이 가득했습니다
→ 얼굴에 기쁨이 넘쳤습니다

어릴 적부터 "희색이 만면하다"라는 말을 곧잘 들었으나 무엇을 뜻하는지 잘 몰랐습니다. 한국말 사전을 보니, '희색(喜色)'은 "기뻐하는 얼굴빛"을 뜻하고, '만면(滿面)'은 "온 얼굴"을 뜻하며, '만면하다(滿面−)'는 "얼굴에 가득하게 드러나 있다"를 뜻한다고 합니다. "희색이 만면하다"는 "기뻐하는 얼굴빛이 얼굴에 가득하게 드러나 있다"를 가리키는 셈입니다.

말뜻을 살피면 "희색이 만면하다"는 겹말입니다. "희가 만면하다"처럼 적어야 옳아요. 그러나 '희색'이든 '희'이든 한국말이 아니지요. 두 낱말 모두 한자말이며, 한국 사람이 알아보기에는 몹시 어렵습니다. "기쁜 빛이 얼굴에 가득하다"처럼 쓰든지 "얼굴에 기쁨이 가득하다"처럼 쓸 노릇입니다. 단출하게 '기뻐하다'라든지 '기뻐서 웃다'처럼 써도 됩니다.

보 기 글 --

- "어마! 그래?" 하며 희색이 만면했습니다
→ "어마! 그래?" 하며 기뻐했습니다

『엄마 아빠 똑바로 걸으세요』(잘츠만 지음, 김영만 옮김, 을유문화사, 1990년) 217, 220쪽

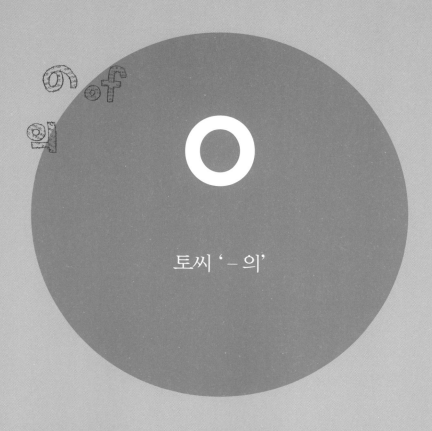

의 of
읙 of

○

토씨 '–의'

✿ '나의'와 '내'

나의 실수를 깨달았다
　→ 내 잘못을 깨달았다
　→ 내 바보스러운 잘못을 깨달았다
　→ 내가 잘못했다고 깨달았다
　→ 내가 잘못한 줄 깨달았다
뒤로 돌아서는 현하의 뒷모습을
　→ 뒤로 돌아서는 현하 모습을
　→ 뒤로 돌아서는 현하를
　→ 뒤돌아서는 현하 모습을
　→ 뒤돌아서는 현하를
　→ 현하가 뒤돌아서는 모습을
　→ 현하가 뒤로 돌아서는 모습을

　보기글을 살펴봅니다. 하나는 "나의 실수"이고, 둘은 "현하의 뒷모습"입니다. "나의 실수"는 "내 실수"나 "내 잘못"으로 바로잡아야 합니다. '나의'는 한국말이 아닌 일본말이기 때문입니다. 'good'을 '굿'으로 적는다고 하더라도 한국말이 아닌 영어입니다. 일본말 '私の'를 '나의'로 적는다고 하더라도 한국말이 아닌 일본말입니다. 영어 사전에서 "my=나의"로 풀이하더라도, 한국말이 아닌 영어이거나 번역 말투입니다.

　나의 → 내
　너의 → 네

저의 → 제

우리의 → 우리

저희의 → 저희

    한국말은 '내'하고 '네'입니다. '나의'하고 '너의'는 한국말이 아닙니다. 겉모습만 한글입니다. '우리'하고 '저희'에는 '-의'를 안 붙입니다. '우리의'이나 '저희의'처럼 쓸 적에도 한국말이 아닙니다.

    학교에서 교사로 일하는 분은 이 대목을 슬기롭게 읽고 살펴 주어야 합니다. 교과서나 책에 적힌 글이라 하더라도 잘못 적힌 글이 있기 마련입니다. 이때에는 교과서나 책에 적힌 글을 어떻게 고치거나 바로잡아서, 한국말을 어떻게 배워야 제대로 잘 배우는가 하는 대목을 밝힐 수 있어야 합니다. 이런 몫을 해 주는 사람이 참다운 교사입니다. 왜 그러한가 하면, 교사는 어느 과목을 맡든 '말'로 가르칩니다. 교사는 언제나 '말'을 슬기롭게 다룰 줄 알아야 합니다. 어느 과목 교사이든 '말'을 올바로 다루지 못한다면 참다운 교사라고 할 수 없습니다.

    그러나, 교사 자리에 선 어른도 미처 못 깨달을 수 있습니다. 왜 그러한가 하면, 교사가 되기까지 한국말을 제대로 가르치거나 알려 주는 교육 과정이 없을 수 있어요. 이런 교육 과정을 거쳤어도 제대로 모르거나 못 배웠을 수 있습니다. 이때에는 학생 자리에 서는 푸름이가 스스로 제대로 살펴서 배우면 됩니다. 우리 어버이가 나한테 말을 잘 가르쳐 주지 못했다 하더라도, 푸름이가 스스로 말을 잘 배우도록 마음을 기울이면 돼요.

    우리가 말을 배우는 길은 두 가지입니다. 첫째, 어버이와 어른한테서 배웁니다. 둘째, 나 스스로 배웁니다. '-의'를 잘못 쓰는 어버이와 어른이 대단히 많기 때문에, 푸름이는 이 대목을 둘레 어버이나 어른한테서 슬기롭게 배우기가 매우 어렵다고 할 만합니다. 그래서 '-의'를 제대로 쓰는 길은 푸름이가 스스로 차근차근 살펴서 익히기를 바라요.

으레 어른이 아이를 가르치는 얼거리일 테지만, 푸름이가 슬기롭고 똑똑하게 잘 배우면, 푸름이가 어버이와 어른을 얼마든지 사랑스럽고 즐겁게 잘 가르쳐 줄 수 있습니다.

 ## '나의'와 '우리'

나의 사랑하는 딸
　→ 우리 사랑하는 딸
　→ 사랑하는 딸
　→ 내가 사랑하는 딸
　→ 더없이 사랑하는 딸
　→ 하늘처럼 사랑하는 딸

영어에서는 한식구가 서로 가리킬 적에 'my'를 씁니다. 한국말에서는 한식구가 서로 가리킬 적에 '우리'를 씁니다. 영어에서 'our'를 쓸 때가 있을는지 모르나, 영어에서는 'my'를 써야 어울리고, 한국말에서는 '우리' 말고 '내'나 '제'를 쓸 때도 있을 테지만, '우리'를 써야 어울립니다.

한국말에서 '우리'를 쓰는 까닭은, '내'가 말할 적에 '내가 가리키려는 사람과 나를 아울러'서 쓰기 때문이고, '내 말을 듣는 사람과 나를 아울러'서 쓰기 때문입니다. 그래서 부부 사이에서도 "우리 아내"와 "우리 남편"처럼 써야 올바릅니다. 형제가 둘일 적에도 "우리 언니"와 "우리 형"처럼 써야 올발라요.

어버이가 아이를 가리킬 적에, 영어에서는 "my daughter"처럼 쓸 테지만, 한국말에서는 "우리 딸"처럼 씁니다. 아이가 어버이를 가리킬 적에, 영어에서는 "my mother"처럼 쓸 테지만, 한국말에서는 "우리 어머니"처럼 씁니다.

한국말에서 '우리'라는 낱말을 쓰는 까닭은 '나와 어머니'나 '어버이와 아이'나 '너와 나'가 저마다 따로 있는 사람이면서도, 이야기를 나누거나 어느 한 사람을 가리키려 할 적에, 반드시 다른 한 사람이 있어야 한다고 여기기 때문입니다. 왜 그러한가 하면, 이야기는 혼자 나누지 않습니다. 말하는 사람과 듣는 사람이 함께 있기에 이야기를 이룹니다. 그러니, "우리가 어제 이야기했잖니?"처럼 말합니다. 너와 나를 한동아리로 묶는 뜻이 아니라, 너와 내가 '그 이야기를 함께 들었다'는 뜻에서 '우리'를 씁니다. 부부 사이에서도 '우리'를 쓰는 까닭은, '너'와 '나'가 모여서 이루는 부부이기 때문에 '우리'를 써야 부부가 이루어진다고 여기기 때문입니다. 내가 어머니를 가리킬 적에 "우리 어머니"라고 하는 까닭도 나와 어머니가 함께 있어야 나한테 비로소 어머니가 있다고 여기기 때문입니다. 어버이가 아이를 가리킬 적에 "우리 딸"이라 하는 까닭도 아이를 하나 둔 어버이라 하더라도 어버이 한 사람과 아이 한 사람이 함께 있어야 어버이가 바라보기에 아이가 있고, 이 아이를 가리킬 수 있다고 여기기 때문입니다.

사랑하는 나의 달님
　→ 사랑하는 달님
　→ 사랑하는 우리 달님
　→ 사랑하는 예쁜 달님
　→ 사랑하는 멋진 달님

사랑하는 짝꿍이나 짝님이 있을 적에도 한국말에서는 "내 사랑"이라 하지 않습니다. "우리 사랑"입니다. 이때에도 '너'와 '나'를 따로따로 또렷하게 느껴서 생각하기 때문에 '우리'를 씁니다. 서양에서는 너와 나를 따로따로 또렷하게 느낀다는 테두리에서 '내(my)'를 넣는 말투가 되지만, 한국말에서는 너와 나를 따로따로 또렷하게 느끼면서 서로서로 제대로 가리키는 자리에 '우리'라는 낱말을 씁니다.

> 이 책은 내 것이야
> 내 책이야
> 이 자전거는 내 것이야
> 내 자전거야

한국말에서 '내'를 쓰는 자리는 "내 것"이라고 말할 때입니다. 그러니, "내 아이"나 "내 어머니"라고 하면, 아이나 어머니를 마치 '물건(내 물건)'으로 가리키는 셈입니다. 이리하여 한국말에서 한식구나 동무나 이웃을 가리키면서 '내'라는 말마디를 쓰면, 사람을 물건으로 다루는 느낌이나 뜻이 되고 맙니다. 다른 사람을 종으로 부리려는 뜻으로 '내 사람'이라 말하는 셈이 됩니다. "내 사랑"이나 "내 어머니"나 "내 아이"처럼 쓰는 말투는 모두 한국말을 영어처럼 바라보면서 잘못 가르치거나 엉뚱하게 배우거나 얄궂게 쓰는 모습입니다.

그런데, 오늘날에는 "내 아이"나 "내 사랑"이나 "내 어머니" 같은 말을 아주 흔히 씁니다. 어느 모로 본다면 '물건'으로 가리키려는 뜻으로 '내'를 쓴다기보다 서양 말투가 아주 익숙하기에 가볍게 이러한 말투를 쓴다고 할 만합니다.

한국말에서 쓰는 '우리'는 '집단주의 문화'를 보여 준다고 말하는 사람이 있는데, 이는 올바르지 않은 생각입니다. '집단주의'가 아닌 '함께 사는 사람'을 아우르면서 '내가 선 자리'가 어디인가를 또렷하게 드러내려는 말마디가 '우리'입니다.

한겨레는 예부터 "이 나라"나 "이 마을"이나 "이 모임"이라고 했습니다. '바로 여기(이)'에 있는 나라요 마을이요 모임이라는 뜻에서 '이'를 씁니다. 한국에서 한국 사람이 "우리 나라(우리나라)"와 "우리 말(우리말)"이라는 낱말을 쓴 지는 얼마 안 됩니다. 이런 말마디는 일제 강점기 언저리부터 나타났습니다. 이웃나라한테 짓밟히는 역사를 겪으면서 이 아픈 역사를 딛고 서야겠다는 뜻에서 '우리'라는 말마디로 '제국주의 정치권력을 이겨 내자'와 같은 마음을 나타내려 했어요.

'우리'라는 말마디는 '내가 너를 바라보는 눈길'을 보여 줍니다. '네가 여기에 나와 함께 있다고 느끼는 눈길'을 보여 주는 '우리'입니다. 어느 모로 본다면, 영어에서 쓰는 'my'는 치레(형식)나 말법일 뿐이지만, 한국말에서 쓰는 '우리'는 '내'가 '나'를 더욱 또렷하게 생각하는 말투입니다.

✿ '之'와 '의'

형설지공(螢雪之功): 반딧불 / 눈과 함께 하는 노력
부자지간(父子之間): 아버지와 아들 사이
호연지기(浩然之氣): 하늘과 땅 사이에 가득 찬 넓고 큰 원기
무용지물(無用之物): 쓸모없는 물건이나 사람
어부지리(漁夫之利): 두 사람이 이해관계로 서로 싸우는 사이에
　　　　　　　　　엉뚱한 사람이 애쓰지 않고 가로챈 이익

　지난날에 이 나라에서 한문을 쓰던 지식인은 중국 사람이 쓰는 말투를 좇아서 '之'를 으레 썼습니다. 이 중국말과 중국 말투는 옛 지식인 입과 손을 거쳐서 한국에 스며들었고, '부자지간'이나 '모자지간'이나 '형제지간' 같은 말투를 여느 사람도 으레 쓰도록 내몰았습니다.

　중국말과 중국 말투가 이 나라에 처음 퍼졌을 적에는 '부자지간'처럼 썼는데, 이 말투는 일본 말투와 번역 말투를 만나면서 조금씩 꼴을 바꾸었습니다. 이를테면 "부자의 사이"나 "모자의 사이"나 "형제의 사이" 같은 꼴이 됩니다. "아버지와 아이의 사이"라든지 "어머니와 아이의 사이" 같은 꼴로도 바뀝니다. 이러면서도 '부자간·모자간·형제간' 같은 중국말을 함께 쓰고, "부자 사이·모자 사이·형제 사이"처럼 '-의'가 없는 말투로도 나란히 쓰며, "'아버지와 아이 사이·어머니와 아이 사이·형제 사이"처럼, 말투도 낱말도 말씨도 곱게 한국말로 쓰기도 합니다.

　글을 쓰는 사람은 글잣수 맞추기를 좋아합니다. 이러다 보니, '之'를 빌어서 넉 자로 짜 맞춘 중국말이 퍼졌습니다. '형설지공'이나 '호연지기'나 '무용지물'이나 '어부지리'는 모두 '之'가 끼어들 까닭이 없던 말투입니다. 그런

데, 사이에 '之'를 넣어서 넉 자로 맞추었어요. '형설공 · 호연기 · 무용물 · 어부리'처럼 쓰면 될 말이었지요. 중국 사람은 '之'를 쓰고, 일본 사람은 'の'를 쓴 셈인데, 이를 한국 지식인은 몽땅 '-의'로 뭉뚱그렸습니다.

    반디와 눈 / 반딧불과 눈으로 애씀
    아비아들 / 아버지와 아들 사이
    하늘바람 / 하늘기운
    쓸모없음 / 못 쓰는 것
    고깃꾼 덤 / 고기잡이 보람

  중국말에서 퍼진 '之'는 쉽게 털 수 있습니다. 중국 말투에서는 '之'를 군말로 넣었을 뿐이기에 그대로 덜기만 하면 됩니다. 중국말을 한국말로 옮길 적에는 굳이 '넉 자'로 맞추어야 하지 않으니 때와 흐름에 맞추어 알맞게 쓰면 됩니다. 때로는 말놀이 삼아서 일부러 넉 자에 맞추어 한국말로 새롭게 이야기를 지을 수 있습니다.
  생각을 빚을 때에는 언제나 알맞고 바르면서 아름답게 말을 살립니다. 생각을 빚지 않으면, 일본 말투나 번역 말투나 중국 말투에 그예 휘둘리기만 합니다.

✿ 'of'와 'の'

　한국 사람이 쓰는 한국말은 아주 오랜 옛날부터 이 땅에서 태어나 살던 사람이 쓰던 말입니다. 먼먼 옛날부터 쓰던 말이되, 따로 '틀에 가두지 않는 말'이었습니다. 다시 말하자면, '말법(문법)'이 따로 없이 누구나 홀가분하게 제 마음을 스스럼없이 드러내어 삶을 짓는 말이었습니다.

　이런 한국말이지만, 이른바 '개화기'와 '일제 강점기'라고 하는 1800년대 끝 무렵과 1900년대 첫 무렵에 '일본을 거쳐서 받아들인 서양 말법(문법)'에 휘둘린 지식인 사이에서 '한국말도 법(틀)을 세워야 한다'고 하는 생각이 퍼졌습니다. 이리하여, 서양에서 서양말을 배우거나 일본에서 일본말과 서양말을 배운 지식인이 '한국 말법'을 처음으로 세웁니다.

　우리는 이 대목에서 잘 살펴야 합니다. 여러 지식인이 훌륭한 뜻을 품고 세운 '새로운 한국 말법'은 나쁘지 않습니다. 그리고, 좋지도 않습니다. 그저 '지식인이 서양 말법을 배운 뒤, 이 서양 말법에 따라 한국 말법을 새롭게 세웠'을 뿐입니다.

　'한국 말법'을 처음 세운 분도, 오늘날 '한국 말법'을 새로 배워서 다시 세우려는 분도, 모두 '서양 말법' 틀거리를 헤아리면서 '한국 말법'을 바라봅니다. 그러니까, 1800년대 끝 무렵부터 2000년대를 넘어선 오늘에 이르기까지, '한국 말법'을 한국 사람 삶이나 넋을 헤아리면서 바라보거나 세우거나 가꾸려고 하는 지식인은 아직 없다고 할 만합니다.

　왜 그럴까요? 다른 나라는 어떤가요? 아주 마땅한 소리인데, 서양에서는 처음부터 '제 나라(서양 나라) 삶과 넋에 맞추어서 제 나라 말법을 세웠'습니다. 일본은 처음에는 서양 말법을 배우거나 익혀서 제 나라(일본) 말법을 세웠으나, 이와 맞물려서 제 나라(일본) 삶과 넋을 헤아리면서 일본 말법을 차근차근 가다듬었고, 오늘과 같은 모습이 됩니다. 이와 달리, 한국은 아직까지 서양 말법 틀거리로 한국 말법을 바라볼 뿐 아니라, 개화기와 일제 강점기에 한국말에 스며든 '일본 말투'와 '일본 한자말'에다가 '일본 사람이 받아들여서 한자로 고쳐서 쓴 서양말'에다가 '일본 사람이 서양 문화를 받아들이다가 퍼진 번역 말투'까지 있습니다. 여기에, 예전에 중국을 섬기던 지식인이 쓰던 '중국 말투'와 '중국 한자말'이 있고, 해방 언저리부터 한국으로 퍼진 '서양말'과 '서양 말투'와 '번역 말투'까지 뒤죽박죽 얽힙니다.

토씨(조사) '-의'를 제대로 바라보려면, 이 대목을 하나씩 제대로 바라보아야 합니다. 1800년대 끝 무렵부터 오늘에 이르기까지, 한국 사람한테 한국말이나 한국 말법은 아직 한 번조차 제대로 선 적이 없습니다.

그러면, 한국 사람이 오랫동안 이 땅에서 쓰던 한국말은 어디에 있을까요? 한국 사람이 언제나 즐겁게 노래하고 춤추면서 주고받던 한국말은 어디에서 들을 수 있을까요? 한국 사람이 아이를 사랑스레 낳아서 어버이가 아이한테 사랑스레 물려주던 한국말은 어디에서 엿볼 만할까요?

한국말다운 한국말은 '옛말(속담)'에 살짝 남습니다. 한국말다운 한국말은 '노래(민요)'와 '이야기(전래동화, 설화, 민담)'에 살포시 남습니다. 한국말다운 한국말은 학교 문턱을 넘지 않고 책·신문·방송에 젖어들지 않으면서 흙을 손으로 만지면서 삶을 짓는 사람한테 살그머니 남습니다.

'-의'는 무엇일까요? 흔히 '소유격(所有格)'으로 쓰는 토씨라 하는데 한국말 사전을 찾아보면 "소유격=관형격"으로 풀이합니다. 이리하여, '관형격(冠形格)'이라는 한자말을 다시 찾아보면, "문장 안에서, 앞에 오는 체언이 뒤에 오는 체언의 관형어임을 보이는 격"이라 하며, '매김자리'라고 한답니다. 그러면, '관형어'는 또 무엇일까요? '관형어'는 "체언 앞에서 체언의 뜻을 꾸며 주는 구실을 하는 문장 성분"이라고 합니다. 자, 이제 갈무리합니다. '소유격=관형격=관형어=앞말을 꾸미는 노릇'입니다. 앞말을 꾸미려고 한다면 '−의'를 넣을 수 있다는 뜻입니다.

'나뭇가지'라는 낱말을 살펴봅니다. '나무+ㅅ+가지'처럼 씁니다. 'ㅅ(사이시옷)'이 사이에 깃들어 앞말과 뒷말을 이으면서 꾸미는 구실을 합니다. 그런데, 이럴 때에 우리는 '나무의 가지'처럼 말하지 않아요. '나뭇가지'라 말합니다.

더 살펴보면, 사이시옷마저 그리 잘 안 쓰는 한국말입니다. '나무 방망이'나 '나무 숲'이나 '나무 나라'나 '나무집'이나 '나무지기'나 '나무님'처럼 그냥 쓰기 일쑤입니다. 오늘날 말법에서는 '나무 꽃' 아닌 '나뭇꽃'으로 적으라 할 테지만, '나뭇잎'처럼 적으면서도 '나무 꽃'으로 적어요. '배춧잎' 같은 낱말은 입에 이렇게 익어서 이처럼 쓰지만, '무 잎'이나 '모과 잎'이나 '느티 잎'이나 '유채 잎'처럼 수많은 다른 잎은 사이시옷 없이 그냥 쓰기 마련입니다.

[의] 표준국어대사전, 2015

1. 그의 옷 / 영이의 얼굴 / 우리의 학교 / 사람의 자식 / 한강의 근원

2. 우리의 각오 / 국민의 단결 / 너의 부탁 / 나라의 발전

3. 다윈의 진화론 / 나의 작품 / 거문고의 가락

4. 승리의 길

5. 질서의 확립 / 자연의 관찰 / 인권의 존중 / 학문의 연구

6. 서울의 찬가 / 한국의 지도

7. 책의 저자 / 아파트의 주인 / 올림픽의 창시자

8. 금의 무게 / 물의 온도 / 국토의 면적

9. 꽃의 향기 / 예술의 아름다움

10. 축하의 잔치 / 가을은 독서의 계절이다

11. 각하의 칭호 / 조국 통일의 위업

12. 나의 친구 / 선생님의 아들

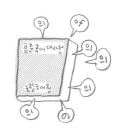

13. 몸의 병 / 시골의 인심 / 옷의 때 / 하늘의 별 / 제주의 말

14. 여름의 바다 / 고대의 문화 / 정오의 뉴스

15. 100℃의 끓는 물 / 45kg의 몸무게 / 10년의 세월 / 한 잔의 술 / 10여 명의 사람

16. 국민의 대다수 / 가진 돈의 얼마를 내놓다

17. 불굴의 투쟁 / 불후의 명작

18. 철의 여인 / 무쇠의 주먹

19. 순금의 보석

20. 투쟁의 열매 / 건설의 역사

21. 구속에서의 탈출 / 저자와의 대화

국립국어원에서 내놓은 한국말 사전에서는 '-의'에 스물한 가지 쓰임새가 있다고 밝힙니다. 이 스물한 가지를 하나씩 살펴봅니다.

그의 옷 → 그 사람 옷 / 그이 옷 / 그가 입은 옷

영이의 얼굴 → 영이 얼굴

우리의 학교 → 우리 학교

사람의 자식 → 사람 자식 / 사람 아이

한강의 근원 → 한강 물줄기 / 한강이 비롯한 물줄기

'우리'라는 낱말 뒤에는 '-의'를 붙일 수 없습니다. '우리'는 언제나 그냥 '우리'입니다. 그러나, 국립국어원 한국말 사전은 이를 어긋나게 적습니다. 그러면, "그의 옷"이라든지 "우리의 학교" 같은 말은 어떻게 나왔을까요? 이 말법이 바로 서양 말법입니다. 서양 말법에서는 남성·여성·중성을 다루고, 너·나·우리 세 가지를 가릅니다. 그러다 보니, 이러한 서양 말법 틀에 따라 한국말을 억지로 맞추려고 하다가 "그의 무엇"이나 "그녀의 무엇" 같

은 말투가 갑작스레 생기면서, '-의'를 꼭 끼워 넣어야 하는 듯이 말합니다.

>   우리의 각오 → 우리 각오 / 우리 다짐
>   국민의 단결 → 국민 단결 / 똘똘 뭉친 사람들 / 하나 되는 사람들
>   너의 부탁 → 네 부탁
>   나라의 발전 → 나라 발전 / 발돋움하는 나라

　서양말 관형격(소유격)에 맞추느라 '-의' 쓰임새가 불거지고, 일본말 'の'를 억지스레 한국말에 끼워 맞추면서 '-의' 쓰임새가 불거집니다. "국민의 단결"이 좋은 보기입니다. 이런 말은 한국 사람이 쓰는 말이 아닙니다. '國民'이란 무엇일까요? 일제 강점기에 일본 제국주의가 '천황 폐하를 섬기는 나라에 사는 사람'이라는 뜻으로 지어서 쓴 한자말이 '國民'입니다. 그래서 '국민학교'라는 이름을 '초등학교'로 바꾸었습니다. '국민학교'라는 이름이 바로 '천황 폐하를 섬기는 아이로 만드는 학교'였으니까요. 그러나, 어른들은 학교 이름 하나는 바꾸었어도 다른 자리에서는 이 일본 한자말을 못 고치고 못 털며 못 바꿉니다. "국민의 단결"은 겉만 한글이지 속살은 "國民の 團結"입니다.

　보기글을 더 살피면, "그의 옷"과 마찬가지로 "너의 부탁" 같은 말투를 국립국어원이 함부로 씁니다. 한국말에는 '너의'가 없습니다. 한국말은 오직 '네'입니다. '네'는 '너+ㅣ'입니다. '너+ㅢ'가 아닙니다.

　"나라의 발전"도 일본말입니다. 겉만 한글일 뿐이에요. 일본 사람은 이 말을 "國家の發展"처럼 적고, 일본 사람이 쓴 책으로 배운 지식인은 이를 "국가의 발전"으로 옮깁니다.

>   다윈의 진화론 → 다윈 진화론 / 다윈이 쓴 진화론

나의 작품 → 내 작품

거문고의 가락 → 거문고 가락

　한국 사람은 '-의'가 없이 말합니다. 일본 사람은 'の'를 쓰고, 미국 사람은 'of'를 쓰겠지요. 한국 사람은 참말 아무것도 안 써요. 이러한 말투가 바로 한국말입니다. 그렇지만, 국어학자는 서양말에 나오는 'of'를 반드시 한국말로도 옮겨야 한다고 여겼습니다. 영어를 한국 사람한테 가르치려 하는 이들도 'of'를 어떻게든 풀어야 한다고 생각했습니다. 일본 사람은 'of'를 'の'로 옮기기로 합니다. 일본말에서는 'の'를 흔하게 쓰니까, 잘 어울린다고 여겼는데, 어느 모로 보면, 일본말에서도 'の'는 그리 쓸 일이 없습니다. 일본 사람도 한자를 안 쓰고 '오롯이 일본말'로만 말을 하면 'の'는 잘 나타나지 않습니다. 일본 사람은 한자를 잔뜩 써서 제국주의와 군국주의를 퍼뜨리려는 뜻에다가, 서양 학문을 일본 학문으로 새롭게 세우려는 뜻으로 'の'를 엄청나게 쓰기로 했습니다. 이러한 흐름을 한국 지식인이 고스란히 받아들여서 '일본을 거친 서양 문화와 사회와 사상'을 '-의'를 넣어서 풀려고 했어요.

　"다윈의 진화론"은 바로 'of'가 들어간 서양말을 일본 사람이 'の'를 써서 풀려고 했던 말투를 잘못 받아들인 슬픈 말투예요. 한국 사람은 '-의' 없이 "다윈 진화론"이라 말합니다. 그리고, 중국을 섬기던 지식인은 "다윈式 진화론"처럼 말하지요. 이를테면, 일본 말투를 고스란히 받아들인 사람은 "야구 감독 김성근의 훈련법"이라 말하는 셈이고, 중국 말투를 섬기던 사람은 "야구 감독 김성근式 훈련법"이라 말하는 셈입니다. 한국말은 어떻게 써야 할까요? 한국말은 "야구 감독 김성근 훈련법"입니다.

　병원 이름을 생각해 보셔요. "아무개 치과"나 "아무개 비뇨기과"처럼 씁니다. 한국에서는 병원 이름이나 가게 이름을 보면 '-의'를 넣지 않아요. 빵집 이름이든 옷집 이름이든 모두 마찬가지예요. 바로 이 대목을 읽어야 한국말을 깨닫습니다.

국어학자가 제아무리 서양 말법이나 일본 말법을 흉내 내어 한국 말법을 엉망으로 세웠어도, 여느 사람들은 스스럼없이 한국말을 잘 씁니다. "아무개 분식집"이고 "아무개 양복점"입니다. "아무개 재단"이요 "아무개 기념관"입니다. "이원수 문학관"이나 "토지 문학관"이라 할 뿐, "이원수의 문학관"이나 "토지의 문학관"이라 하지 않습니다.

"나의 작품"이 아닌 "내 작품"입니다. '네'가 '너+ㅣ'이듯, '내'는 '나+ㅣ'입니다. 일본말에서는 '私の'가 있고, 이를 한국 지식인이 잘못 옮겨서 '나의'라는 엉터리 말투가 생겼습니다. 이리하여, 영어를 한국말로 옮기는 사람들은 으레 'my'를 '나의'로 옮겨요. 왜 이러한 줄 아는 사람은 드물 텐데, '일본에서 펴낸 영일사전'에서 'my'를 '私の'로 옮기기 때문입니다. 한국은 한국말 사전뿐 아니라 영어 사전도 일본 사전을 베껴서 냈습니다. 슬프지만 어쩔 수 없는 옛 발자취입니다. 게다가 이 쓸쓸하고 씁쓸한 뿌리를 바로잡지 못한 탓에 오늘날에 영어를 배우는 아이들은 '내'가 아닌 '나의'라는 말투로 배우면서 길들고 말아요.

승리의 길 → 이기는 길

"승리의 길"도 겉만 한글인 일본말입니다. 일본 사람이 아주 흔히 쓰던 말투입니다. "勝利の道"라고 해서 태평양 전쟁을 일으키면서 마구 쓰던 말마디 가운데 하나입니다. 이런 일본말이자 일본 말투를 껍데기만 한글로 "승리의 도"나 "승리의 길"처럼 적는다고 하더라도 한국 말투가 될 수 없습니다. "배움의 도"라든지 "배움의 길"도 모두 일본말이거나 일본 말투입니다. "사랑의 매"나 "문학의 길"이나 "시의 길"도 모두 일본말이거나 일본 말투예요.

한국말로 하자면 "이기는 길"입니다. "배움 길"이나 "문학 길"입니다. "시가 걷는 길"이나 "시가 되는 길"이나 "시로 가는 길"입니다. "사랑 어린 매"나 "사랑 담은 매"나 "사랑 실은 매"나 "사랑스러운 매"라고 해야 올바릅니다.

질서의 확립 → 질서 확립 / 질서 세우기
자연의 관찰 → 자연 관찰 / 자연 보기 / 자연 살피기
인권의 존중 → 인권 존중 / 인권 지키기 / 인권 살리기
학문의 연구 → 학문 연구 / 학문 파헤치기 / 학문 파고들기

이 네 가지 말투는 모두 일본 말투입니다. 이쯤 되면, 한국 사람이 쓰는 한국말 사전은 '한국말'을 다루는 사전이 아닌 '일본말'을 다루는 사전이라고 여겨도 될 만합니다. 일본 사람이 일본 말투로 나타내는 'の'가 어느 자리에 어떻게 나타나는가를 한국 사람한테 알려 주어서, 한국 사람이 한국말이 아닌 일본말을 널리 쓰거나 익숙해지도록 이끄는 한국말 사전이로구나 싶습니다.

요새는 일본 문학이나 일본 인문학을 한국말로 많이 옮기는데, 한국말을 제대로 못 배우거나 안 배운 분들이 '-의'를 잔뜩 집어넣어서 번역을 해요. 어린이가 보는 그림책과 동화책에다가 어른이 보는 소설책을 보면 죄다 일본말과 일본 말투에다가 '-의'투성이입니다.

서울의 찬가 → 서울 찬가 / 서울 노래 / 서울을 기리는 노래
한국의 지도 → 한국 지도 / 한국을 그린 지도

한국 사람은 노래를 부릅니다. 한국 사람은 '찬가(讚歌)'를 부르지 않습

니다. 그저 노래를 부릅니다. 노래를 부르는데, "슬픈 노래"나 "기쁜 노래"나 "기리는 노래"를 부르지요. "사랑 노래"도 부르고 "꿈 노래"도 부릅니다. "자장노래"라든지 "일노래"라든지 "놀이노래"도 불러요.

    책의 저자 → 지은이 / 글쓴이 / 책을 쓴 사람
    아파트의 주인 → 아파트 주인
    올림픽의 창시자 → 올림픽 창시자 / 올림픽 만든 사람

'저자(著者)'나 '주인(主人)'이나 '창시자(創始者)'는 모두 일본 사람이 자주 쓰는 한자말입니다. 꼭 일본말이라고는 할 수 없으나, 일본 사람은 이런 한자말을 입과 손에서 못 뗍니다. 이런 말결이 한국말로 퍼져서 한국 사람 가운데에도 이런 한자말이 없으면 말을 못 하는 사람이 있어요.

책을 쓴 사람은 '책을 쓴 사람'이면서 '글쓴이'나 '지은이'입니다. "아파트 주인"이나 "집주인"입니다. "집의 주인"이 아닙니다. "이 가방 임자 누구이니?" 하고 묻습니다. "가방의 임자"가 아닙니다. 올림픽을 만들든 세우든, 만들면 만든다 하고 세우면 세운다 합니다. 이런 자리에 '창시자' 같은 한자말을 쓰기에, 자꾸 일본 말투대로 'の'를 가리키는 '-의'를 넣어야 한다고 잘못 생각하고 맙니다.

    금의 무게를 재다 → 금은 무게가 얼마인지 재다
    물의 온도를 살피다 → 물은 온도가 어떠한지 살피다
    국토의 면적을 따지다 → (우리나라) 땅 넓이를 따지다

이제 실마리를 풀어야 합니다. 국립국어원이 펴낸 『표준국어대사전』에 나오는 스물한 가지에 이르는 '-의'는 한국 사람이 한국말로 쓰는 보기가

아닙니다. 일본 사람이 일본말로 쓰는 'の'가 어느 자리에 어떻게 쓰이는가를 살피는 보기입니다. "금의 무게"가 아닌 "금 무게"입니다. "내 몸무게"를 재지, "나의 몸무게"를 재지 않습니다. "저 짐은 무게가 얼마나 나가는지 재 보자" 하고 말하지, "저 짐의 무게가 얼마나 나가는지 재 보자" 하고 말하지 않습니다.

한국말을 옳고 바르면서 아름답게 제대로 쓰자면 '–의'를 모두 덜면 됩니다. 한국말을 슬기롭고 사랑스레 가꾸려 한다면 '–의'를 모두 없애면 됩니다. 그냥 '–의'를 안 쓰면 됩니다. 한국말은 'of'나 'の'가 있어야 하는 말이 아닙니다. 한국말을 서양 말투나 일본 말투에 끼워 맞출 까닭이 없습니다. 먼 옛날부터 오늘에 이르기까지 한국 사람이 즐겁게 쓰던 말투를 떠올리면 됩니다. 오늘부터 먼 앞날까지 이 나라 아이들이 기쁘게 물려받으면서 알뜰살뜰 가꿀 말투를 그리면 됩니다.

꽃의 향기 → 꽃향기 / 꽃 내음

예술의 아름다움 → 예술이 아름다움 / 아름다운 예술

축하의 잔치 → 축하 잔치

가을은 독서의 계절이다 → 가을은 책 읽는 철이다

각하의 칭호 → 각하라는 이름

조국 통일의 위업 → 조국 통일이라는 큰일 / 조국 통일 같은 큰일

나의 친구 → 내 친구 / 우리 친구

선생님의 아들 → 선생님 아들 / 선생님네 아들

몸의 병 → 병 / 몸에 난 병 / 몸에 생긴 병

시골의 인심 → 시골 인심 / 시골사람 마음

옷의 때 → 때 / 옷에 묻은 때

하늘의 별 → 별 / 하늘에 뜬 별 / 하늘에 있는 별

제주의 말 → 제주 말 / 제주에서 난 말

여름의 바다 → 여름 바다

고대의 문화 → 고대 문화 / 옛 문화

정오의 뉴스 → 정오 뉴스 / 낮 뉴스 / 낮 소식

100℃의 끓는 물 → 100℃로 끓는 물

45kg의 몸무게 → 45kg 몸무게 / 45kg 나가는 몸무게

10년의 세월 → 10년 세월 / 10년이라는 나날

한 잔의 술 → 한 잔 술 / 술 한 잔

10여 명의 사람 → 열 남짓 / 열 사람 남짓

국민의 대다수 → 국민 대다수 / 거의 모든 사람

가진 돈의 얼마를 내놓다 → 가진 돈에서 얼마를 내놓다

불굴의 투쟁 → 꺾이지 않는 싸움 / 씩씩한 투쟁

불후의 명작 → 잊히지 않는 명작 / 길이 남는 명작 / 훌륭한 작품

철의 여인 → 철녀 / 굳센 여인 / 야무진 여인 / 다부진 가시내

무쇠의 주먹 → 무쇠 주먹 / 무쇠 같은 주먹

순금의 보석 → 순금 보석 / 순금으로 빚은 보석 / 순금을 섞은 보석

투쟁의 열매 → 투쟁으로 이룬 열매 / 싸워서 얻은 열매

건설의 역사 → 지어 온 역사 / 이뤄 온 발자국

구속에서의 탈출 → 구속에서 탈출 / 굴레에서 벗어남

저자와의 대화 → 지은이와 이야기 / 글쓴이와 이야기잔치

국립국어원에서 펴낸 사전에 실은 보기글을 보면, 하나같이 '글월(문장)'이 아닌 짤막한 말마디입니다. 왜 이런 보기글을 실었는지 곰곰이 생각해 볼 수 있어야 합니다. 이처럼 짤막한 말마디는 '외침말(구호)'로 쓰던 일제 강점기 군국주의·제국주의 말마디에서 비롯했어요. 서양말을 흉내 내던 일

본 사람이 스스로 일본말을 부끄럽게 여기면서 서양말에 일본말을 꿰어 맞추려고 하면서 자꾸 퍼졌습니다.

한국 사람도 일본 사람처럼 한국말을 스스로 부끄럽게 여길 수 있습니다. 한국 사람도 한국말을 얼마든지 엉터리로 쓰거나 잘못 쓸 수 있습니다. '-의'를 붙잡는다면 한국말은 앞으로도 끝없이 망가질 테고, 한국말 사전에서 '-의'를 똑바로 바라보면서 제대로 가다듬지 않는다면 한국말은 앞으로도 자꾸자꾸 무너지리라 느낍니다.

[의] 우리말 큰사전, 1957

1. 나의 집 / 천하의 영웅 / 최대의 존경 / 평화의 세계 / 초로의 인생 / 현하의 웅변 / 금강의 명산 / 백두의 성지
2. 나의 원하는 것이 이것이다 / 네가 사람의 사는 목적을 아느냐

1957년에 나온 『우리말 큰사전』을 보면, 이 사전에 나온 보기글도 하나같이 일본말이나 일본 말투입니다. 한글학회조차 "우리 집"이 아닌 "나의 집"처럼 보기글을 넣는데, 이 보기글이 맨 앞에 나옵니다. "천하 영웅"도 아닌 "천하의 영웅"처럼 잘못 적고, "최대로 존경"이나 "최대한 존경"이 아닌 "최대의 존경"처럼 적는 데다가, "평화 세계"가 아닌 "평화의 세계"처럼 적으니, 이러한 사전을 보는 한국 사람은 무엇을 배울 수 있을까 궁금합니다. "초로의 인생"이 아닌 "늘그막"입니다. "현하의 웅변" 같은 일본 말투를 오늘날에도 쓰는 사람은 없겠지요.

더욱이 "나의 원하는 것이 이것이다"라든지 "네가 사람의 사는 목적을 아느냐" 같은 말투는, 최현배 님이 만든 말투입니다. 최현배 님이 서양 말법에 한국 말법을 짜 맞추면서 억지로 만든 말투예요. 최현배 님은 훌륭한 일을 하셨으나, 서양 말법에 한국 말법을 짜 맞춘 잘못은 무척 오랫동안 한국

말을 갉아먹습니다. 이 슬픈 사슬과 굴레를 하루 빨리 씻거나 털 수 있어야 합니다.

> 나의 원하는 것이 이것이다
> → 내가 바라는 것이 이것이다
> → 나는 이것을 바란다
> 네가 사람의 사는 목적을 아느냐
> → 네가 사람이 사는 뜻을 아느냐
> → 사람이 사는 뜻을 네가 아느냐

사전에 담는 한국말은 아직 제대로 선 적이 없습니다. 한국말을 사전에 담으려고 한 학자와 지식인은 아직 한국말을 제대로 바라본 적이 없습니다. 한국말 사전을 옆에 놓고 한국말을 익히려는 한국 사람은 아직 한국말을 제대로 마주한 적이 없습니다.

서양 사람이나 일본 사람이 'of'와 'の'를 '-의'라는 꼴로 한국말에 심었는지 모르지만, 한국 사람 스스로 '-의'라는 토씨를 한국말에 억지스레 심었다고 해야 옳다고 느낍니다. 한국 사회는 아직 '스스로 서기'를 못 합니다. 한국 문화는 아직 '손수 삶을 지어 스스로 서기'로 나아가지 못합니다. 어쩔 수 없는 노릇입니다. 아직 한국 사람은 한국말을 옳게 세우지 않았기 때문입니다. 한국말을 제대로 보고 제대로 느끼며 제대로 쓸 수 있을 때에, 사회도 문화도 교육도 정치도 경제도 제대로 서서 제대로 흐를 수 있습니다.